〈家の中〉を認知科学する

変わる家族・モノ・学び・技術

野島久雄・原田悦子 編著

新曜社

はじめに――〈家の中〉の認知科学

〈家〉

〈家〉という言葉から、私たちが思い浮かべるものはなんだろうか。

建築物としての家を思い浮かべる人もいるだろう。居間や勉強部屋、台所などの間取りを考える人もいるだろう。住んでいる人の一人ひとり、さらにはそこで生まれる人間関係やコミュニケーションを考える人もいるだろう。さらには、遠くに住んでいる親や子ども、もう既になくなっている親や祖父母、そしてそれにつながる一族の歴史を思う人もいることだろう。

私たちは、その〈家の中〉で行なわれている生活に注目したい。

一人で暮していても、大家族で暮していても、あるいは、寮で共同生活をしていても、はたまた、「ホームレス」であったとしても、それぞれの人にとってベースとなる生活の場があるだろう。そこでは、衣・食・住という私たちの個人の生活の基本が営まれ、人が限られた空間の中でたくさんの道具を使いながら、たくさんの情報に取り巻かれ、家族を含むたくさんの人といろいろなコミュニケーションをしている。

私たちが〈家〉をおもしろいと思う理由の一つは、家が私たちの生活にとっての物理的な制約となっているということである。家は私たちの生活の場を空間として区切っている。心理的にも、またコミュニケーションを行なう際にも、個人に注目するだけでなく、家についてもひとまとまりの単位として見ていくのは自然な考えであろう。そしてそのまとまりの中には、多くの場合、子どもから高齢者までの多様な層のメンバーが含まれ、相互にやりとりをしながら、さまざまな生活を営んでいる。その生活の中から、家族のメンバーの間で共有される情緒的な価値や思い出などの情報が生まれ、蓄積されている。

〈家〉に関しては、これまでも多くの人々が研究を行ない、議論を行なってきた。それらの研究を踏まえた上で、私たちは、さらにその中で生活をしている個人の視点、それぞれの人の認知的な活動の側面から、そうした活動が行なわれている生活の場とはどのようなものかを考えていきたい。そして、その家という場における人の認知の研究をすることが必要であり、また私たちの研究の領域である認知科学が重要な役割を果たし得る分野であると考え、本書を企画したのである。

認知科学からのアプローチ

認知科学は20世紀中ごろに成立した学問である。それ以来、人の知のあり方や、人が世の中をどのように理解しているかなど、認知プロセスのしくみ、人と人のコミュニケーションなどについての研究を、それまでの心理学実験室の中で行なわれた研究から、実際に生きて生活している人の活動を対象として行なってきた。ここから得られた知見は、個人の問題解決行動の支援、集団場面における問題解決過程の支援、道具のデザイン、インタフェースの改良などという具体的な成果を生み出しつつある。

編者である私たちもこれまで、認知科学の分野で仕事をしてきた。その認知科学の観点から私たちは〈家〉にアプローチをすることが必要であると考えている。

なぜ今、認知科学の観点から〈家〉の研究を提唱するのか。その理由の一つは、認知科学の研究の動向にかかわる。認知科学では、1980年代以降、人がおかれている場や状況に注目する研究が増えてきた。しかしながら、これまでに対象とされてきた状況や場の大部分は、「公」に属するもの、もしくは一個人の特定場面を切り取ったものであった。そのような研究を重ねていき、またその中での既存の研究を知るにつれ、前節に述べたように、多様な個人がかかわりあいながら、一つの場をつくっている〈家〉という場に視点を据えた認知科学が重要ではないかと思うに至ったのである。

もう一つの理由は、〈家の中〉がこの数十年の間に大きく変わりつつあるということである。一例をあげれば、2章に示したように、子どもというものが私たちの社会や家庭にとって持つ意味もこの30年で激変した。また、「公」の場、特に仕事の場を大きく変えたコンピュータ技術の進歩は、今、「個人向け」のさまざまな商品という形をとりながら家の中を変容しつつある。とりわけ携帯電話やインターネットの普及に代表されるコミュニケーション技術の進歩は、私たちの人間関係や家族関係を大きく変えようとしている。また社会の情報化の中、家の中での活動をも「情報」として見る視点が育ちつつあり、その結果、家の中で処理され保存される「情報」の量の増大や質の変化も話題となってきている。

このような大きな変化の中、私たちは、家という場に認知科学の知見を活かすことが必要であり、また可能であると考えている。幼児から高齢者までの多様なユーザがさまざまな目的で利用する家の中における使いやすい道具のデザイン（ユニバーサルデザイン）とはいったい何なのか。また、家事の大部分を占めているのは、いつ掃除をしようか、夕食は何にしようか、服を新調するかというようなこまごまとした判断である。そのような些細ではあるが膨大な情報処理を支援するためにはどういう意志決定システムが必要なのだろうか。同じ家の中にいる他者の生活空間やプライバシーを侵害することなく他者との適切なコミュニケーションをするためのシステムをどうデザインしたらいいか。「公」ではなく、目的志向的でない活動、自分の嗜好を第一とした「私」活動において、認知科学の視点から何が考えられるだろうか。そして、家の中に、どのような文化や慣習・知識の学びの場、伝達の場をつくっていったらよいか、など認知科学が対象とすべきことはたくさんあるだろう。

すなわち、人と人、モノと人とがぶつかり合う場所としての〈家の中〉を対象とした認知科学が必要になってきたのである。

本書ができるまで

本書の母体となったのは、2001年12月に開催した認知科学会のシンポジウム「家の中の認知科学」である。私たちがこのシンポジウムを開催した狙いは、古くからあるが新しいフィールドである〈家〉に多くの認知科学会員の注目を集めることにあった。そのため、内容は、商品開発における人間工学の議論、工学的な支援などから、家庭や子どもに関する社会学・心理学的な概論まで幅広いものとした。

この第一回のシンポジウムが好評を得たことを幸いとして、私たちは第二回の会合を第19回認知科学会のワークショップとして2002年6月に開催した。テーマは、「家の中で伝える技術、学ぶ技術」である。家の中の学びを対象として、家庭内での食事の習慣、皿洗いなどを含む家事の技術、高齢者の学びなどをテーマとするとともに、学校の教育現場において家庭がどのように教えられているのかを知るために、高校の家庭科の先生に講演していただいた。

本書はこれらの成果にその後の進展を踏まえ、若干の追加を行なったものである。

概　要

本書は三つの部分から成り立っている。

パート1　変化する〈家〉

パート1は、家に関する概論である。ここでは、文化人類学、心理学、工学、社会学の立場の方々にお話しいただいた。家を幅広い観点から見るための視点を提供したい。

1章の梅棹忠夫さんは、日本を代表する知識人の一人であり、日本のみならず地球上のさまざまな地域の家庭に関する該博な知見をお持ちの方である。1950年代から文明論的な観点に基づくきわめてユニークな家庭論を提唱されていた。今から見ても新鮮な発想とその後の発展を踏まえた論考を本書のために寄稿していただいたことに深く感謝する。

2章の柏木惠子さんは、発達心理学の分野における第一人者の一人である。社会の中での子どもという存在の持つ価値が変わってきているという事実に基づいて、家族のあり方、子育ての意味にかかわる興味深い議論をしていただいた。

3章の若林幹夫さんは、都市社会学者として空間と人間の関係を研究されていると同時に、メディア研究でもよく知られた方である。ここでは、これらの視点を生かしつつ、社会学の研究の中で家がどのように取り扱われてきたか、またそれがインターネットなどの新しいメディアの導入に伴ってどのように変わりつつあるかについて語っていただいている。

4章の佐藤浩司さんは建築人類学の方である。フィリピン・インドネシアなどの民家の研究を経て、2002年には韓国ソウルのある一家の持ち物すべてをデータベース化するというおどろくべき調査を行なっている。私たちの生活がモノとのインタラクションでなりたっているとしたら、いったい私たちがどのようなモノを持っているか、そしてそれとどのようなやりとりをしているかを知ることは重要だと考えられる。

パート2 〈家の中〉の学び

パート2は、家の中における学びに関する議論である。私たちは、家の中で、衣食住、コミュニケーションなどに関して、実にさまざまなことを行なっている。私たちはこれらのさまざまなことをごく当り前のように行なっているが、皿を洗うこと、ごはんを食べること、介護をすること、そして家電製品を使うことなどなど、いずれもかなり複雑な技術であり、その技術を身につけるためには学習が必要である。私たちの生活の中における技術を身につけるための学びはどのようなものであるのか、またそうした学びを手助けするための外的な支援（道具のデザインなど）はどうあるべきかを考えたい。

5章の小松原明哲さんは、人間工学の立場から伝統工芸などの技術に熟練する過程の研究をされている。熟練のプロセスとして見た時に家事はどのように学ばれているのだろうか。

6章の外山紀子さんは、乳幼児が食事をするという場面を例として、食事をするという毎日繰り返される行為の中で食事の技術がどのように教えられ、どのように獲得されているかについて書いている。子どもが保育者と共同の場を作り、食事をする技術を身につけて行く過程を知っていただきたい。

編者である原田らは、7章で「家を主たる生活の中心としている」居住者として高齢者をとりあげ、道具と学びの関係について考えている。家電製品など新しいモノは、ともすれば高齢者にとって複雑で使うのが難しいものになっている。なぜこのように高齢者にとってモノの利用が難しいのか、若年成人とどのような違いがあるのだろうか。そこに学習はどのように関わっているのだろうか。こうした考察を重ねることによって、「家」という場を中心に用いられる「私のための」モノについて、使いやすく学びやすいデザインの指針を得ていくことが必要だろう。

8章の齋藤洋典さんたちの研究は、家庭における介護という具体的な課題を取り上げている。介護のような課題は、単に頭だけで理解しても実際に行動として実行できなければ意味がないものである。ここでは、行動として示すことが必要な「学び」について検討している。

パート2の最後（9章）に、峰木一春さんに学校における家庭科教育について書いていただいた。家庭科は、裁縫、料理などの家庭における日常的な技術を教える伝統的な教科であると考えられがちである。しかし、社会の変化、人々の意識の変化にともない、男子も女子も同じ内容を学ぶようになったのみならず、教えられる内容も家庭の情報化、情報の利用のしかたなど多様化している。ここでは、現時点の家庭科教育の状況について語っていただいている。

パート3　〈家の中〉を支援する技術

パート3は、家の中を支援する技術にかかわる工学・技術に関する論文をまとめたものである。

10章の中島秀之さんは、工学の立場から家の中、街の中での人の行動の支援をするための技術を研究されている。ここでは、中島さんが所長をされているサイバーアシスト研究センタの研究を手始めとして、さまざまな研究の動向について御紹介いただいた。

11章の渡辺治雄さんは、家庭で日常的に使われる商品を作る会社にお勤めであり、さまざまな製品の使いやすさの評価をされている。どのような観点に基づいて、高齢者にも開けやすい商品の包装のしかた、持ちやすい容器のデザインなどがなされているのだろうか。

12章では、編者の一人の野島が思い出工学を提唱している。人が生活する中で、さまざまな情報が大切なものとして蓄積され、失われて行く。思い出工学とは、私たちにとって貴重な思い出とはなにか、またそれを大切に保存するためにはどのような技術が必要かを考えるための枠組である。

1990年代後半からさまざまな企業、研究機関が家庭を対象とした新しい製品開発の取り組みを開始しつつある。北端美紀さんには、13章で、最近の家庭を対象とした情報システムの研究動向のレビューを書いていただいた。技術の進歩は著しい。本章で言及されているいくつかのシステムは読者が読むときには既に最新のものではなくなっている可能性もあるだろう。しかしながら、ここで理解していただきたいのは、家庭に情報システムを導入しようとしたとき、開発する側はどのようなことを狙っていたか、また、利用者にはどのように受け入れられたかということである。次章の情報化についての議論とあわせて読んでいただきたい。

最後に14章で、こういった新しい「家の中の支援システム」を考えるときの負の部分、特に家の中を情報化していくときに必然的に生じてくる変化について二人の編者が考え、語り合ったことをまとめた。技術の進歩は常によい面と悪い面をもっている。新しい技術・変化というものを人としてどのように見ていくのか、認知科学としてどのように取り組むべきなのか、絶えず行なっていくべき議論への一つの糸口としたい。

付章　ブックガイド

なお、付章として、家庭・家族に関するブックガイドを書くという困難な課題を山下清美さんにお願いした。すでに、〈家〉については膨大な量の既存の研究がある。しかしながら、本書で繰り返し述べたように、家庭・家族を取り巻く状況は現在大きく変化しつつある。このブックガイドにあげられた研究書、エッセイ、ウェブなどを〈家〉について考える際の手がかりの一つとしていただきたい。

謝辞

いつものことではあるけれども、本書を作り上げるまでにいろいろな方々にお世話になった。本書の母体となったシンポジウムとワークショップを開催するにあたっては、日本認知科学会からの支援を受けた。さらに、認知科学会の会員諸氏には、上記シンポジウム、ワークショップの会場において、そして2003年10月に発行した『認知科学』誌第9巻3号「家の中の認知科学」特集号などのさまざまな場で積極的なご参加をいただいたことに感謝する。

2001年のシンポジウム開催に当たっては東京大学教養学部の加藤恒昭さんの援助を得た。専修大学ネットワーク情報学部の山下清美さんには、2002年のワークショップの企画のみならず、家の中の認知科学の枠組全体を考えるにあたってのさまざまなアドバイスをしていただいた。

シンポジウム、ワークショップの運営の一部については、編者である野島が所属するNTTからの支援を受けた。山田一郎さん（前NTT生活環境研究所、現東京大学工学部教授）、須藤昭一NTTマイクロシステムインテグレーション研究所所長、そして小倉武さんの理解と支援に感謝したい。

鈴木由華さん（データリンクス）には、本書の原稿の元となった膨大な量のテープ起こしを短時間のうちにしあげていただいたことに感謝したい。新垣紀子さん（NTT）からはいつもと同様に、アドバイスを受けていることに感謝する。

なお、シンポジウム、ワークショップなどの情報は、http://www.nozy.org/athome/ に掲載しているので、参考にしていただきたい。

最後になるが、本書の企画段階から新曜社の塩浦暲さんには全面的に御助力いただいている。編者の力不足によって、予定よりだいぶ出版が遅れ、塩浦さんにも御迷惑をおかけしたことをお詫びしたい。

本書がきっかけとなって、家という場を対象とした認知の研究、問題解決の研究、デザインの研究、支援システムの研究、その他の研究が活発になることを期待したい。

野島久雄・原田悦子

目次

8章 介護の仕方をどう学ぶか

装幀＝徳村篤志

パート1

変化する〈家〉

1章

文明論からみた家庭と家族

梅棹忠夫

梅棹家庭論について

家庭に関する話題をわたしがしばしばとりあげたのは、1960年前後だったとおもいます。その最初のものは、「わるいのは男です」（梅棹 1991b）という論説です。1954年でした。これは、嫁姑のあらそいと言われるものの本当の原因は、男の怠慢にあるということをのべたものです。その後、59年に「妻無用論」を書いて、これはかなり話題になりました。

「妻無用論」は、つぎのような話です。

現代のサラリーマンの家庭では、夫がそとではたらいて、妻は家庭をまもるのが仕事ということになっています。それは、江戸幕府体制下の武士の家庭を現代にもちこんだものといえるでしょう。このような家庭では夫が経済的な実権をにぎっているので、妻はよわい立場に立たされます。そこで妻は、家庭における主婦権を確立するために、洗濯や掃除を必要以上にやるなど、さまざまな擬装労働を発明し、自分をその担当者にしたわけです。

それによって、日本の家庭文化は高度なものになりました。しかし、技術がすすみ、経済がゆたかになるにつれて、専門家や機械化によって家事労働は大幅に外部に依存できるようになりました。肩がわりが起こったわけです。衣食住のすべてにわたって、家庭婦人ははげしい家事労働からしだいに解放されつつあります。しかし、それは同時に家事労働の担当者としての妻の存在価値がだんだんゆらいできたことを意味します。

それでは、このまま、すすんだらどうなるのだろう。妻はただペットとして存在をゆるされることになるのではないか、それでは非人間的なことになりはしまいか、というのがそこで述べたことでした。

この論文に対しては、家事労働をもって主婦の存在意義とかんがえていた女性からだいぶ反発がありました。けしからんという投書もたくさんきました。「呪い殺してやる」というのまでありました。しかし、この論文で述べたこと、たとえば、擬装労働の対象として子どもがえらばれてゆくだろうということ、さらに家事の芸事化がすすむだろうということなどは、その後の歴史のなかで実際に証明されてきたと言えるのではないでしょうか。当時、主婦の役わりについての論争があって、わたしの議論もその論争のなかでたいそう取りあげられたようです。その後、上野千鶴子さんが編集した本(『主婦論争を読む』〔上野 1982〕)のなかでも、この論争で重要な役割をはたした論文として取りあげられています（梅棹 1988b, 1959ab）。

わたしが家庭論そのものについてたくさんの文章を書いたのは１９６０年代なかごろまでですが、そのころ書いた家庭論、家事論、家庭の情報化に関する予測はけっこうあたっているとおもっています。

日本の家庭に関するおおきな誤解

日本は家族主義ではない

家庭をかんがえるときには、いくつか注意しなくてはならないことがあります。日本の家庭や社会に関しては、明治以来、非常におおきな事実誤認があるからです。たとえば、伝統的な日本社会がいわゆる家族主義だというのは、まったくばかげた誤認でしょう。

「マイホームパパ」というようなことばもありますが、これは家庭主義のことであって、家族主義ではありません。家族主義という名で明治以来かんがえられてきたのは、家族イデオロギーのことです。これは、江戸時代までの武家社会のイデオロギーです。日本社会は決して武家社会モデルが主流ではなかったのですが、明治政府が武家社会のモデルからこうしたフィクションをつくりあげたわけです。しかし、町人や農民の家族はこれとはまったくちがうものだったのです。

日本は本来、社会組織が非常に個人主義的だと言えましょう。わたしは、「砂のごとき社会だ」とよく言います。砂を手ですくって持ちあげると、指のあいだから粒々がみなぱらぱらと落ちてゆくように、粒と粒とのあいだの粘着力が非常によわいのです。家族間の粘着力がこれほどよわい社会はめずらしいでしょう。家族関係もおたがい非常に冷ややかです。家族関係が冷淡だというのは、最近のことではなくて、昔からなのです。日本の家族を典型的なゲマインシャフト（共同社会）であるという見かたがありますが、日本は非常にふるくからゲゼルシャフト（利益社会）なのです。わたしが社会人類学をやったからそう見るのかも知れませんが、日本とドイツとフランスの社会構造はよく似ています。

日本の「イエ制度」はある意味でゲゼルシャフトです。利益共同体なのです。共同の権利や財産をまもるために、個人としての家族たちが約束ごととしてイエを構成しているのです。「日本にはイエというものがあるんだ」というと、ドイツ人はすぐ反応して「Das Haus のことだね」といいます。フランス人は、「それは La maison というんだ」といいます。つまり日本における「イエ」と同じような概念があるのです。ドイツでいう“Das Ganz Haus”には、家の子郎党、使用人もみんなはいっているのです。これは血縁共同体ではありません。

明治政府によるフィクション

それなのに、日本の場合は、明治政府が家庭内秩序に武家法を持ちこんでゆがめてしまったのです。明治のはじめ、家族に関するはげしい論争がありました。明治政府が近代法典をつくろうとしたとき、家族法に関してはギュスターブ・ボワソナード・ド・フォンタラビー（G. Boissonade de Fontarabie）

というフランスの法律学者をよびました。彼は非常に近代的な家族法を提案したわけですが、明治政府はそれが気にいらなかったのです。この時の有名なことばが穂積八束の「民法出テ、忠孝亡ブ」というものです。これで、フォンタラビーの近代的な家族法はしりぞけられてしまったのです。このとき、フォンタラビーのかんがえかたに対立した家族観は、決して日本古来のかんがえかたではなくて、たんに武家社会のものなのです。明治政府は武家社会の延長線ですから、その武家社会のイデオロギーを全日本人に適用したわけです。

明治以降の日本の社会、日本の家庭・家族というときにおもいうかべられているのはサラリーマン家庭でしょう。そのサラリーマン家庭のモデルになったのが武家の家庭だったのです。これも意図的につくられたフィクションであるとわたしは見ています。町人や農民の家族はそういうものではなかったのです。このためにいろいろぎくしゃくしておかしいことが起こりました。本当は、当時の日本の家庭というのは、フォンタラビー流の近代化がすすんでいたのです。

近代化がすすんでいた日本の家庭

日本の社会での相続法は、非分割の長子相続制といわれますが、実際そんなことはなかったのです。町人や農民の社会では、基本は分割相続です。わたしは関西の農村を見てきましたから知っています。関西の農村にひろくある制度として「隠居」というのがあります。長男が成長したときに、親は次男以下を引きつれて「隠居」にうつるのです。長男の取り分は一部のこしてでてゆく、その家が隠居なのです。さらに次男が成長したら、今度は次男の取り分をのこして三男以下を引きつれて、親はまたよそにうつります。これを「散居」といいます。こういうことをはっきりしめしたのが、柳田國男の民俗学なのです。柳田民俗学が出てくるまでは、明治政府がつくりだしたフィクションの家族論が横行していたし、それを強引に全国民に通用しようとしたわけです。

そこでいろいろなおかしいことが起こります。たとえば、明治以降の日本文学のおおきなテーマは家庭です。つまり、明治政府が考えたイエ制度と実際のイエ制度が合わないということから、摩擦や相克がうまれ、これが文学のおおきなテーマになったわけです。みんなが理想的であると信じさせられている家族像に自分をなんとか合わせようとして苦労をする、そういう努力が農民や町人の社会では必要だったわけです。明治政府がつくった武家社会の幻想に一般の人びとを合わせようとする非常に反動的なこころみを、わたしたちは「サムライゼーション」と呼んでいます。

明治以降はそのサムライゼーションの歴史です。もともと日本の社会にはフォンタラビー流の近代型の素地がいっぱいあったわけです。それにあわせたら、ずっと楽にいったはずです。日本社会はこれでだいぶ損をしました。

家庭はどうなるのか

あらたな家庭モデルは

武家社会をモデルとした家庭論がうまくいかなくなってきたのは、20世紀後半でしょう。日本社会は20世紀後半にはどんどん変化をしました。そして、近代市民社会として安定してきたと言えるでしょう。そこでは、明治イデオロギーがうまくいかないことははっきりしています。

それでは、どんな家庭のモデルがうまれたのでしょうか。じつは、20世紀後半、国家イデオロギーは戦後だいぶたたかれてずいぶん変わらざるをえなくなりましたが、家庭論や家族論はあんまり変わっていないのです。前時代の家庭論・家族論の否定というはっきりした形をとらなかったのです。そのため、まだぎくしゃくしているところがあります。あたらしい時代の家庭のモデルはまだ確立されていないようです。しかし、方向はもはやはっきりしています。日本の本来の伝統に立ちかえって、近代的な家庭像を実現しなければならないでしょう。

家の時間から個人の時間へ

つぎに、家庭における情報についてかんがえてみましょう。家庭における情報の個人化というのもずいぶんはやくからはじまっているはずです。ところが明治政府はそれをなかなかみとめたくなかったのでしょう。たとえば、時間をどう認知するか、家庭における時間の問題もそうです。だいたい明治期からすでに時間の個人化ははじまっていたのです。江戸時代だったら、武家の時間認識というのは、お城で鳴らす太鼓に規制されていました。それからもうすこし長期の時代認識みたいなものは、すべて家長の時間認識のうえに立って展開していったわけです。しかし明治にはいってからは、たとえば学校という制度がはじまります。学校の時間と、家長の時間とはすでにズレを起こしているわけです。そのズレがどんどんおおきくなって、しかもそれがますます個人化してきています。今日にいたっては、まったく家族がそれぞれ別々の時間認知を持ってうごいているわけです。それはもういかんともしがたいとおもうのですが、個個人の時間認識がばらばらになってきているということに対しては、否定的な感じかたを持っているひとがまだかなりおおいのではないでしょうか。

解体してゆく家庭

しかし、それでなにがいけないのか。わたしは、家族というのは基本的に解体してゆくものであるし、それで別に問題はないとかんがえています。家族というものに対しては、わたしは、ある意味で全面的否定的認識をもっています。そんなものは時間がきたらすべて解体する。みんなおとなになったらどんどん外へでてゆく、親元からはなれてゆくのがあたりまえなんです。

わたしは「妻無用論」のときから、女性は社会に進出するのが当然だとかんがえてきました。女性の社会進出の拡大にともなって、男性も妻子をやしなう重荷から解放されることになるわけです。家庭の主婦も、社会にでて労働に参加するひともいますし、労働には参加しなくてもその膨大な余剰エネルギーを、学習やレジャーなど、人生をたのしむことにつかおうとかんがえるようになってきました。わたしが1960年代にかんがえていたとおりになってきたとおもっています。男性も女性も爆発的に能力を発揮できる素地ができてきたのです。それが現在の状況なのでしょう。

そこで家庭はどんな役わりをはたしうるのでしょうか。このままでゆけば、家庭のはたす役わりはきわめて限定的なものとなりそうです。

結婚しない男女がふえているのもそのひとつの証拠でしょう。これまで、家庭をつくらなければ自分の自由にならなかった衣食住が、容易に手にはいるようになっています。すなわち、家庭の機能が外化されているのです。そこでは、家庭をわざわざつくらなくても、必要なものは手にはいるのです。それならば、なにもわざわざ面倒な人間関係や制度をたもちつづけてゆこうとかんがえる必要はないでしょう。

かつての日本の家庭では、家族のだんらんによる精神的な満足や情緒的安定が重要なものとかんがえられてきました。しかし、家庭の機能が外化され、家族のそれぞれが個人化しつつあるとき、そうした安定はほとんど神話であるといったほうがよいかもしれません。さらには、これまでならば重要だった家の財産、土地や家屋などの不動産でさえも、それほど重要視されていません。先祖伝来の家であっても、必要があれば売られるのです。イエのイデオロギーの拘束が力をうしなっているのです。こうしたなかで、家庭がいままでどおりであるはずがありません。

「家の中の認知科学」をすすめてゆこうとかんがえているみなさんにはもうしわけないのですが、わたしは、家庭の解体はさらにすすんでゆくだろう、それは止めようもないし、それでかまわないとかんがえています。

2章

夫婦関係、親子関係からみる日本の家族——社会変動の中で

柏木惠子

はじめに——私の家族の心理学研究の動機・問題意識

これまで私は、主として子どもの発達とそれに関連して親を研究してきました。しかし、この頃は家族の研究にのめり込んでいます。それにはいくつかの契機と理由があります。

第一は、国連が1994年、国際家族年に制定したことに遡ります。その時、日本でも、文部省や総務庁がいろいろなキャンペーンを行ない、その一環として国際家族年のポスターが作成され、方々に貼られました。それは、大きな輪の周りにおじいさん、おばあさん、お父さん、お母さん、子どもたちが、みんな仲良くしている、といったことを暗示する図柄でした。それを見た時に、私は何か違和感を覚えたのでした。そこで改めて、国連がなぜ国際家族年を制定したかについて趣旨をみると、それは、単に家族皆が仲良くということではないのです。家族というものは小さいけれども集団、そ

れも誰もが体験する最も身近な集団です。それは小さい者、弱い者、男性、女性などいろいろな人から成り立っていますが、その集団成員が必ずしも皆満足して家族生活を享受してはいません。ある成員は他の成員のために犠牲になりがちな状況があります。国連はこのことに注目して、誰にとっても身近な集団である家族におけるデモクラシーの確立・メンバーの対等性をアピールすることが、国際家族年の理念だったのです。それは、日本のポスターに象徴的に示される、家族が輪になってみんな仲良くというイメージとは大変対照的なものでした。

家族皆が仲良く、ということはたしかに結構なことですが、最近見聞する日本の家族の現状は、単に家族の輪／和を強調するだけではすまないだろう、そうでない方向へ変化しているのでは？　という問題意識から、家族について研究してみようと思ったのでした。

その国際家族年の年に、文部省から国際家族シンポジウムをオーガナイズする依頼を受けました。そこで内外の心理学者、社会学者、精神医学者などと家族とは何か、これからどうなって行くのかをめぐる研究成果を交換し議論しました。そこでは、家族は社会的諸変動によって変わっていくだろうという点では意見が一致しました、しかし、何か変わらないものがある、いやさらに求められるものとして「暖かさ」があるとある日本の社会学者が発言されました。外から帰ってくるとほっとくつろげて、身体的にも精神的にも活力が得られる「暖かさ」が家族にはあり、それは変わらないだろう、今後一層大事になるだろうというのです。この発言に対して、別の日本の女性社会学者が、それは大事だろうが、しかし「誰が暖めるのか」という問題提起がされたのです。暖められることは誰にとっても望ましいことですが、部屋やお風呂の温度のように時間調節付きのスイッチが自動的に入るようセットしておけば済むのとは違って、心理的な暖かさはそうはゆかず、誰か暖める人が必要です。それは誰が担うのか、誰が担っているのかと指摘されました。ここには、これまで「暖める」役割をほとんど女性が担ってきた、その立場からはそう簡単に「暖かさ」が大事とはいえないとの暗黙の問題意識がありました。実際、この発言をめぐって、家族のメンバーの立場の違い、ひいては国連のいう家族のなかのデモクラシーが日本の家族では必ずしも成立していない状況が浮かび上がり、国際家族年らしい議論となったのでした。この議論も、そうした日本の家族にある問題を心理学はきちんと取り上げて来なかった、これを明らかにしたいと思ったことが今日、私の家族の心理学研究のきっかけになりました。

第二は、私が長らく子どもの発達について研究してきたことと関係しています。とりわけ、日本の子どもの発達は他の国の子どもに比べてどういう特徴があるか、また家庭、親のしつけは日本という社会的文化的環境要因とどう関係するかという研究を行なってきました。このような研究では、親とりわけ母親は子どもの発達に影響を及ぼすものとの視点からそのしつけや行動が研究され、そして、日本の母親と欧米の母親としつけや子どもとの関係の取り方について対比的に扱われることが多々あります。たしかに、日本の母親と欧米の母親とに違いはあります。たとえば、日本の母親は子どもに対して非言語的な働きかけが多いとか一緒にいる時間が長いという差や、以心伝心的なしつけをするといった特徴が見出され、それらは日本の母親と欧米の母親との違いであり特質だと述べられてきました。

たしかに、日本とアメリカとを集団として比べれば二国間に違いがあります。けれどもその結果をもとに、「日本の母親はしかじか……」と概括的にいわれるたびに、私は（日本の母親の端くれとして）、「そんな風にまとめられては困る。やりきれないなぁ」という感じが大いにしたものです。そして、日本の母親をしっかりと分析的に研究しようと思ったのですが、そのことは母親のみならず、父親も同時に取り上げて研究するきっかけとなりました。

それは、「日本の母親は……」というけれど、もう一人の親、父親についてほとんどデータなしに母親の特徴と断定してきたこれまでの研究の「父親不在」への不満と問題意識にありました。さらに、これまでの研究では、母親をもっぱら子どもの発達に対する影響という視点で扱ってきましたが、その結果母親の内側に生じている子どもへの感情、さらには親における子どもというもののもつ価値に注目しなければと、思いました。これは、子育てに深く関わる当事者として、単に子どもへの影響ではなく、それとは逆に「親（母親にとっての子ども）に眼を向けねばと強く思ったのです。これは、長い親（母）子関係研究の歴史のなかで１８０度視点を転換させることであり、親、母親をまったく従来とは異なる視座から検討する研究へと展開させたと考えています（柏木 2001）。

I　結婚・夫婦関係

夫婦、親子など家族をめぐる最近の動向を明らかにした心理学の研究をみることにします。

結婚に対する満足度

まず、家族の核である夫と妻は結婚にどのくらい満足しているでしょうか。このことを検討した研究は結婚や配偶者への満足度に著しいジェンダー差を報告しています。図1はその一つで、国立神経・精神神経センター、精神保健研究所が、全国規模のかなり大量のサンプルについて行なった調査結果です。

結婚への満足感や配偶者への愛情などを測定する諸項目からなる質問紙調査を、（1）結婚5年以下の人（夫、妻）、（2）6年から14年経った人、（3）さらに15年以上経った人を対象に行なった結果です。同じ人びとを継続的に追跡したのではなく横断的なデータですが、結婚年数にともなう結婚満足の消長を概観することができます。図1からわかるように、結婚後しばらくの間は、夫も妻もほとんど同じ満足度です。日本はここ20年くらいの間に恋愛結婚が大勢を占めるようになったことを考

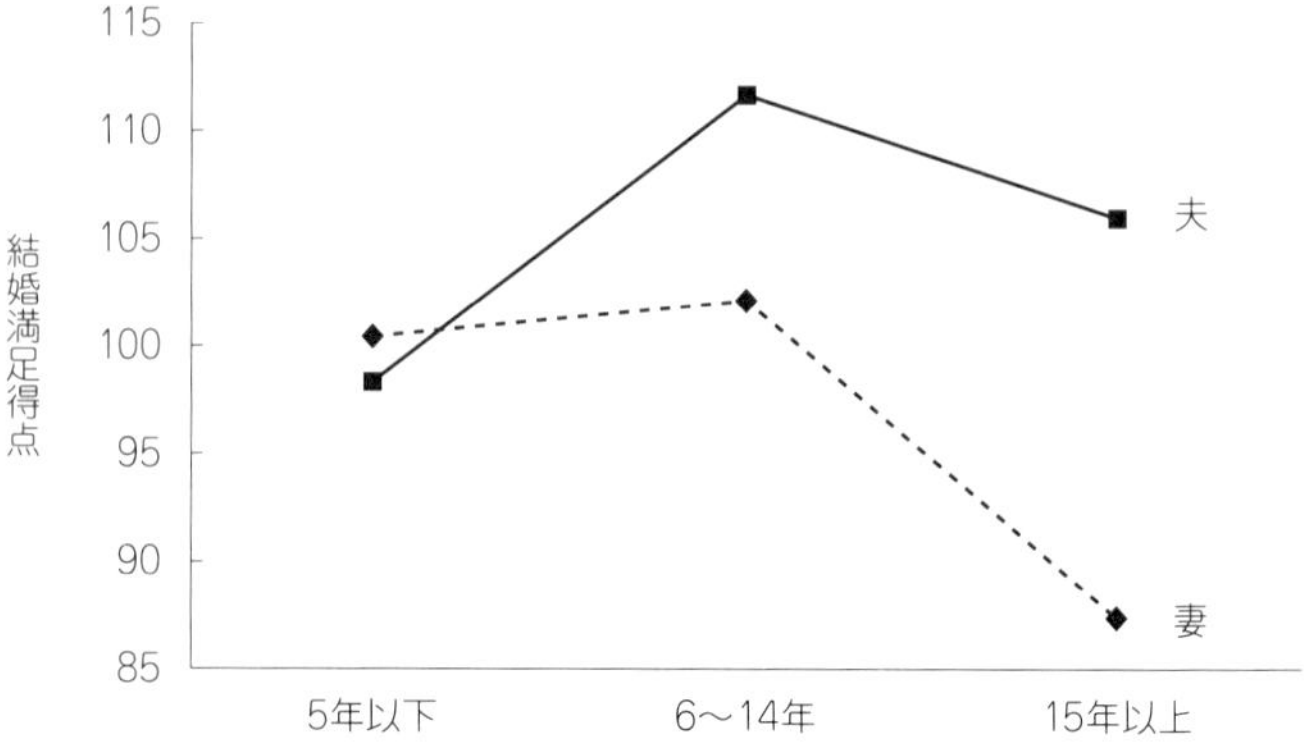

図1　結婚・配偶者にどのくらい満足しているか（菅原ら 1997）

えると、これは当然といえるでしょう。ところが年数が経つと、男性は満足度が高まっていき、そのあとは少し落ちるものの結婚当初よりも高い満足度が維持されています。これに対して女性は、しばらく当初の水準を保っていますが、その後急速に低下しています。その結果、結婚15年後には夫と妻の間には結婚や相手への満足度に大きなズレが生じ、妻の満足度は夫より著しく低くなっています。

このことを、さらに違う資料でも見てみましょう。先ほどの結婚満足度尺度と同時に、相手や結婚への満足を端的に「もう一度結婚できるとしたら誰としたいですか？」との質問をしました。図2は、その結果です。

対象は、（1）結婚したばかりの人および乳幼児を育てている若年世代、（2）ほぼ子どもを育て上げた50代の中高年世代の、二つの世代です。この質問には3選択肢、①「やはり今の配偶者と」――これは結婚に非常に満足している場合です。②「ほかの人とならする。今の人はもういい」――これは拒否的、少なくとも今の結婚相手には満足していない場

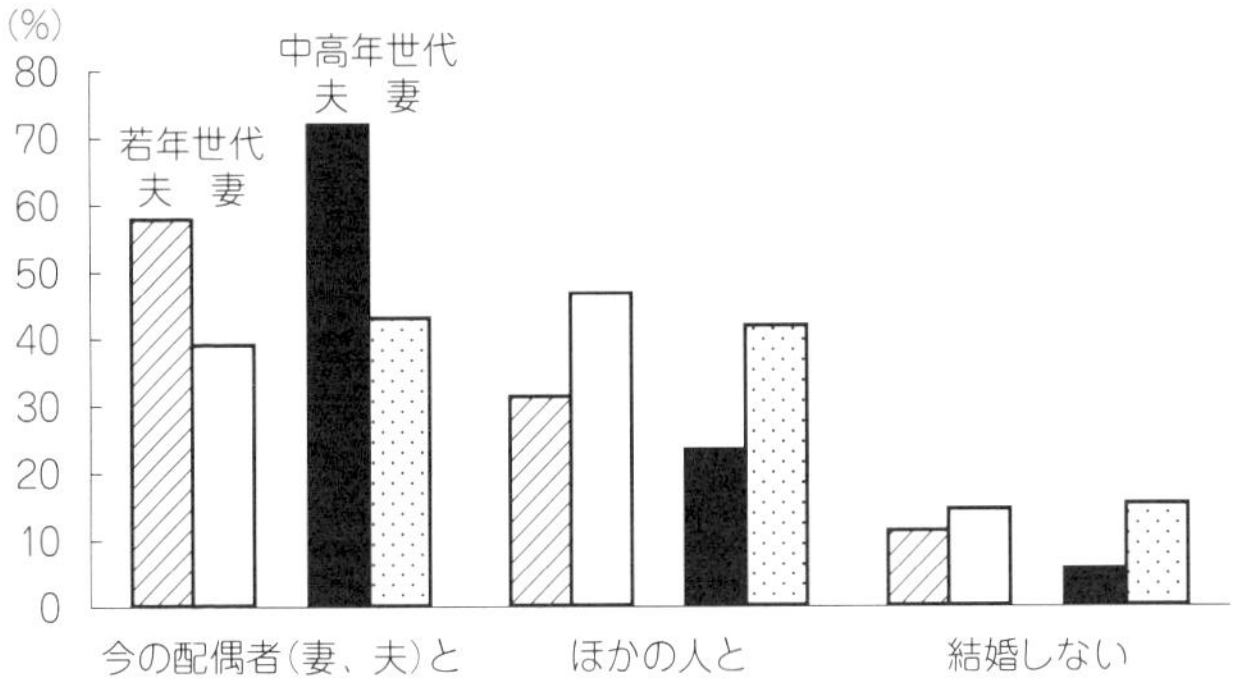

図 2　「もう一度結婚できるとしたら、誰としたいですか？」
（柏木・数井・大野 1996）

合、③「もう結婚しない」――これは結婚にはもうこりごりした、という場合です。

結果は、世代によって分布に差がありますが、それ以上に顕著なジェンダー差がありました。若年世代も中高年世代も、夫のほうは概して今のままでよいという傾向があります。中高年になると夫の実に70％が現在の妻に満足しています。これは先ほど（図1）と同様で、男性、夫のほうが結婚に満足しているといえましょう。これに対して妻の場合には、若年世代も中高年世代も「ほかの人と」が「今の配偶者と」とほぼ同じくらいいて、現在の相手や結婚に不満を持っている妻がかなりいることがうかがえます。さらに、「もう結婚しない」は、男性特に中高年の男性には非常に少ないのですが、女性ではどちらの世代にも15％ほどいます。

このように、結婚あるいは相手に対する満足度の経年的な変化は、妻と夫では非常に違ったパターンを示しています。夫はだいたい満足し続けているのに対して、妻は満足度が低下していく。そして中高年ではジェンダーギャップが著しく大きくなり、中高年の妻での不満が強まっているのです。今、日本でも離婚が増加し、とりわけ結婚後20年ほど経った中高年層の離婚が顕著です。その7〜8割が妻からの申し出によるということです。今みたデータは、そのような妻から申し出る離婚の予備群ともいえるでしょう。

では、いったいどのような層で、夫婦間のずれが大きいのか、どのような夫婦では相互に満足しているのでしょうか、これまでみてきたデータは全体の平均で、家族数や夫婦の学歴、収入、職業等の要因について分けていません。そこで、図2のデータについてどのような要因が関与しているかを種々検討してみました。夫と妻の学歴や夫の職業、収入による差はみられませんでした。唯一、満足度と関係していたのは、妻の職業でした。妻の職業の有無によって2群に分けました。(若年世代は、結婚前からずっと調査時点まで職業を続けていた人たち、中高年の場合も、途中で職をやめることなく継続して仕事をもっていた人たちを有職群としました。

この2つの群は、妻が無職とはすなわち「男は稼ぎ女はうち」という性別分業家族であり、これに対して妻が有職(フルタイムで継続就業)は脱性別分業で、対照的な家族形態といえるでしょう。先の3選択肢で、A、夫も妻も「今の配偶者と」相互に選択していることは今の配偶者と結婚に最も満足しているとみることができます。それに対して、B、夫は「今の妻」と選択しているが妻のほうは「別な人と」や「結婚しない」を選択している場合は最もずれている場合とみることができます。妻の職業の有無による2群について、AとBがどのくらいいるかを見たのが図3です。

先に夫は今の妻がいいと思っていても、妻は違うという場合がたくさんあることをみましたが、そ

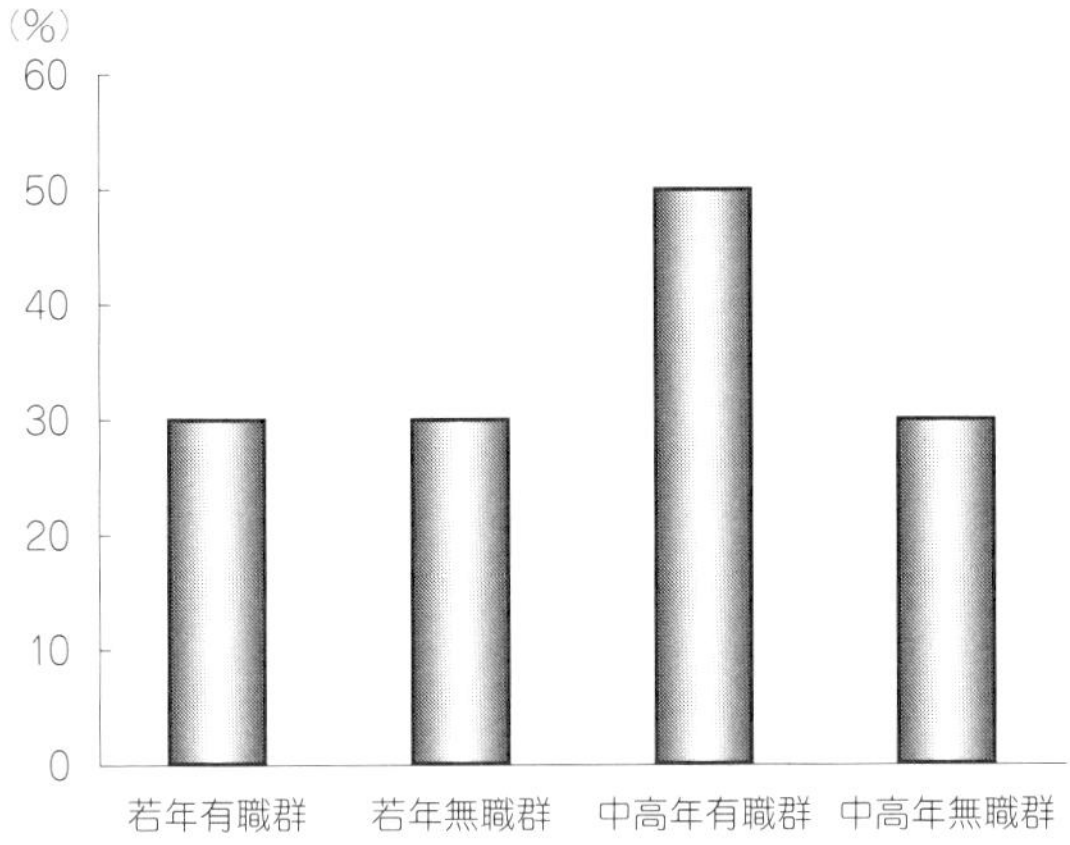

A：相互に相手に満足している

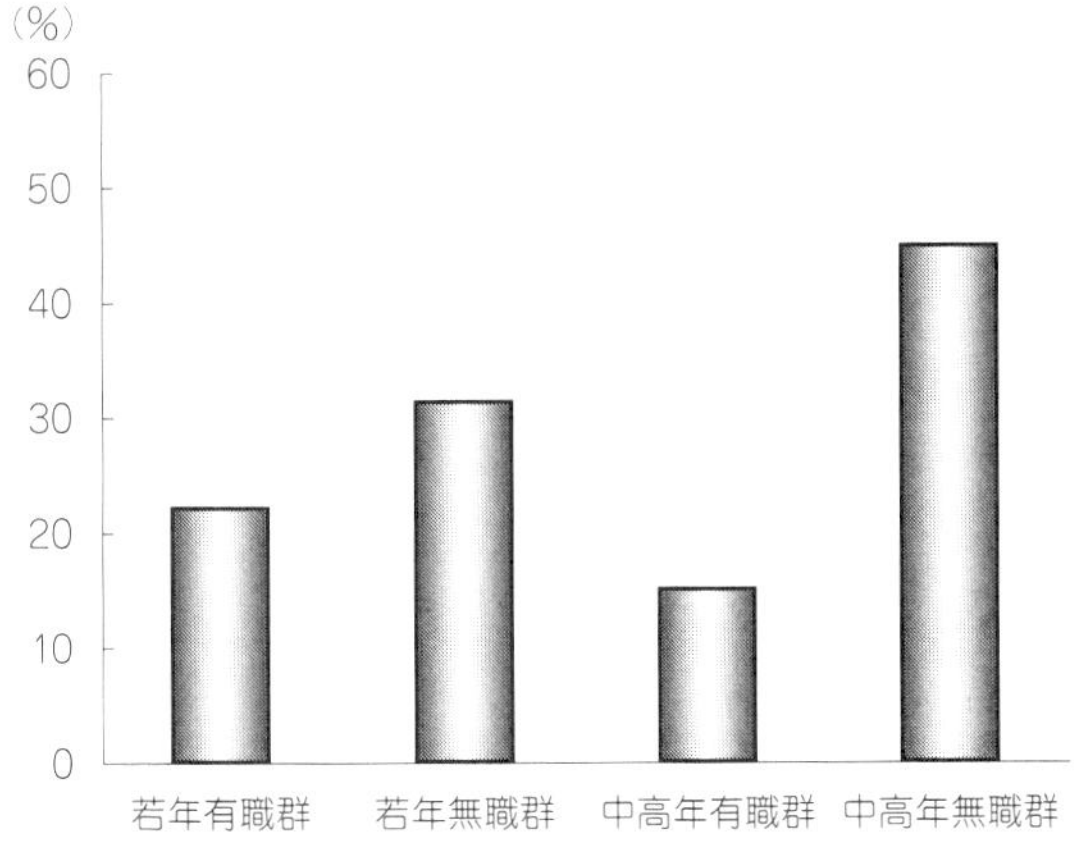

B：ズレが大きいカップル

図3　妻の職業の有無と相手への満足

れは妻の職業の有無つまり性別分業か否かによって違いがあるのです。とりわけA：相互に満足しあっているのは、妻が継続有職中高年群で、これは無職群ではいずれの世代でも30％程度でしかありません。これと対照的に、B：夫は今の妻がいいと思っているのに妻は「ほかの人とならする」「もう結婚しない」と、現在の結婚や相手に対して拒否的で、二人が分裂している割合は、中高年の妻無職群で際立って高くなっています。

これだけで簡単に結論することはできませんが、他のいろいろなデータも含めて考えられることは、男性＝夫が仕事をして家庭の経済を担い、女性は妻／母としては家事育児をする性別分業家族パターンが、最近の社会の変動の中で上手くいかなくなってきた可能性です。つまり、かつては男（夫）と女（妻）がそれぞれ得手なことを分担することで結婚のメリットが双方にあったが、しかし労働力の女性化、家事の省力化、少子高齢化など社会的変動によって、性別分業の最適性が失われつつあるという可能性です。後にみるように、育児不安が無職の専業母親に強い事実も、それと符合する現象とみなせます。どのようなかたちで家族を運営するか、換言すれば男性と女性がどのように役割を担うかが問われているといえるでしょう。これまでそれなりの最適性をもってしばらく続いてきた日本の家族が、激しい社会の変動に対応してどのように新たな最適なかたちを創出するかが問われているのです。これまでみてきた夫と妻間の亀裂、妻の高い不満は、変化を求める過渡期の現象だと考えられます。

さて、これまでみてきたような夫と妻の結婚満足度の差、妻の強い不満は、一体どのようなことに起因しているのか、それが次の疑問です。そこで重要だと考え検討すべきことは、家族の役割実行の様態、家族役割遂行時の感情、さらに夫と妻間のコミュニケーションです。

家族役割の構造

家族内にはいろいろな役割があります。先ほど家族に変わらないものがあるとしたらそれは「暖かさ」だという話が出たことを紹介しました。暖かさには精神的・情緒的なものもありますが、食事を作ったり洗濯をするなどの家事、子どもの世話、さらに夫と妻間で交わされる世話なども、結果的に「暖かさ」に寄与する役割行動とみなせます。このほかにも、近所や親戚とのつき合いなども、家族役割の一端です。

ここでは、家族の中の世話役割に限定して、それが家族内の誰によってどのように行なわれているか、その担い手の心理に注目して検討した研究を紹介しましょう。

家族内の世話、ケアには、3種が区別されます。（1）家事、掃除、炊事など家族全体の世話ともいえるもの。（2）子どもの養育。人間の子どもは誕生後育てられることなしには生存できませんから、子どものケアは家族の重要な機能とされてきました。さらにもう一つ、（3）夫と妻間に交わされる多様なケアです。これは重要な家族内ケアですが、これまであまり注目されず、ケアというと子どもか高齢者に対するもの、あとはせいぜい家事が考えられてきました。しかし、結婚するにあたって男性も女性も相手から何らかの心理的実際的なケアを受けることを期待して結婚し、夫婦は実際何らかのケアを何らかの程度しあっているものです。子どものケア（養育）は子どもをもたなければあり得ないのですが、夫と妻間のケアは期待も実際も皆無ということはあり得ないでしょう。しかしそのことはこれまであまり研究されてこなかったのです。それは妻がするのが当然であり、そこに検討すべき問題は何らないと素朴に考えられていたからです。

これら3種のケアの実態と心理が分析的に明らかにされています（平山 1999）。ケアの内容、とりわけ夫へのケアを質問紙項目にする手がかり（予備的調査）として、いわゆるよくできた／行き届いた奥さんに詳細なインタビューを行ない、妻たちは一体、日頃どのようなケア行動をしているか、夫に対して日常どのようなことをしているかの細目を採集しました。その中で夫に対するケアとは、たとえばこんな具合です。夫が夜外から帰ってくると、奥さんは必ず玄関に出迎えコートを受け取ってハンガーにかけしかるべき所にしまう。そして、「お風呂湧いていますよ」と促し、夫が風呂場に行くと寝間着はすでに用意されている。もちろん夜具は敷いてある、といった具合です。また、会社でこうだった、上司にこういわれたなどと夫が愚痴ったりすると、それにも耳を傾け、好きな料理やビールでサービスする。こういうことが、よくできた奥さんの世話の内容というわけです。

子どもへのケアつまり育児行動は、おむつ替え、離乳食を作る、食べさせる、遊び相手になる、寝かし付ける等々、家事については炊事、洗濯、買い物、掃除等々の細目です。こうして3種のケアについての具体的な行動項目を盛り込んだ質問紙を作成し、各項目のケアをどの程度しているかを、乳

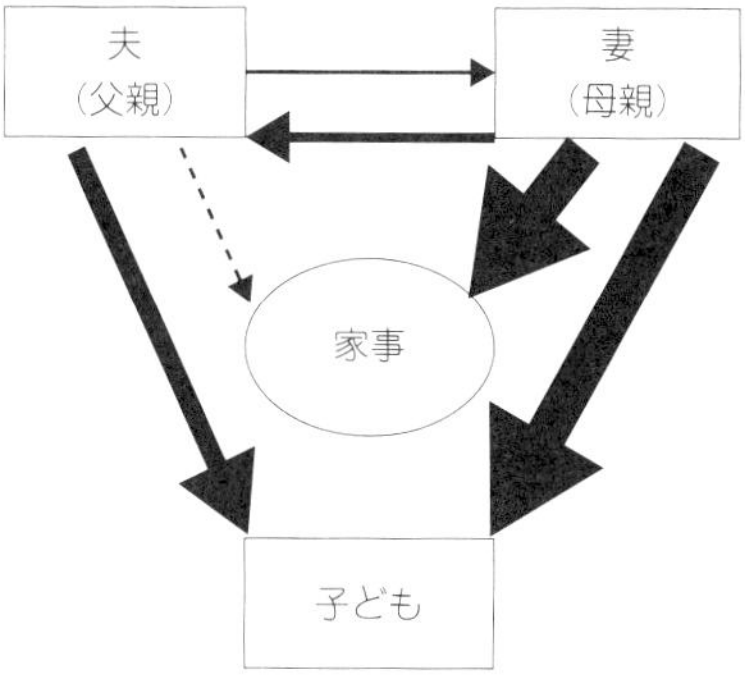

図4　家族メンバー間のケア関係（平山 1999）

幼児を育てている年代の夫と妻別々に回答を求めました。その結果から、夫と妻が3種のケアをどの程度しているかを得点化し、その量を線の太さで示したのが図4です。

まず子どもへのケアつまり育児は母親のほうが多く行なっており、父親は少ないことが読みとれます。それでも他のケアに比べれば子どもへのケアは夫もしている方です。家事となると圧倒的に妻が多く、夫は点線で示す程度の少なさです。では、夫と妻間のケアについてはどうでしょうか――妻は夫に対して結構ケアをしていますが、夫から妻へのケアは細々です。

このように、家族内ケア役割の遂行が一方的に妻側に偏っているのが一般的な傾向です。もちろん、夫は家計のほとんどを稼いでいるわけですから、家にいる時間も少なく多くの家族内ケアができないということはあるでしょう。しかし、この調査対象家族の中には妻も働いているケースもあり、少なくともそういう層を入れての結果であることを考えると、家族内ケアの担い手が妻側に偏在していると言えるでしょう。

成人男女の生活時間に関する国際比較データは、生活時間の配分とりわけ家事時間への配分に日本は最も著しい男女差があることを報告しています。その結果に基づいて算出された不平等指数は日本が最高であることは、上でみた家族内ケアの遍在を反映しています。先の国際家族年シンポジウムで、「誰が暖めるのか？」との問題提起、異議申し立ては、この問題と深く結びついてのものといえるでしょう。

子どもへのケアと家事は、男性（夫／父）にも女性（妻／母）にも共通項目で測定でき、夫と妻は量の上での大きな差として測定できます。ところが夫と妻間のケアについては、そうはいかなかったのです。たとえば夫に対して、（配偶者が）「帰ってきたときに出迎える」「コートをとってあげる」「風呂場に下着を揃えておく」等々のことはほとんど現実的ではなく、そのような質問すること自体が意味をなさない、質問はギャグのようになってしまうのです。それほど夫と妻間のケアは相互的でなく一方に偏っているのでした。そこで、その種のケアは除いて、愚痴を聞いてあげる、相手のしたことをほめるなど情緒的なケアに限って比べても、「妻から夫へ」は多く、「夫から妻へ」ははるかに少ないものでした。たとえば、ちょっと手をかけた珍しい料理を出そうが、部屋を模様替えしようが、さらに妻の髪型が変わろうが、新しい服を着ようが、気がつかない夫は稀ではありません。そのことは、妻にしてみれば、自分は夫から認められていない、まったくケアされていないという感情を持つことになるでしょう。

夫は職業役割に専念し稼ぎ手として家に貢献している、他方、妻は無職で家事育児をもっぱら担当する、そうした性別分業の場合は、妻側にケア役割が多いのは、それなりの合理性があり、当然とい

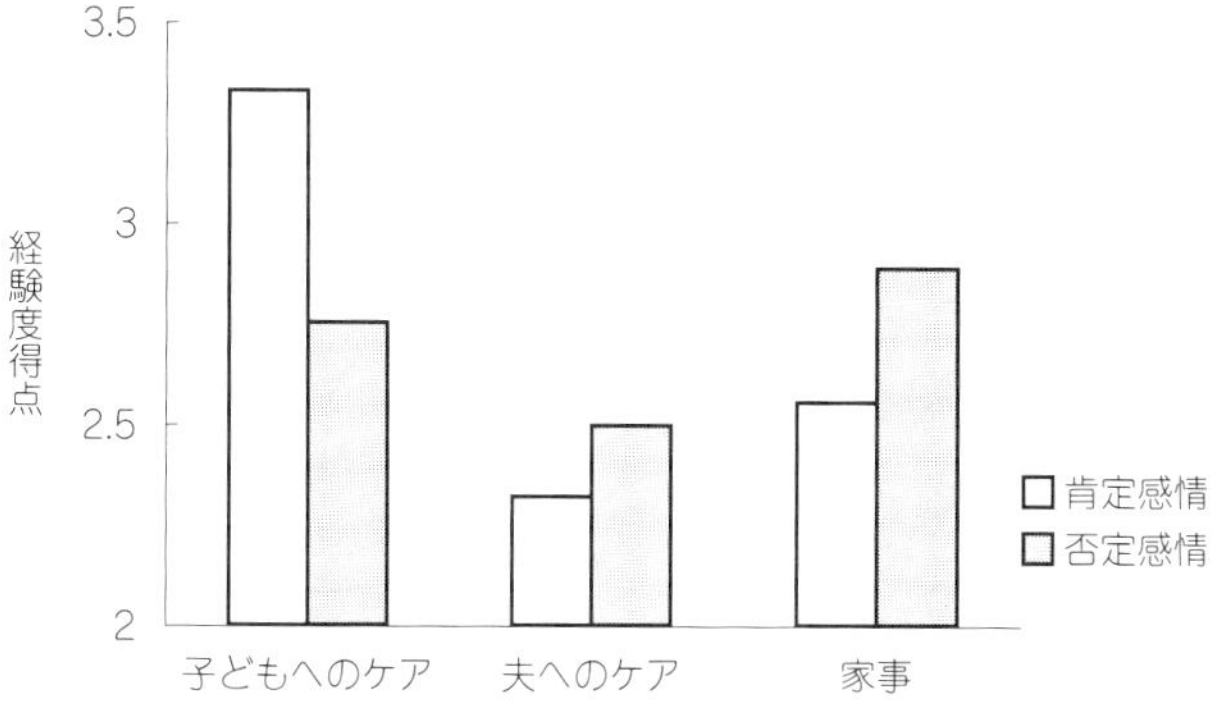

図5 ケアしている時の感情――肯定的感情と否定的感情（平山 1997）

えるかもしれません。それぞれが別なことで貢献しているのだから、不公平とはいえないのではともいえるわけです。けれども、その場合、それぞれの役割をすることに満足と幸福感とを見出していることが重要です。

ケアをしている時の感情

では、妻たちはこうしたケアにどのような感情を抱いてしているのでしょうか。

子どもへのケア、家事、夫へのケアをしている時に、どんな気持ちでいるかを細かく聞いてみました。楽しい、生き甲斐を感じる、やりがいがあるといった肯定的な感情と、逆に、いつも同じことの繰り返しでつまらない、楽しくない、飽き飽きするなど否定的感情を、3種のケアについて算出したのが図5です。

いずれのケアの場合にも肯定、否定の両感情がみられ、妻たちは自分が担っている役割を決して前向きでしているばかりではないようです。子どもへのケアの時には、「こんなことばっかり」とか「イライラする」「不満だ」といった感情を抱いてますが、それでも「やりがいがある」、「子どもが可愛い」、「自分がやっていることには意味がある」など肯定的な感情のほうが上回っています。ところが、家事や夫へのケアの場合には、ネガティブな感情のほうが上回っています。自分の役割だ、夫はしごとで疲れているからケアしようとしてはいるのですが、そのことを満足や生き甲斐だと思ってしているわけではないといえましょう。家事と配偶者へのケアの二つは、夫に比べて妻が断然多くしているケアでした（図4）。特に配偶者同士のケアは、相互的ではない非均衡な状況にあるものですが、このことが妻に否定的感情を抱かせる一因ではないかと推定されます。

そこで、否定的な感情がどういうときに起こるかが検討されました。全サンプルの中から、1、夫と妻間のケアの均衡が低い――もっぱら妻から夫へに偏しているカップルと、逆に、2、相互にケアしあう均衡のとれた夫の側もかなり家族役割を背負っているカップルを選びだしました。つまり、すっかり妻に任せて何もしないカップルと、夫も家族役割を結構やっていて均衡なカップルの2群について、ケア時の否定的感情を比較しました（図6）。

家庭内ケアの遂行が妻だけに偏っている時に、妻の精神衛生は悪くなり、ケアすることに否定的な感情が強まるという結果です。さらに詳しくみると、妻が有職で家族役割が妻に偏っている場合に、もっとも否定的感情が高くなっています。職業をもっていながら、妻だけが家族役割をするという多重負担が心身の負担を多くするばかりか不公平感を抱かせるのでしょう。「男はしごと女は家」とい

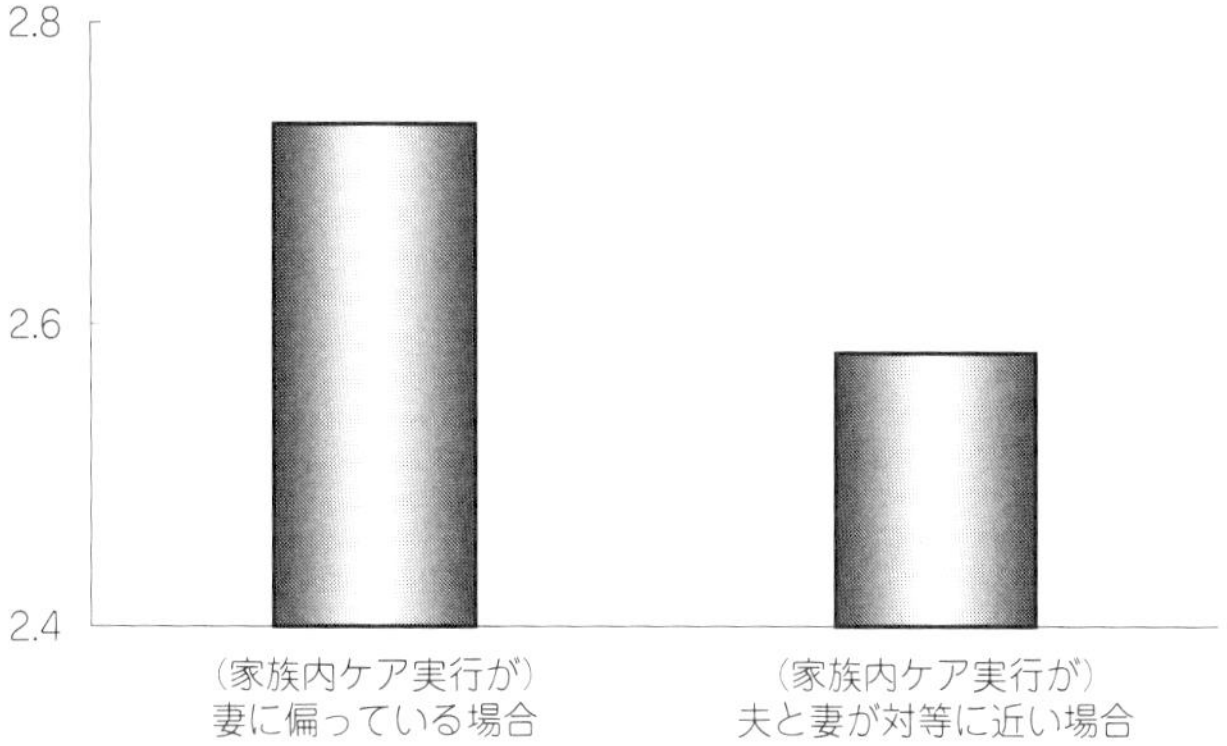

図 6　妻の家族内ケアをしている時の否定的感情（平山 1999）

う性別分業に加えて、女がしごとをもつと「女はしごとも家事も」という新性別分業となったことの問題です。いずれにしても、家族内のケア役割の遂行が夫と妻とでバランスがとれているかどうかが、家族役割への心理に大きく影響しているといえます。生活時間が国際的にみてジェンダー間のギャップが日本で最大であることが、家族役割に対するこのような否定的感情を醸成していることは日本の家族や夫婦の問題として無視できないと思います。

夫婦間のコミュニケーション

結婚への満足度にジェンダーギャップがあり妻の不満が高い事実は、一体何に起因しているのでしょうか。家族役割の遂行におけるジェンダー間アンバランス――妻に偏していること――が、その一因であることを見ました。

長らく夫婦や家族というものは、他の人間関係とは違って、利得を超えた特別のものとされてきました。しかし、最近の研究は一般の対人関係と同様に、夫婦や結婚への満足には衡平性が極めて重要であることが明らかにされています（諸井 1996）。先の家族役割の均衡さが家族役割への感情を左右しているという結果も、その一端です。

ケアの遂行に均衡がとれていることは非常に重要ですが、しかし多少バランスが悪くても妻が夫から情緒的にきちんとケアされていると結婚満足度が高まるという別のデータがあります。そうすると、夫から妻へのケアというのは単に実際的な役割分担をするということだけではなく、情緒的ケアが大事で、それは夫と妻との間のコミュニケーションがどのくらい行なわれているかということとも関連しているだろうと思われます。そして、それがあまりよくないのではないかと思われるのです。結婚がかつてのように家のためや社会的効用ではなく個人の選択となり、そのメリットとデメリットとが検討されてのものとなった、しかも結婚の道具的機能は減退した今日、自分と相手との対等なやりとりが極めて重視されるのは当然でしょう。しかも恋愛結婚が優位となり、対等な友人同士として出発し親密な対話と相互に心理的に支えあうことを求めてのことであることを考えればなおのことでしょう。

この最も重要とされて出発した夫と妻間のコミュニケーションが、必ずしもうまくいっていないことが、結婚への不満の根ではないかと予想しました。一体、夫と妻は相手に対してどのようなコミュニケーションをしているかを検討しました。

そう予想したのには、次のようなことがあります。去年まで私の所属しておりました発達心理学専攻の大学院には発達臨床センターがあり、いろいろな障害や発達の遅れがある子どもの相談、療育をしています。そこに子どもを連れてくるのは、ほとんど決まって母親です。しかし、治療をしていくためには父親の理解と協力も不可欠ですから、父親にも来ていただきたいと言うのですが、それが至難の業なのです。仕事が忙しくて来られない、それはまあ理解できるとしても、では「お父さんはどうお考えですか?」とか、「お父さんにお話くださいましたか?」と母親に聞いても、母親の答えは（父親／夫は）「ふんふんふん」と聞いているようでいて少しも頭に入っていない様子だとか、「任せているじゃないか」といって取り合ってくれない、などと答える母親がほとんどなのです。夫婦の間のコミュニケーションがよくないらしい感触をもっていました。

そこで、夫と妻との間の会話の実態を広く調べようと思いました。初めに、夫と妻の間でどんなコミュニケーションのスタイルがあるかを具体的に面接で聴取し、それに基づいて作成した質問紙調査によって中高年の夫と妻を対象に調査しました。その結果を分析したところ、次の4次元が同定されました。

（1）「威圧」　（意見のやりとりせずに）こうじゃないかと決めつける、要するにこうだろうと結論を押し付ける類いのコミュニケーションの態度。

（2）「無視・回避」　黙って「ふんふんふん」と聞いているだけ、あるいは「忙しいから、疲れてるんだ、明日にしてくれよ」、「任せてるじゃないか」など、対話を無視したり取り合わない態度。

（3）「依存的接近」　自分のほうから話題を提供する、相手の気を引き立てよう、対話がはずむようにする。
（4）「相互共感」　双方が、自分が言ったことを相手がわかってくれている感じをもっている、相手の言うことを理解しようとする態度。

この4つのコミュニケーション態度について、夫と妻がそれぞれ相手に対してどの程度あるかの評定を求めました。図7は、夫得点／妻得点を算出し、夫と妻どちらでどのくらい強いかを線分の方向と太さで表わしたものです。図から、「威圧」「無視・回避」は夫が断然多く、「依存的接近」と「相互的共感」は妻のほうが強いことがわかります。

簡単にいうと、夫の妻へのコミュニケーションは対話不在で結論や自説の主張と押し付け、さらに無視や回避が特徴であり、これに対して妻は話題を提供したり相互共感的に対話する態度が強いのです。ここから、夫と妻とのコミュニケーションは決して対等で弾んでいるとはいえず、コミュニケーションはあまりうまくいっていない様子が浮かび上がってきました。

最近『話を聞かない男・地図が読めない女』という本が話題になりました。それは日頃、論理的なことがだめな女、話を聞かない男に困っているからでしょう。この本は、女と男の能力の違いは脳の違いにあると、もっぱら女と男の脳の構造と機能で説明するものです。しかし人間の行動が、脳だけによって決定的に支配されているとは考えられません。私どものデータでも図7は夫、妻の平均でみたものですが、夫にも妻にもかなり個人差がありました。そこで、一体、どのような要因がコミュニケーション態度に関係しているのか、とりわけ最も対等かつ親和的な相互共感的態度について、学歴や社会的地位、地域など対象者の属性によって差があるか否かを検討しました。その結果、唯一有意な要因として見出されたのは妻の収入でした。妻の収入の有無と額によって4群にわけてその夫の相互共感的態度を比べました。無収入は専業主婦、低収入はいわゆる扶養家族の枠内で働いている層、中収入、高収入はそれを越えて働いている層です。結果は、妻が無収入の夫、つまり専業主婦の夫の共感得点は最も低く、妻が収入がありそれが高いほど夫の相互共感得点は高くなる、というものでした(図8)。

概して無視や威圧的態度が強く共感的ではない夫が、妻がある程度以上の経済力をもっている場合、共感的なコミュニケーションが有意に強まるのです。これは単に経済力があることだけではなく、それなりの収入を得るだけの社会的活動と地位をもっていることに一目置き、そうした妻を尊重せざるを得なくするということでしょう。もちろん、経済力も重要で、夫だけが稼ぎ家計に貢献しているのではなく、妻ともども家計を担っていることが相互の共感を高めることになるのでしょう。無職の妻に対して、ことあるごとに「食わせてやっている」「誰のおかげでこうしていられるか」など、夫の威嚇とも恩着せともいえる言葉を見聞します。それは、この結果の裏返しの心理――しごとも収入もなくなった妻を見下し無視や威圧に傾かせる本音を暗示しています。

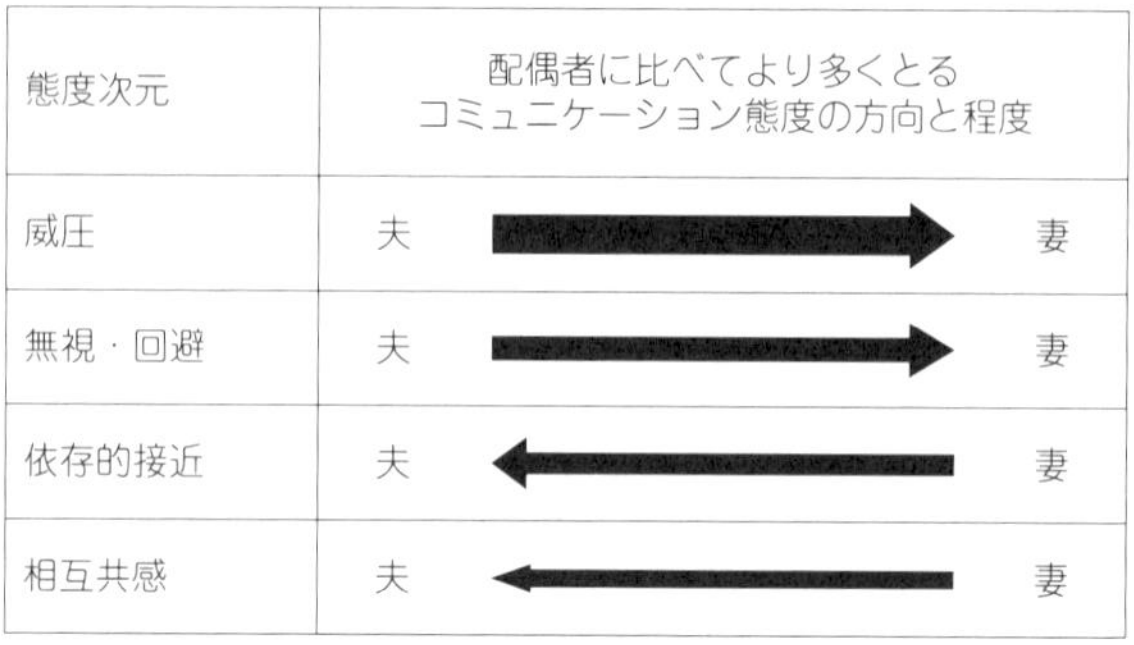

注　矢印部分は夫婦間得点差をもとに作図したイメージ図

図 7　4 種のコミュニケーション態度―夫と妻はどう違うか（平山・柏木 2001）

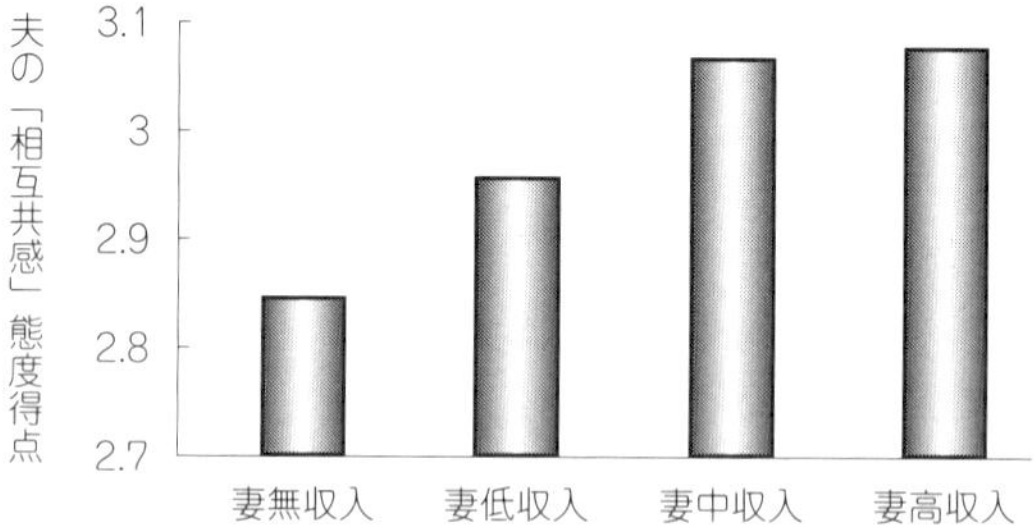

図 8　夫から妻への「相互共感」態度得点（平山・柏木 2001）
妻の経済力による夫の態度の変化

II　親と子の関係と子どもへの感情・態度

夫婦関係とともに親と子との関係にも、最近の家族の変化をみることができます。先に日米の比較研究で、日本の母親は子どもと心理的な一体感があり、それゆえ親と子は言語で明示せずに以心伝心関係だと説明されてきたことに触れました。この言説に触れるごとに私はいつも違和感を抱いていました。それは、母親についてはの日米比較をしているけれども、父親についての比較検討がほとんどない、それにもかかわらず「日本の母親は……」と結論しているからです。

父親・母親の子どもとの一体感・分身感

そこで、私は一時、父親の研究にのめり込みました。まず最初に、これまで母親だけについて研究してきた子どもに対する感情や態度を父親・母親両方で比較しました。就学前の4歳未満児を持つ400ほどのサンプルについて、育児や子どもに対してどのような気持ちを持っているか、父親母親双方に別個に回答を求めました。その結果が図9です。

子どもと育児をめぐる感情として、次の3種の因子が同定されました。

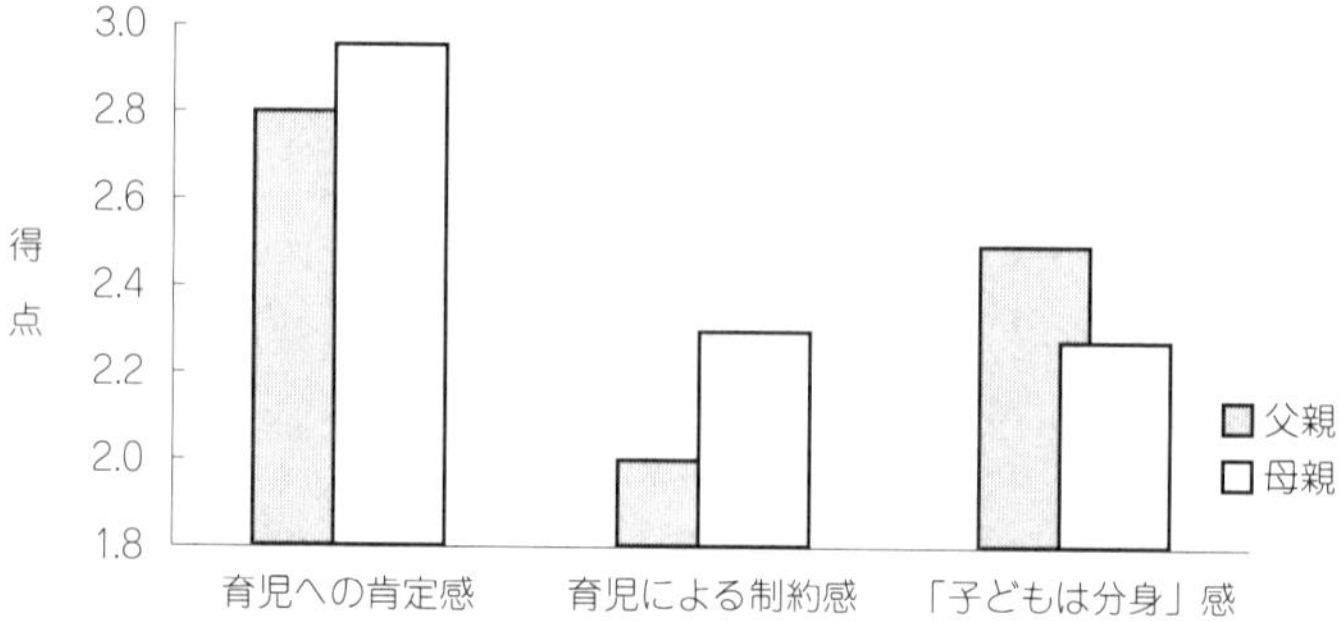

図9　育児・子どもに対する感情（柏木・若松 1994）
子どもとの一体感は父親のほうが強い

(1) 第1因子　育児や子どもに対する肯定的感情。育児は楽しい、子どもは可愛い、生き甲斐になる、育児は有意義な仕事だなど。子どもや育児への前向きな感情です。
(2) 第2因子　育児や子どもによる制約感。子どもがいるためにしたいことができない、育児が嫌になる、イライラするなど、育児や子どもに対する否定的な感情。
(3) 第3因子　子どもは自分の分身だ、自分とほとんど一心同体だなど、子どもとの一体感・分身感。従来、日本の母親の特徴とされていたものにあたります。

肯定感情については、父親も母親も差がなくいずれでも最も強い感情でした。しかし、「子どもは分身」感と「育児による制約感」では、父親と母親間に有意差が見出されました。それは、「育児による制約感」は母親のほうが有意に強いということです。母親は子どもは可愛いまた育児は大事だと肯定的な気持ちを持つと同時に、他方、育児はむなしい、イライラする、こんなことだけやっていてよいのだろうかという否定的な気持ちも持っているのです。つまり、母親は子どもや育児に対してプラスマイナス両義の感情を抱き、葛藤に苦しんでいるといえます。

ある赤ちゃん用品の会社が、赤ちゃんを育てている母親に一番困っていることは何かについて簡単なアンケート調査をした結果があります。驚いたことに、「なかなか寝てくれない」というのが、一位の悩みでした。「寝てくれない」というのは、寝ないので死んでしまうのではないかと案じているのではなく、寝てくれたらその間にどんなにほっとしてあれやこれやができるのに、ということであって、自分を取り戻す機会として子どもが寝るのを待ち望んでいるということを、ありありと示していました。

ところで、さらに注目すべきことは「子どもは分身」との感情が、母親よりも父親で有意に強いことです。日本の母親は子どもと一心同体、子どもは分身だとこれまでいわれてきましたが、父親のほうが子どもとの強い一体感を抱いているのです。しかも、さらに面白いことがわかりました。

この調査では、父親が日頃どのくらい育児をするか――保育園・幼稚園に送っていく、迎えにいく、本を読んでやる、お風呂に入れる、食事の世話をする等々について細かく聞き、父親の育児得点を算出しました。その得点分布はほとんど正規分布で、まったく育児をしない人から結構育児する人に幅広く分布していました。そこで、その分布の両端100人ずつを取り出しました。まったく育児をしない父親群と、非常にまめに育児をする父親群の2群を作ったわけです。この2群について、「子どもは分身」の得点を算出比較しますと、育児をする父親の得点は低く、育児しない父親ほど高く「子

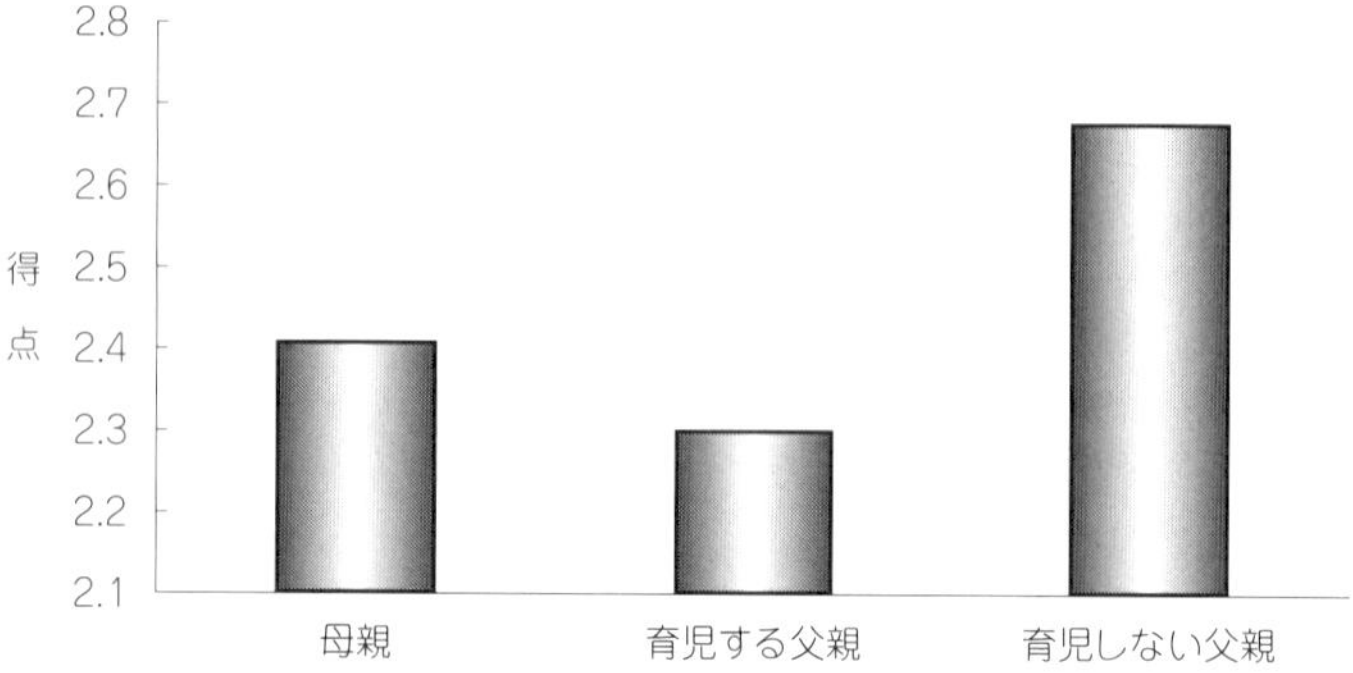

図10　「子どもは分身」感（柏木・若松 1994）
母親、育児する父親、しない父親の比較

どもは自分の分身」だと思っているのです（図10）。

　意外に思われるかもしれませんが、よく考えると納得できる結果です。日常子どもの責任を負って育児をしているとたしかに子どもは可愛く、育児は大事と一生懸命子育てします。けれども、一生懸命することが必ずしも実を結ばず、子どもにこうして欲しいと思っても子どもはそうは動かずむしろ親の意志に反する、といった経験をしたり、さらに子どもがいて育児に関わっているために自分がしたいと思うことができないこともあるからです。子育てすることで味わうこのような体験が、子どもというのは決して自分の分身ではないということを実感させます。自分と一体の存在どころか、自分と対立する他者として立ち現われてきます。母親が子どもと育児に対して肯定的感情をもちながら同時に否定的な感情が強いのは、このためです。子育てをほとんどしない場合は、そうした子どもや育児と自分との対立拮抗の体験がありませんから、そのため、子どもは自分の分身だ、一体だと、ロマンチックなことを言っていられるのだと解釈できます。育児体

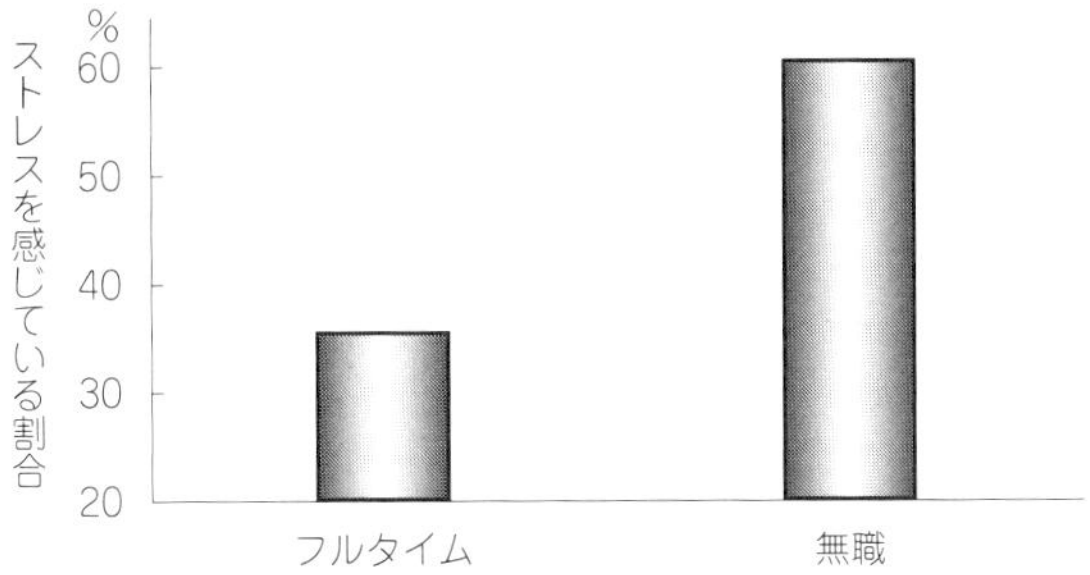

図11 母親の職業の有無別の育児ストレス
（横浜市教育委員会・預かり保育推進委員会 2001）

業をとって子育てに全面的に関わった父親が、母親と同様の育児不安をもつというのも、逆側からこのことを例証しています。

育児不安の規定因

先の第2の感情「育児や子どもによる制約感」は、育児不安といわれるものにあたります。日本では最近、この育児不安が母親に広くみられることが注目憂慮されています。これは、最近の女性や母親がわがままになった、自己中心的になったからではありません。母親が置かれている育児状況が、母親を孤立させ子どもと自分との対立をあらわにさせている現象といえます。それは、母親の育児不安がどのような状況で強いか、どのような状況が育児不安を強めるかを検討した要因分析的研究から明らかです。横浜市在住の乳幼児をもつ家庭・親子関係についての調査は、母親の育児不安の強さが母親の職業の有無と密接に関係していることを報告しています（図11）。

これも意外に思われるかも知れません。職業をもっている母親は多忙で心身のストレスが強いだろうと予想されるでしょう。しかし結果は逆で、無職で専業で育児している母親のほうが、育児ストレスが強いのです。子育てだけの生活のため、自分のしたいことがままならず一人のおとなとしての生の実感を味わうことができないからでしょう。先に、妻だけが家族役割を担っている非均衡の状況が、妻の精神衛生を悪化させ結婚満足度を低めることをみました。家族内ケアである子どもの世話、育児についても、母親だけが担っていることが子どもへの否定的感情である不安やストレスを高めるのです。

日本では、子どもの養育とりわけ3歳までは〝母の手で〟がよしとされ、それが出産を機に退職して専業で育児することにし、夫（だけ）はしごと、妻は家事育児という性別分業が成立します。しかし、上でみたようにしごとを続けている働く母親がむしろ育児不安やストレスが低い事実は、この〝母の手で〟がうまく機能していない、むしろ不安やストレスをもった母親によって子どもが育てられるという状況をもたらしていることを示しています。

母親だけの孤立した育児状況がストレスを高め不安を醸成することは、次のデータからもわかります。先の、父親が育児に参加している群と父親はまったく育児に関わらない群について、その配偶者である母親の子ども・育児への肯定／否定両感情を比較してみます（図12）。

母親が子どもに対してどのような心理を抱き行動をとるかは、置かれた状況、もう一人の親――夫――のありようによって大きく影響されます。夫も共に育児しているつまり協同育児が、母親の孤立感や非均衡への不満を減退させ、子どもや育児への肯定的な感情を強め前向きに育児させることにな

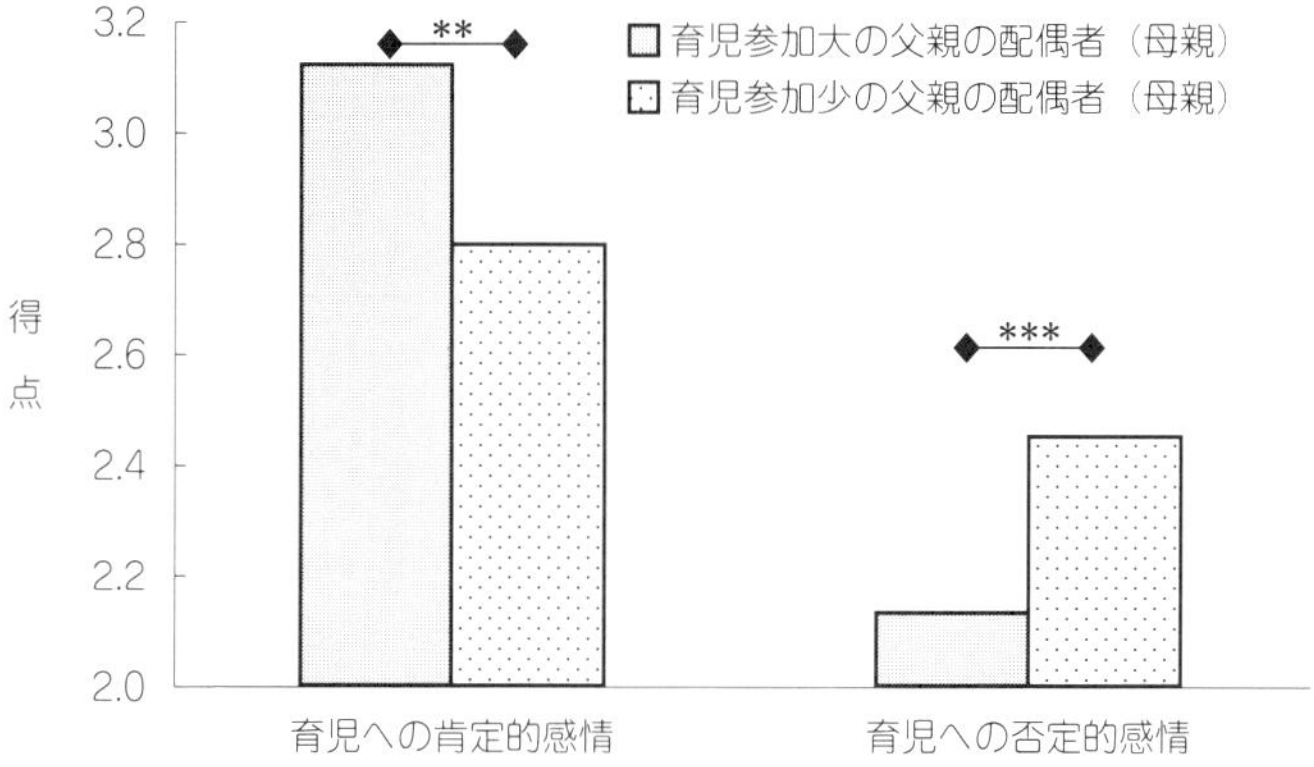

図12　父親の育児参加と母親の子ども・育児への感情（柏木・若松 1994）

るとみることができます。

このように、子どもや育児に対する感情は、配偶者間のあり方によって大きく変わってきます。もう一人の親である父親の育児への関与いかんによって、父親自身の感情も変化するし母親の感情も変わります。子どもや育児に対する感情は、母親／女性ならではのものではない、育児体験の中で育ち変化する、さらに、夫婦関係に大変密接な関係があるといえるでしょう。

女性の高学歴化と有職化

ところで、母親の「子どもは分身」感は実は父親よりも低いものだったのですが、これが最近の女性の急激な高学歴化によって一層変化していることが見出されています。かつては、女性の学歴はあまり高くなく、職業経験も持つことなく、結婚して家庭に入り妻として母として家族役割だけを担っていました。ところが、近年、女性の高学歴化が進み、さらに学卒後職業経験を持つことは、一般的になり、こうした女性が結婚して家族役割を担い、親となって育児をするようになりました。このような女性をめぐる状況と体験の変化は、女性にとって親であることの意味を変化させます。

先の日米比較研究で、日本とアメリカではしつけの仕方や育児についての考え方に差が見出されました。しかし日本の母親について学歴別に調べてみますと、子どもへの行動や態度は学歴によって違いがあるのです。たとえば、日本のしつけの特徴は、アメリカのように「こうしなさい」とか「これはしてはいけません」というように明示的に命令するということはあまりせず、「食べてくれないと、お母さん悲しいなー」というふうに、感情に訴えて暗示的に導くことでした。ところが、これを日本の母親の学歴別に比較してみますと、学歴が低い層では日本の特徴的なしつけや考え方が強いけれども、学歴が高くなるに従ってその特徴がなくなっていき、むしろアメリカの特徴を帯びてくることが見出されたのです。

子どもとの一体感を日本の特徴だとすると、これも学歴によって変わる可能性があるのではと検討しました。母親の学歴を中・高卒、短大卒、大卒・大学院卒の3つに分け、子どもは自分の分身だ、自分と一体であるという気持ちがどれくらい強いかを見ると、明確に学歴の効果が見られます（図13）。

高学歴になるほど、明らかに子どもとの一体感は減退しています。換言すれば、子どもは自分と一体でも分身でもなく、自分とは別の存在だという意識が強くなっていくということです。このことは別の調査でも確認されていて、高学歴になるほど、子どもが自分の生き甲斐や生きる喜びであるより

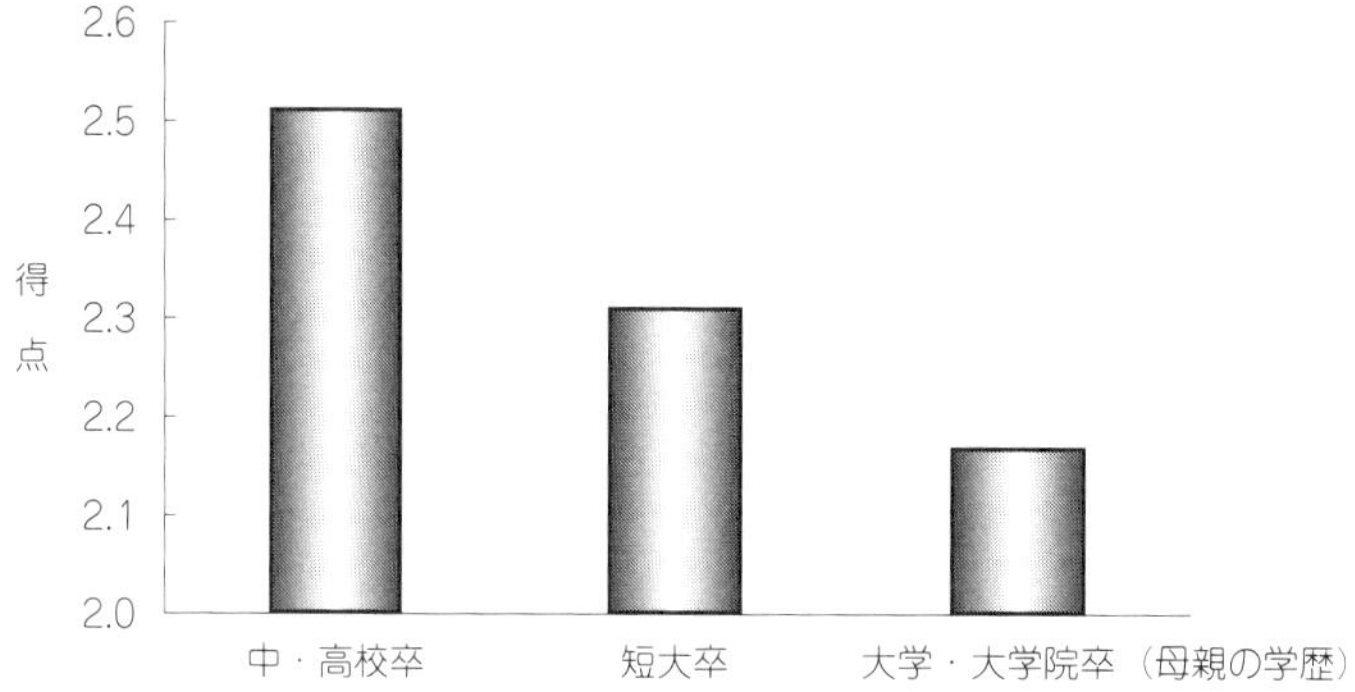

図13　学歴によって子どもとの一体感は変化する（柏木・若松 1994）

は子どもといえども別な人格とみ、生き甲斐は子どもや子育てとは違うという認識に変わってきています（山本 1997）。これらは女性における子どもがもつ意味が変わってきたことの、一つの現われといえるでしょう。

子どもという価値

母親における子どもの意味の変化は、端的にいって子どもという価値の変化です。日本は子宝思想が古くから強いため、子どもが価値あることはいうまでもないことと不問にされてきました。子どもの発達を扱う発達心理学も、子どもが価値あることを前提にその子どもの健やかな発達を推進することを目指して研究されてきました。親とりわけ母親のしつけや愛情が重要な研究テーマとなった背景には、親の養育や親子関係いかんが価値ある子どもの発達に大きく影響する、したがってそのメカニズムを解明しようということであったといえましょう。このように、子どもの価値は長いこと絶対視され、とりたてて問題とされてこなかったのです。

しかし、子どもの価値はそのように不問にすべきことでも普遍的絶対的なものではありません。私たちは「子どもは価値ある存在」「子どもが大事なのは当たり前」、「子どもの人権はいうまでもない」と思っていますが、実は子どもの価値というものは、社会的状況いかんによって異なる、極めて相対的なものです。日本を含む先進工業国では、子どもは〝明るくする〟〝生き甲斐になる〟〝活気がもたらされる〟などもっぱら精神的心理的なものですが、開発途上国では子どもは家や親に賃金をもってくる、また働き手であるなど実用的経済的価値をもつ存在です。

さらに近年の科学（医学）技術の進歩は、子どもの価値の問題をあらわにし子どもがもたらす価値をプラス面のみならずマイナス面まで直視させることになりました。かつて子どもというものは、結婚し性行為がありその結果生まれてくるものでした。しかし、医学の進歩はこの〈結婚―性―生殖〉の連鎖を断ち切り、子どもは結婚の目的でも性の必然的結果でもなくなりました。子どもは、人知を超えたものから「授かる」ものというよりも人（親）が選択して「つくる」ものになったのです。選択の対象となった子ども――産むか否か、いつ産むか、何人産むかが検討されることになり、その際、子どもがもたらすプラス・マイナス両様の価値が比較されることになりました。子どもの価値は、「明るくする」「活気をもたらす」といった抽象的概念的なことに留まらず、極めて具体的なかたちで問われることになりました。さらに、子ども以外のものの価値と比較検討される、極めて相対的なものとなったのです。

表1　第1子を産んだ際に考慮した理由（柏木・永久 1999）

60歳世代で有意に重視されている項目
結婚したら子どもを持つのが普通だから
配偶者の子どもがほしかった
子育ては生き甲斐になる
子どもが好きだった
子を産み育ててこそ一人前の女性
次の世代を作ることは人としてのつとめ
性やお墓を継ぐ者が必要

40歳世代で有意に重視されている項目
女性として、妊娠・出産を経験したかった
子どもがいると生活に変化が生まれる
2人だけの生活は充分楽しんだから
経済的ゆとりができたので
夫婦関係が安定した
友達が子どもを産んだので
生活に区切りがついた
自分の仕事が軌道にのったので

子どもの価値は子どもを産むと決断するにあたってどのような要因を考慮したかにも、端的に反映されます。60歳と40歳、30歳の3世代の母親が第一子を産んだ際に考慮した理由を比較しますと、重視する理由に世代差が見られます。

年輩世代では、子どもを産むのは「結婚したら産むのが普通」「（女性として）生み育ててこそ一人前」「次の世代をつくる」といった社会的価値が重視されていますが、若い世代になるほどこうした社会的価値は後退し、代わって「妊娠・出産を経験したいから」「じぶんの成長になる」といった自分にとっての価値が浮上してきます。さらに「経済的なゆとりができたから」「生活に区切りがついた」「2人だけの生活は充分楽しんだ」など、経済的条件や自分の生活を低下させない形で子どもをもつという条件依存的傾向が顕著になります。つまり、子どもの絶対的価値や社会的価値から、個人的な価値へと移行しています。このことは、年輩世代と若い世代との間で有意な差がみられた項目に歴然です（表1）。

このように子どもの価値が相対化し条件依存的になった状況は、産む性として決定権をもつ女性がどのようなことに価値をおき、どのようなものや活動に生き甲斐を求めるかと関連してきます。子どもを産み育てるという営みは、視点を変えてみれば自己資源を子とその養育に投資する営みで、それは女性自身の生存や発達と対立するものでもあります。それは高学歴化や有職化と密接に関わります。母親がしごとを辞めて育児に専念することは、その女性にとっては自己のよりよい生存／発達が子育てによって阻害されることにもなります。とりわけ高学歴で達成感や有能感を体験した職業生活から隔絶され、もう一人の親である夫は実質的に父親不在で自分だけが育児に拘束されている状況では、阻害されているという認識が一層強まります。子どもを一人産んだらもう辞めるケースは、このような場合に多いこともわかっています。

このような子どもの価値をめぐる状況は、子どもを「つくる」ことになった人口革命がもたらした、極めて今日的問題を提起しています。

子どもの価値にもジェンダー

子どもの価値と概括的に述べてきましたが、子どもの価値は社会的状況によって規定される必然としてジェンダーによる差が生じます。生業が農業で労働は機械によらずもっぱら肉体労働が主である時代や社会では、筋力の優る男児の価値が高くなります。一人っ子政策をとっている中国には多くの無戸籍児がいますが、その大半は女児です。男児がより上等な労働力であり家の後継ぎとしても有用なため、一人しか子どもをもてない状況下で、第一子が女児の場合は届けず（戸籍にいれず）、次の男児の誕生に備えるからです。日本でも戦前は女児の死亡率が男児より大変高く、それは、女児が病気になっても男児ほど医者や薬などの手当てを与えられなかったり、また日頃も女児は食べ物をはじめとする養護が手薄であったためです。

30年ほど前、親が子どもの性によってしつけをどう変えているかについて研究をしていた時、小学校できょうだい調査をしたことがありました。当時も2人きょうだいが多数を占めていましたが、その2人きょうだいの内訳をみると（男2人、女と男という組み合わせがほぼ同数いたのに対して）女ふたり、つまり姉妹というのが圧倒的に少なかったのです。なぜかというと、この組み合わせには男子がいませんから、親はやはり男の子が欲しいと、もう一人子どもを産むことにしたからでしょう。当時はまだ男の価値が高かったからです。それが今では、女の子のほうがいいという親が75％です。最近の調査では、一人っ子の場合、女の子が圧倒的です。「女の子がいればもういい」というわけです。昔は女の子だけだと、どうしても男の子を産みたいというふうになったわけですが、それが逆転したのです。

ここ20～30年の子どもの性選好をみますと、かつては男児選好が強かったのが、近年になると女児

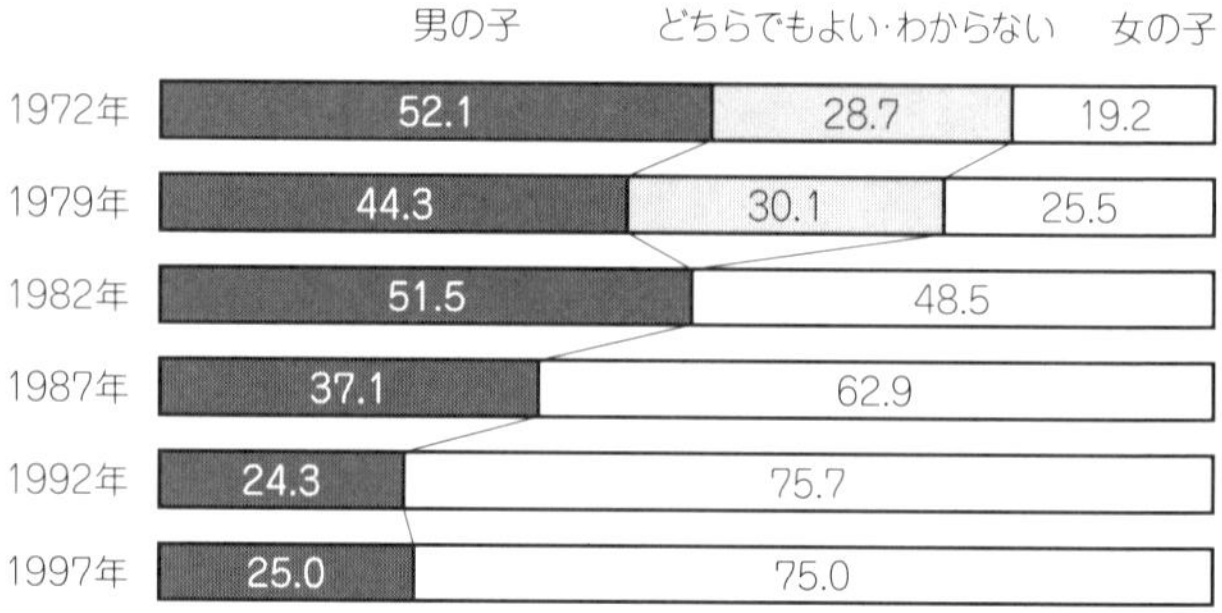

図14　男児と女児どちらを望むかの推移（%）（厚生省 1998）

選好が浮上し、今日では圧倒的に女児の価値が高くなっています（図14）。

この性選好の変化は、労働が機械化情報化して男性の筋力がもはや有用性を喪失したこと、加えて家の継承や老後扶養なども男の子に期待できなくなったことを反映しています。つまり男児がかつてもっていた実用的な価値が、低下したためです。代わって女児が選好されるのは、一つには女児のほうが物心の負担が少ないことです（たとえば、男児に対してより高い学歴をつけようとする）。高い学歴を与えるための経済的負担に加えて、育児不安は男児の親のほうが大きく、育児への心理的負担も大きいようです。一方で、子どもからの見返りはどうかというと、男児から返ってくることはほとんど期待できません。かつては労働者として働いて家に収入を入れましたが、もはやそんなことは期待できませんし、家を継いで老後を見てもらうことも期待できません。それに比べれば、女の子は話し相手になる、家事や身の周りのことを手伝ってくれるなど、こまやかな関係を長く保てるし有用だと、女児の価値が上がっているのです。長命となった親とりわけ女親は、自分の老後の実用的な価値を娘に期待しているといえると思います。

娘をもつ母親たちに、年をとって夫が死んだ後どのように暮らすつもりかを質問し、「老人ホームででも一人で暮らす」という人と、「娘と近くあるいは一緒に住みたい」という二つの群に分けてみますと、「娘と一緒に住みたい」と思っている母親は（そうでない母親に比べて）、娘に家事や客の接待を手伝わせる、行儀や人づきあいを厳しくしつけるなど、女の子らしくとの性別しつけをしている傾向が見出されています。このことは穿ってみれば、母親は子ども（娘）を自分にとって実用的な価値が高まるようしつけ、教育していると解釈できるでしょう。

子どもの価値というものが「かけがえのない」「尊い」などと素朴に当たり前と考えられているものではなく、それは当たり前と不問にはできないような変化が人口革命状況の中で生じているのです。少子、しかも「つくる」子どもと長命となった史上初の状況が親と子との関係を変化させつつあり、この様相を分析的に考えることは重要な研究課題です。そしてそれは、社会の変動、ひいては家族の変動と密接に関わっています。

社会変動と家族／個人の発達

子どもの価値が社会的状況と不可分に結びついた極めて相対的なものであること、また、親と子との関係にも変化が生じつつあることをみてきました。そのことは、子どもの価値や親子の問題に留まりません。むしろ家族のかたちと機能の変化、さらに家族を構成する成員個人の発達そのものが社会的諸変動によって規定され、また家族や個人の変化が社会の変動を一層推進し方向づけるという風に、社会と家族／個人の間に生じている相互規定的循環的な変化に注目すべきです。

これまで家族は、結婚し子が生まれて夫婦は親になる、子の成長さらに自立によってまた夫婦だけの生活となるといった変化、つまり家族成員の成長発達や離別による家族サイクルや家族発達段階が注目されてきました。また家族はシステムとして成員に生じた問題は、他の成員にも波及して影響しあう成員間のダイナミックスが重視されてきました。これらはもちろん、家族の特徴です。しかし、もう一つ無視してはならないのが、家族は単に閉じたシステムとして内部で変化するだけではないこと、家族は歴史や社会、文化の中にあってその状況によって規定され変化する、開いたダイナミックなシステムであることです。どのような家族サイクルを辿るかでさえ、家族がどのような歴史的状況にいるのか、また時の社会の仕組みや制度と固く結びついており、家族サイクル段階説が示すように一定のものではありません。それは、家族が真空のなかに存在するクローズドシステムではなく、否応なく時代の社会の諸状況にさらされるオープンなシステムだからです。

よく耳にする「家族の崩壊」だの「家族の危機」といった言説は、「家族」とはあたかも一定不変の、まさに普遍的なものとの暗黙の前提にたった見解であり、家族を取り巻く状況の諸変化に応じて変化するオープンシステムでありそれが人間家族の特質だ、との認識を欠いているといえましょう。変化した社会的状況の下で、人類はどのような家族のかたちや機能が最適か、また家族成員個人にとっても精神衛生がよいかを探索し、その結果、最適性をもったものに収束していきます。歴史上またさまざまな社会・文化にみられる多様な家族のかたちや機能、そこでの個人の人生を俯瞰した時、多様な家族や個人の人生が社会的状況の変化と相互に連動しあって形成されることは明らかです。そのような俯瞰に立って提出された〈社会変動と家族／個人の変化・発達〉モデル（Kagitcibasi, C1996）を日本の状況について補充修正し（柏木 1999）、最近の日本の状況についてまとめたものが、図15です。

図15の中央に示した要因（科学（医学）技術の進歩、労働力の女性化）が近年の激しい社会変動を惹起した中心的なものですが、これらが家族の機能や形を否応なく変化させた事情（図15の左右に書かれているような）は、身近な体験からも納得できましょう。

科学技術の進歩は家電製品として家庭に入り、家事が大幅に簡便になりました。かつて家事はスキルを要求される仕事でそれをする人は達成感も有能感を味わえた、賢夫人、よくできた奥さんと社会的評価も高かったものでした。しかし今では、炊事も洗濯もほとんどの部分を機械がします。また外注もできるわけですから、技量は必要とされず誇りも持ち難くなりました。家事が機械化したつまり誰でもできるようになった時、女性だけが家事をする必要はなくなったのですから、みんなですると いう方向に家族構造が変化する可能性もあったのですが、日本ではそうは変わりませんでした。（男性も料理を！　と言われ実際料理をする男性もいますが、それは「男の食彩」つまり趣味的な形で、女性が嫌でも毎日する料理とは意味が違います。）思えば、機械が家庭に入ったときが日本の家族にとって一つの大きな曲がり角でしたが、誰でもできる仕事でありながら依然として家事は女性が担う

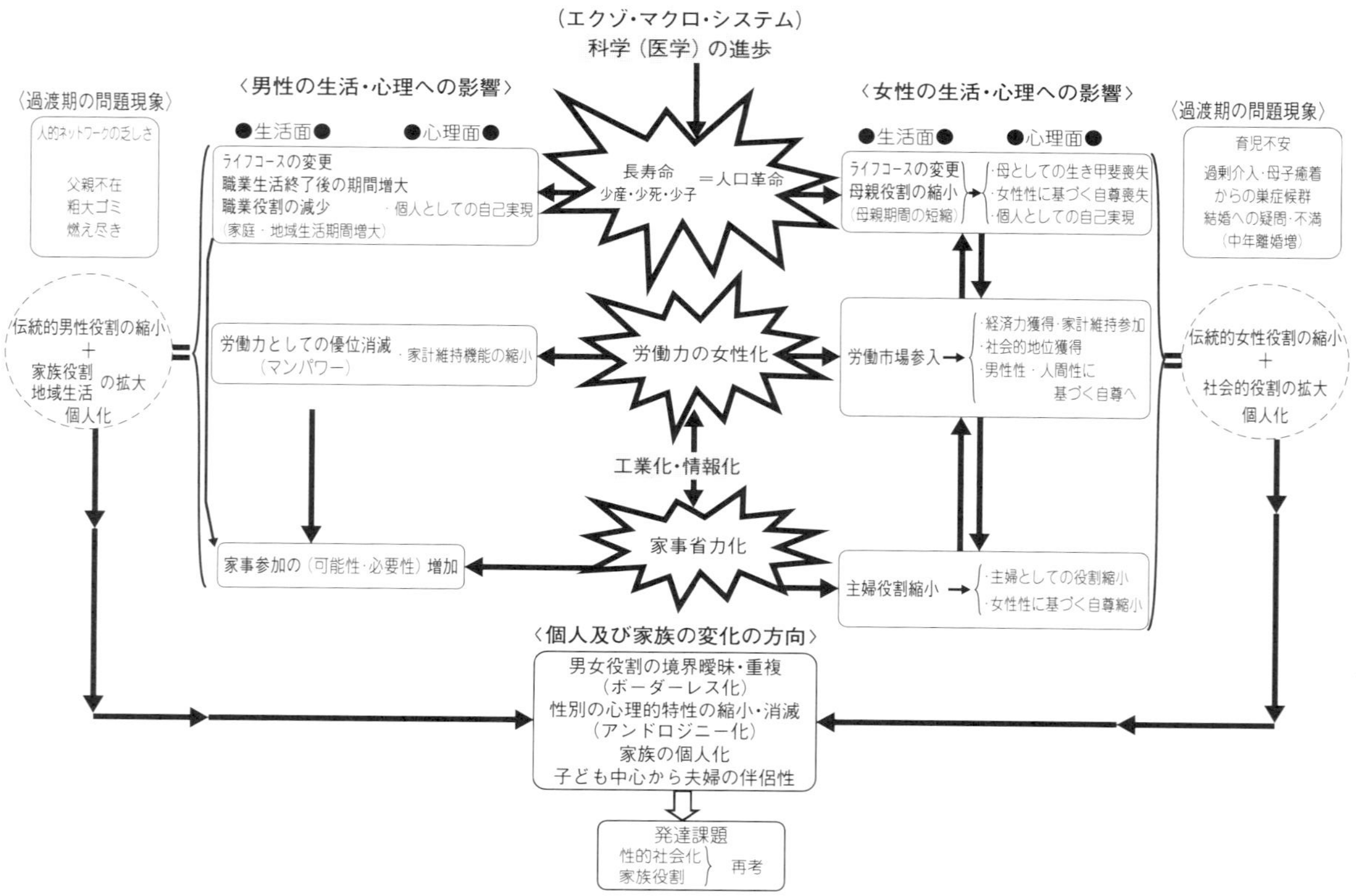

図15　社会変動と家族・個人（男女）の生活・心理発達（柏木 1999）
移行期の問題現象と発達課題

ものとされ続けています。先にみた妻たちの家事ケアに対する否定的感情は、こうした状況と無関係ではないでしょう。（余談ですが、ある大学院生の家では「保育園に行っている5歳の子どもが洗濯係だ」というのです。最初にきちんと教えれば5歳児でも洗濯ができます。その子どもは「家中の洗濯を私がやっている」という誇りをもっていて、子どもにとっても意味があるといいます。このように、家事の機械化は家族役割をみんなが分散して担いあうしつけ・教育ができていると感心しました。これも、家族のこれからの一つの方向ではないかと思います。）

このようにみてくると、性別分業という家族のかたちは、ある社会的な状況の中では非常に上手い仕組みであった、それゆえに成立していたことがわかります。職業は膨大な労働量、それもほとんど肉体労働の場合は男性の筋力が必須、他方、子どもは次々と大勢生まれ家事・育児も膨大な状況では、子どもを産んだ人がそれを一手に引き受けるという具合に、男女で分担するのが自然だし能率的で巧いやり方でした。しかし、こうした性別分業が最適性をもっていた状況が、ことごとく崩れました。機械化／情報化による労働力の女性化は、同等の知識や技能があれば労働者として女性と男性と対等に働くことを可能にしました。また子どもを産むか否かも選択となり数は少なくなった一方、長い人生というライフコースの変化は、育児や子どもの意味を変化させ相対化させました。（これらの変化は、もとはといえば家事にしても職業にしても危険や過酷な労働を減らし能率化を求めての、また長寿を願っての悲願達成といえます。）

このような状況変化は、職業役割と家族役割を誰がどう担うかについて従来とは異なったやり方が可能であり、効率的かつ心理的にも満足をもたらすことが予想されます。現にそのような変化が起こりつつあります。先に家族役割の分担上の衡平性が、結婚や夫婦関係の満足度や幸福感を規定していることをみました。また、子育てを（父親は職業で）母親だけが担っている、職業を辞めて家事・育児専業の場合に、育児不安が強いこともみました。これらの事実は、性別分業が最適性を喪失し、男女（夫・父、妻・母）が職業・家族役割を協同で担う家族のあり方が最適性をもつことを示唆しています。

図15の左端・右端に挙げたのは、近年の諸社会変動にもかかわらず家族と個人が最適性を喪失した既存のものに固着している場合に男性・女性に生じている現象例の一端です。社会的職業的達成と子どもの養育や家事は、いずれも人が生きてゆく上で必須かつ重要なことです。その重要性は男性、女性いずれにとっても同様です。今日、その両方を男女が協同で担える条件が整い、それを性で分業する意味がもはやなくなってしまったのにもかかわらず、相変わらず性別分業が続いていることに無理があり、ひずみが起こっている、それが図15の左端・右端の諸現象と言えるでしょう。スウェーデンでは、仕事をすることと家族役割を担うことが男性にとっても女性にとっても権利であり責任であると考えられています。そしてそれが現実に実行されている——残業は家族役割の責任と権利を放棄することとされ、定時にはさっと帰宅しています。この生き方・働き方は社会変動に最適なかたちであり、なによりも誰にとっても人間的なあり方だと思いました。このような職業／家族役割の男女協同への変化は単なる主義主張や趣味の問題ではなく、社会変動が人間に迫っている必然です。

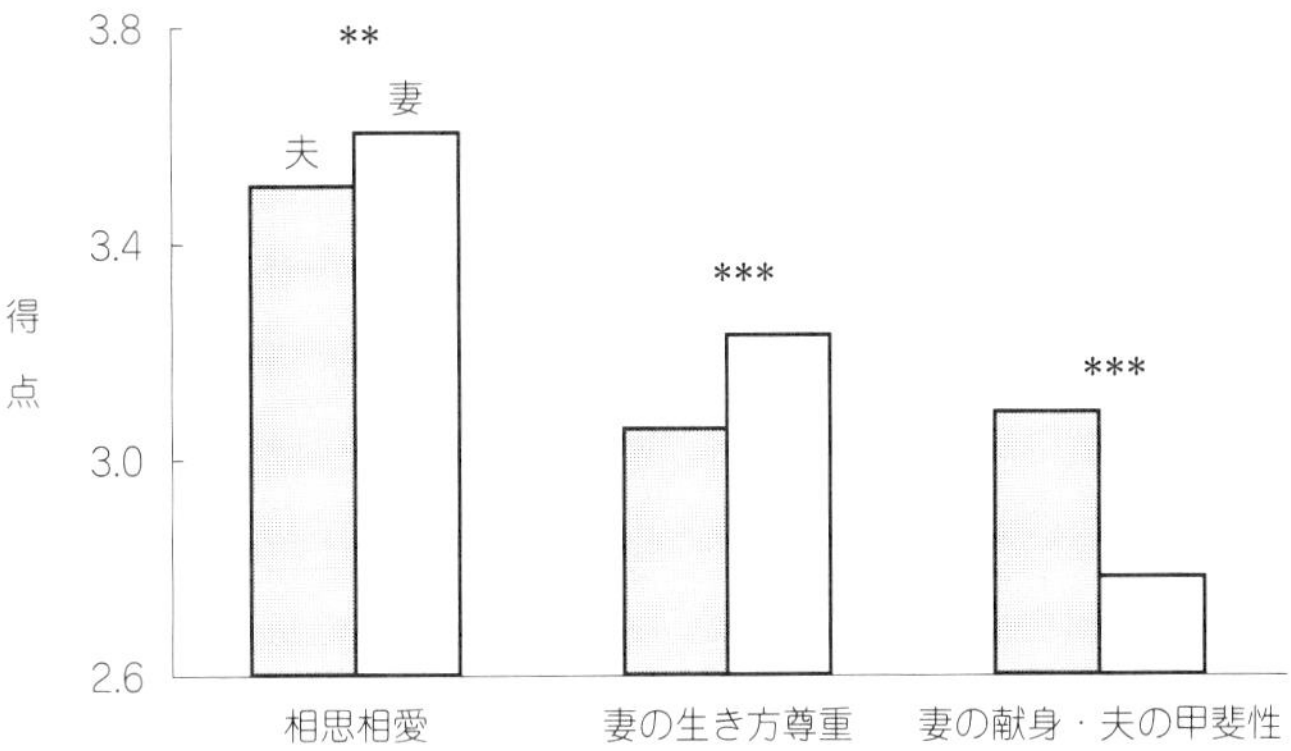

図16　男性（夫）と女性（妻）の結婚の理想（平山・柏木 2001）
注　** p<.01, *** p<.001

結婚の実態――家族役割やコミュニケーションにジェンダーギャップが著しいことをみましたが、その根源には家族や結婚に何を求めるかについてのジェンダーギャップがあります（平山・柏木 2001）。どのような結婚を理想とするかをみたところ、男女とも〈相思相愛〉がトップに重視されています（恋愛結婚優位の今日、当然のことでしょう）。ところが、それ以外では対照的な差が男性と女性間に見られます。すなわち、男性では〈妻の献身・夫の甲斐性〉が、女性では〈妻の生き方尊重〉が、それぞれより高いものでした（図16）。

つまり男性は夫が立てられ妻は従順という、いわば上下の伝統的な関係をよしとしているのですが、女性は妻の意見や立場が尊重される対等な関係を志向していて、相反するものでした。女性はこれまで見てきたように現今の結婚・夫婦関係の孕む問題を鋭く意識しその変革を求めているといえますが、他方、男性はそうした問題に気づかないのかあるいは変化を避けているのか、保守的態度に固執しているといえましょう。このような男女が求める結婚の理想にみられるジェンダーギャップが解消されるか否かは、今日の結婚をめぐる諸現象――女性の晩婚化非婚化、離婚増などのゆくえと深く関わるもので、今後に注目されるところです。

3章

家庭はいったいどんな場か

若林幹夫

私自身は、家の中の問題についてこれまで特に専門に考えてきたわけではありません。都市やメディアについて社会学的に考える、あるいは、都市やメディアの側から社会や社会学について考えるといった形の仕事をこれまでもっぱらしてきました。そうした研究で最も中心的な軸にしているのは都市論ですが、メディアに関しては、1992年に『メディアとしての電話』（弘文堂）という本を、東京大学の吉見俊哉さんと水越伸さんの3人で書いたことがあります。そこでは、電話というコミュニケーションメディアが日常的な空間に入ってきたときに、我々と社会の関係、それから自己と他者の関係、自分の身体の感覚といったものがどういうふうに変わるだろうかということを、考えてみました。

ほかにメディアに関する仕事というと、1995年に『地図の想像力』（講談社選書メチエ）という本を出しました。地図は見えない全体を見えるようにする社会的なメディアですが、それが社会を人間がイメージする仕方の一つのモデルとして考えられるのではないかということや、ローカルな場所と大きな広がりを結びつけるメディアとしての地図が、現実の社会の中で権力関係や社会編成の媒体としてどのように機能し、社会的な現実をどのように支えているのかといったことを、その本では考えてみました。

社会学から見た家庭

電話も地図もかなりローテクなメディアですが、私自身も講演をするとき、パワーポイントはもちろんのこと、ＯＨＰもほとんど使いません。マイクを使うのも好きではありません。マイクを使うと、私だけが喋らなければいけないというような壁が、私と聴衆の間にできます。大学の講義も極力マイクは使わないようにしています。こんな風に、私自身はたいへんローテクなスタイルをとっているわけですが、新しいテクノロジーが介在することによって、そこにいる人びとの間の関係が変わってしまうということには、大変興味があります。そういう視点から、家の中のテクノロジーを私だったらどう考えるかという話を、これからしたいと思います。

もしかしたら少なからぬ数の方々は、社会学をやっている人間は家庭や家の中のことについてこれまで結構考えてきていると思っているかもしれませんが、これは実は大間違いです。社会学者は、「家族」というものについてはこれまでいろいろ考えてきました。家族社会学という分野もあり、研究者もたくさんいます。しかし、「家庭」や「家の中」ということについてはあまり研究してこなかったのではないかと思います。「家族の社会学」はあっても、「家庭の社会学」や、まして「家の中の社会学」というのは、あまりなかったような気がします。

家族とは何か。たとえば、ある社会学事典をみると、「配偶関係や血縁関係によって結ばれた親族関係を基礎に成立する小集団」と書いてあります。社会学は、一般的には集団とその構造を扱う学問ということになっているので、家族も一種の社会集団として扱うわけです。けれども家庭というのは、社会集団としての家族に伴うものではあっても、家族そのものとは違います。それは家族という集団の存在に伴ってそこに成立する〝場〟というか、環境なのです。この場合、環境というのは物的な環境だけではありません。ハウス（＝家）というものはホーム（＝家庭）と密接に関係していますが、ハウスがあるだけではホームにならないわけです。他方また、ハウスがないホームというのも、少なくとも今日の社会ではなかなか難しい。アメリカのテレビドラマに「アワ・ハウス（Our House）」というのがありましたが、このタイトルはこのことを象徴的に表しているでしょう。また、私たちは家をもたない人を「ハウスレス」ではなく「ホームレス」と呼びます。このように「ホーム」と「ハウス」とは互いに深く結びつき、日常的な語感では入れ替え可能ですらあります。家という枠組みの中で、人はホームを営んでいくわけです。物的なものがあって初めて社会的なものが成立するので、物的なものと社会的なものを、ある部分では一緒に語らなくてはいけなくなるわけです。そうすると、「家庭の社会学」や「家の中の社会学」という場合には、今まで社会学がもっぱら関心の対象にしてきた集団だけでなく、家という物質的なものや、そこにある〝空気〟や〝雰囲気〟をも扱わなければいけないことになるでしょう。

しかしながら社会学は、家のような〝もの〟を対象とし、それを分析することをこれまであまり重視してこなかったので、「家族」については考えても、「家庭」についての議論は「母子家庭」や「貧困家庭」といった言葉が問題化する場合を除いては、そんなになかったのではないかと思います。そしてその場合も、「家庭」という言葉が示しているのは、ここで述べた意味での「家庭」ではなく、むしろ「家族」なのです。

家庭とは何か

では、家庭をどういう風に考えればいいのでしょうか。

家庭とは何かを考えるための4つの視点を、ここで提起してみましょう。もちろんこれらは重なり合うことですし、これら以外の見方も当然ありうるので、とりあえずの思考の補助線として考えていただければと思います。

① 生活する場としての家庭

まず第一に、「家族が生活する物理的および社会的な場」を家庭と呼ぶことができます。この場合、物理的な場は、家屋と、その周囲の〝付属地〟です。ここで〝付属地〟というのは、当初は〝庭〟と考えたのですが、家族が生活する物理的かつ社会的な場は、いわゆる庭に限らず、畑とか野良とか、そういう場所が家族の空間だったりすることもあります。路地のように、私的に占有されているのではなく、近所の人たちと共有された曖昧な空間である場合もある。集合住宅の共有部分というのもあります。そういうわけで、少し固い言い方ですが〝付属地〟と言った方がいいだろうと思ったわけです。現代の場合には、たとえば「自動車の内部空間」も、この〝付属地〟に入る場合があるでしょう。自家用車の中も家族の場、家庭の延長である場合があるのです。また、家族旅行やピクニックをする時には、家庭という社会的な場は物理的な自宅を越えて、その外側に広がっていきます。お花見の公園で新聞紙を敷いてみんなが座っただけで、その場に家庭の場所が広がってゆきます。このように考えると、物理的な場としての家庭も、必ずしも家屋に固定したものではないということになります。

②社会生活の空間的な構造としての家庭

二番目は、「①の意味における家庭での家族成員の行為や関係の社会空間的な配分の構造」というものです。「社会空間的」というのは、要するに社会生活の空間的な構造ということです。家の間取りから始まって、父親はここに座るとか、喧嘩したときにはこの場所にこもってしまうとか、そういう行為と関係の空間的な指定が家庭の中では行なわれています。そうすると家庭は、家族を構成する成員の行為や関係の社会空間的な指定と配置によって構造化された場として現われることになるでしょう。これは、個々の家庭ごとに異なっている部分もあるし、文化的にある固定したパターンが共有されている場合もあります。文化的なパターンというのは、たとえば上座と下座といったものです。日本には茶の間というのもありますが、これをたとえばアメリカ人に説明するとなると、いわくいいがたくて説明しにくいものがあるのではないかと思います。それは茶の間という場が日本社会における家庭の空間の文化的なパターンの中にあるために、他の文化に属する人びとには理解しにくいし、説明することも難しいからです。（もっとも最近の日本の住居には「リビングルーム」はあっても「茶の間」はないことが多いので、もしかするとこれからは日本人にも「茶の間」を説明することが難しくなるかもしれません。）同じように、ベッドルームがいくつでという間取りの説明の仕方は、我々日本人には馴染まない部分があるでしょう。

このとき、家屋等の物的な諸施設は、そうした配分を構造化し、そこでの行為や関係を支える広い意味でのメディア（＝媒体）として理解することができます。人びとの関係を取り結び、それに形を与えるものを「メディア」と呼ぶとすれば、それはマーシャル・マクルーハンがメディア論で使っている「メディア」という概念に近い使い方になります。家庭の中の物的な諸施設を、そういう社会的な関係に形を与え、それを意味付け、構造化する媒体として理解することができるのです。そういう意味で、住宅は、おそらく住むためのメディアと考えることができるでしょう。

③家庭の中と外

今家の中の話をしましたが、第三に、中と外の関係からも家庭というものを考える必要があると思います。そうすると、家庭はその成員が外部の社会との間に結ぶ関係のベース、基地、あるいは拠点になる場所として、考えることができるでしょう。電話やテレビといったコミュニケーションメディアというのは、このベースとしての家庭と、その外側の空間を情報によって接続する働きを持っているということになります。他にも、自転車、自動車、車椅子といったものは、人間の身体をそうしたベースを拠点にして移動可能にするシステムであるということになります。このように見ると、都市に張り巡らされたさまざまなインフラというのは、人びとがこうしたベースを持つことを可能にするような社会的な条件として理解することができるでしょう。そして「家庭」や「家の中」のあり方は、こうした社会的な条件によって規定されているのです。

④テクノロジーによる外部と家庭のつながり

四番目は、ある種のテクノロジーを媒介にすると、通常は家庭の外部といわれている場所に家庭を持ち運ぶことが可能になる、という点です。たとえばアメリカ人はよく、写真を自分の家に貼るだけではなく、旅行先にも持っていってホテルの壁にまで貼ったりするようですが、それは要するに、家族の写真を持っていくことによって、心理的・社会的に家庭の空間を持ち運んでいるわけです。位牌を持って歩くとか、遺骨を持って歩くとかいう場合もありますが、それも死者という家族を携行していることだと思います。最近では、携帯通信機器を持ち運ぶことによって、出張先のホテルで家族と話をしたり、画像情報まで送れるようになっていますが、そうするとそこで家族の空間、あるいは家庭という場所が外部に持ち出されるということになっているわけです。

家庭とテクノロジー

最初にあげた三つの視点から、社会的な関係の中で、「家庭」というものを社会的におよび物的に捉えることができるのではないかと考えました。そのように考えた上で、第四の視点で述べたように、そういう文脈にテクノロジーという視点を持ち込むとどういうことが言えるだろうかを考えてみたいと思います。

もっとも、ここでテクノロジーというのは、通常の、狭い意味での工学的な技術の話だけではなく、場合によっては工学的な技術と等価になったりすることもあるような文化的な技術も考えています。「住居とは何か」という議論が人類学で行なわれるときに、機能主義的に考えると、「それはシェルターである」という議論があります。つまり、自然の猛威から人間の暮らしを守るためのシェルターだというのです。しかしながら、住居は自然界から自分たちを守るだけではなくて、同時に、社会的に、外部領域から自分たちの領域を守るという機能があります。そしてその時には、必ずしも物的に充分なしきりがなくてもよかったりします。たとえば、注連縄を考えてもらえばよいでしょう。神社の入口のところに鳥居があって注連縄がわたしてあると、これは物的にはそれほど障害物にはなっていませんが、この入口が神聖な領域であり、場合によっては入ってはいけないという印になっています。また奥の院に入るところには、「不浄のもの入るべからず」とか「女人禁制」とかいった意味のことが書かれていたりしますが、これも物理的に仕切っているというよりは、文化的にシンボルとして仕切っているわけです。つまり、情報がそこに与えられて、それが結界になっているわけで、そうすると、内と外を仕切る仕組みというのは、物理的なものであると同時に象徴的なテクノロジーでもあるということになり、社会的な仕組みであると言えるでしょう。

それからもう一つ重要なことは、内側と外側を仕切るというときに、内と外が二値的に峻別されるわけではないということです。むしろ、この間に緩衝帯があって、外であるが内側寄りとか、内側だが外側寄りとか、微妙な空間区分というのがあり、そうした緩衝帯をコントロールすることによって社会生活は営まれています。

「出居」の役割

柳田國男に『明治大正史　世相篇』という本があります。この本の中に「出居」ということばが出てきます。出居という空間がかつての日本の家屋にはあって、今日それが衰退していったと柳田は言います。私も具体的に、出居という場所がどんな場所なのか経験したことはありませんが、それは民家の中にあって、近所の人たちが来て、そこに気軽に入って茶飲み話等をしていく場所なのだそうです。客間というのはフォーマルな場で、そこまで入るのはやはりそれなりに格が必要ですが、出居というのは近所の人たちが日常的に出入りして、お茶を飲んだり、話をしたりするような場所なのです。そういう場所を通じて個々の家屋や家庭は、村のほかの家庭と繋がっていた。だからその出居がなくなったときに、村の社会のあり方がどこかで変わったという議論をしています。

大学1年の時に、初めて聴いた社会学の講義でこの出居のことを知ったのですが、我々にもっと馴染みのある空間でいえば、それは「縁側」に近いものだと思います。私は今は集合住宅に暮らしているので縁側はありません。集合住宅では入り口のドアのところにだれでも来るわけですが、子どもの頃を考えてみると、たしかに縁側があって、しかも今の家屋のように門構えがしっかりしておらず、隣の家との間にも垣根に出入口が切ってあったりするような環境だったので、縁側に人が来て腰掛けていろいろ話をしていました。縁側に座って道に行く人びとを眺めている、そういう経験もあります。こういう縁側は、出居に近い場所です。これは、内でも外でもない、中間領域だと思うのです。それはコミュニケーションの場所であると同時に、ここまでは入れるけれども、ここから先には気軽に入ってはいけないという、社会的・文化的な意味の指定を行なっている場所であると言えると思います。

こうした内部と外部の間の緩衝帯的な領域をどう設定するかという技術は、他にもあります。たとえば吉本隆明は「都市はなぜ都市であるか」という論考の中で、都市を歩きながら窓に細かい格子のある家を探すのが好きだということを書いています。「細かい格子」は、外からは中がよく見えないけれども、内側から外をのぞいて見通すことができます。しかも光は採り入れるというもので、都市の住民の私的な領域と公的な権力が接する場所に、そういう内側からは見えるけれども外側からは見えないという装置がおかれているのだと、吉本さんは言うのです。柳田國男も、村の住民というのは、ちょうど御簾の内側から外を見ているようなもので、外のことは知りたいけれども、自分たちのことは教えない、という内容のことを、『明治大正史　世相篇』の中で書いていていました。

「軒先」もそうした緩衝帯として理解することができるでしょう。特に町屋の場合には、庭があって家があるというわけではなく、通り沿いにいきなり家があるわけです。京都の町屋などを考えてもらうとすぐわかると思いますが、その場合には軒先、それから内側の格子が緩衝地帯の役割を果たしているわけです。

また「敷居」とか「出窓」も、こういう緩衝の役割を果たしています。私は職業柄住宅地を歩くのも結構好きなのですが、それは住宅地が社会的な意識を表象しているような気がするからです。たとえば現代の住居には出窓が多く見られますが、それは必ずしも縁側のように家の内側と外側を繋ぐ場所ではない。たいていの場合、そこにはレースのカーテンが掛けられ、ぬいぐるみや絵皿等が置いてあって、それらが外部と内部双方の視線を遮りながら、ショウ・ウィンドウのように、ある美意識やスタイルを表現している。そこには縁側や格子とはまた別の、内部と外部の区切り方があります。そうしたものが、社会生活を読み解いていくうえで結構重要だなと思うのです。

このように、家の内側と外側を区切ったりつないだりする技術にはいろいろあります。内部と外部を分節するさまざまな文法というのが、我々の社会の中にはあるわけです。これは一つの文化的・社会的なテクノロジーなのです。こうした文化的・社会的なテクノロジーが、工学的なテクノロジーと共に、先に述べた四つの視点の中の①の意味での「家庭」を作りだしているのです。庭や路地といった、先に「付属地」と呼んだものも、そのような文化的・社会的な区切り方の装置として理解することができるでしょう。

家の内側を繋ぎ、仕切る仕組み

もしかしたら、コンピュータのネットワークの中でも、こうした緩衝地帯を考えられるのかもしれませんが、それは多分私が今ここで考えることでもなさそうなので、次の話に進みましょう。

家の内側と外側を繋ぐ文化的な仕組みの話をしましたが、家の内側の領域を繋いだり仕切ったりする仕組みもあります。そうした仕組みが、先に②として述べた家の中の行為や関係の空間的な指定と構造化を支えているのです。

すでに述べたように、家族の形態や家族行動と家屋の構造とは結びついています。だから、家屋の内部もかなり堅固な壁で仕切るヨーロッパの家屋と、日本の伝統的な家屋のように、障子とか衝立とか襖で仕切る家屋とでは、家の中の関係の指定の仕方も違うし、家族の形態も異なってくるということです。もちろん、家族の形態が異なっているからそうなっているという言い方もできるし、そうした技術的な条件の中で暮らしてきたから、家族形態がこうした形を取ったということも言えるかもしれません。この場合、どちらか一方が他方を規定したり決定したりしているというのではなく、双方が互いを支えあっていると言うべきでしょう。

もう少し近代的なテクノロジーになってくると、たとえば、電灯がついて明かりが家の中で分散したことによって、夜間人びとが別々の場所で活動することが可能になりました。もともと夜は、家の中も暗かった。火が貴重で、囲炉裏だけが火の空間だった場合には、人びとはその一カ所に集まらなければいけないわけです。ところが、ガスや電気が張り巡らされることによって、光が分散し、火も分散しました。暖房もそうだし、料理する火もそうです。今の我々にとっては当たり前のことですが、たとえば、大正から昭和戦中期に活躍した、日本最初の住宅作家の一人ともいわれる山本拙郎は大正11年に、電気湯沸器、電子レンジ、電気冷蔵庫、放射型電熱器など、当時最新の電気製品を完備した「電気の家」と称する住宅を作っています。また、和歌山の新宮市に文化学園創設者の西村伊作の旧邸がありますが、こちらの方は家の中にガスが張り巡らされて、ガス灯がつくようになっています。家の中にガス灯というと、今聞くと奇妙な感じがしますが、これはガスという新しい技術に接したときの人びとの熱狂と驚きを見事に伝えている例だと思います。こうしたものによってどこでも熱や光を利用することができるようになると、家の中の人びとの活動の指定も変わることになります。家の中の人びとの関係の構造が、テクノロジーに媒介されて変わっていくわけです。

ほかにも、家の内部領域をつないだり仕切ったりする仕組みとしては、たとえば新聞やラジオ、テレビといったメディアがあります。これらは、家族が家の外のことを知るための媒体というだけではなくて、家族の中の関係を仲立ちするメディアとしても機能しているのです。たとえば明治時代には、お父さんが家族に新聞を読んで聞かせるということがしばしばあったといいます。父親の周りに家族が集まって情報を共有するような形で、家族が作られているわけです。ところが文字に対するリテラシーが普及してくると、家族がバラバラに新聞を読むようになります。要するに、新聞を読むには一定の知識や教養が必要だったわけですが、新聞が変わったのか家族が変わったのか、誰もが新聞を読んでわかるようになると、家の中の活動の形が変わってきます。ラジオも、昔のラジオのように家の中に一つ大きな朝顔型のラッパがあって皆で聴いていた時代と、トランジスタラジオが普及して、自分の部屋の中で、あるいは布団の中で深夜放送を聴けるようになるのとでは、家の中の家族の活動の形やその分布が変わってきます。テレビに関してももちろんです。

また、これはテクノロジーと言っていいのかよくわからないのですが、たとえば子どもやペット、盆栽や庭で育てている花も、家の中のコミュニケーションのメディアとして捉えることができるでしょう。些細なことのようですが、たとえば「今朝、朝顔が咲いたよ」と言って同じものを見、同じものの変化を共有しているということが、家庭という場を社会的な共同性の場として支えていく上では非常に重要なのではないでしょうか。犬や熱帯魚を飼うことによって家の中の関係の形が変わるとか、子どもが産まれたことによって夫婦の関係が変わるとか、そういうことが起こり得ます。犬や熱帯魚と子どもを並べるのは不謹慎と思われる方もいるかもしれませんが、家の中の関係の媒体として機能するという意味では、それらは並列して論じることができるのです。「アイボ」のようなロボットも、同じようなものとして考えることができるでしょう。これらの「媒体」もまた、家の内側の領域をつないだり、切り離したりして関係を構造化する仕組みとして考えることができるのです。

思い出の役割

ここまで空間的な、同じ部屋の中のつなぎ方の話をしてきましたが、本書の「思い出工学」との関係でいうと、過去と現在と未来をつなぐ仕組みとしての家庭ということも言えるでしょう。これは要するに、記憶をシェアしている単位としての家庭という意味です。もちろん記憶のシェアは、各家族、家庭だけでなく、一族とか、それから日本という国家といったさまざまな集団を支える仕組みにもなっています。仏壇や神棚も、家族の歴史を支えると同時に、しばしば民族や共同体といったものと人びとをつなぐことになります。

このように考えると、たとえば柱の傷もメディアとして理解することができるでしょう。それは記憶のメディアになっているわけです。書棚やアルバム、家そのものも記憶装置です。それらは、そこで暮らしてきた人びとの歴史というものを蓄積しているのです。壁の汚れとか、そういうものまで含めて記憶装置になっているわけです。その家に入ると、それまで忘れていたかもしれない記憶が現動化されて立ち現われてくる、そういう装置として家というのは存在していると思うのです。

私は、思い出というのは、自分とは誰かということを確認させてくれるものだと思います。それは〝自分〟あるいは〝自分たち〟は何者かということを確認させてくれるのです。リタイアした人が自分史を書きたがるのはなぜかというと、会社という文脈から離れて、自分が何者かを確認してくれるものが急になくなってしまったからです。誰も、あなたが誰かということを言ってくれません。昔のように家長然としてはおられず、配偶者も子どもも何も言ってくれず、そうすると、自分で何か言うしかないのです。その時に、自分の記憶を動員して、私はこういう存在だということを情報化し、情報化した以上は人に読んでもらいたい、本当に読んでもらっているかどうかはわからないけれど、誰かが読んでくれるのではないかという意識を通じて自分の存在を確認するというのが、自分史というものの仕組みだと思います。

しかしながら、思い出というのは、そういう風に語られたり書かれたりするばかりのものではなく、本当に重要なことは、実は語られないことが多いのではないかとも思います。人には思い出したくない思い出というものもあるわけです。そして、往々にして思い出したくない思い出こそがその人の存在の核心になっていることがあります。つまり、人には語られないし、語ることにはものすごい痛みを持つけれども、それがまさにその人の存在の根になっているということがあって、そういう記憶というものと人間がどう付き合っていくかということは、とても重要なことです。特に、戦争の記憶とか、他人を理不尽に傷付けてしまったり、逆に傷付けられたりというような記憶の場合には、そうしたことが大きな問題になっていきます。それを社会的にどういう風に記憶し、記録していくのかということ、あるいは、そうしたもののアーカイブや記念館を作るという話になると、当然今日の情報テクノロジーの問題とも関わってきます。非常に重要なことではないかと思います。

家の形態の近代化

以上は家の内と外、家の内部、あるいは過去・現在・未来を区切り、つなぐ装置の話でしたが、ここでそうしたものによって構造化された家庭や家の中の現代的な状況というものについて考えておく必要があるでしょう。

家族が近代化していくのと同時に、家庭も近代化して行きます。物的な施設に関していうと、ヴァナキュラーな、つまりその民族ごと、地域ごと、文化ごとの家の形態から、かなり標準化されて合理化された家を指向するような流れが出てきています。もちろん、アメリカの建て売り住宅と日本の建て売り住宅は違いますから、世界的な規模でグローバルスタンダードな家ができるという、ル・コルビュジエの夢みたいなことは叶っていないわけですが、しかしながら、日本の中で、地域ごとに建つ家というのは相当似通ったものになってきています。それはたとえば住宅情報誌で、北海道版から九州版まで眺めてみると、似たような家の写真が並んでいることからもよくわかります。もちろん微妙な違いもあって、都市部の住居の方が地価が高いのに面積が狭いことに見合うだけ豪華な作りになっているというような違いは、写真を見ただけでわかりますが、基本的に住宅会社が作る家は同じような形になっています。そうした家の標準化は、たとえば現代の家事労働がどういうもので、家族形態がどういうもので、その活動の指定をどういう風にするのかといった工学的な思考のもとに出来上がっています。そうすると「住むための機械」というル・コルビュジエの有名な言葉がありますが、そうしたものに今日の住宅は近くなってきているわけです。

それから、近代化と共に職・住の分離が進んでいくことによって、近・現代の家庭はもっぱら核家族の消費の場として位置づけられるようになっていきました。加えて、核家族が一つの単位であるというよりも、個々バラバラの、個別化していく個人の集合体に近くなっていくという側面が現代にはあります。さらにここで、個別化する家族と家庭ということで問題提起しておきたいのは、地域の中でも家族が個別化していくのではないかということです。かつての地域というのはある意味では家の連合体でした。町内会があったり、かなり濃密な付き合いがありました。特に農村の場合には共同労働がありますし、お祭りとか、社会的なさまざまな活動、子ども会等を通じての結びつきもありましたが、こうしたものがだんだんなくなってきています。特に、職場が遠隔地化したり、女性の有職率が高くなってきたり、子どもが少なくなってきたりという変化の中で、家族と地域の結びつきはだんだん弱くなってきています。私は、これが悪いといっているわけではありません。ただ、形が変わってきたということを言いたいのです。

家の中の変容

ではその中で、家の中はどう変わってきたのだろうかという話を最後にしたいと思います。このとき、家の中というのは、〝中〟であることが自明なのだろうかということを考えてみる必要があると思います。このことは、先に挙げた四つの視点の④とかかわってきます。

ここで考えてみたいのは、「家の中」と言うとき、一体どういう意味で中なの？ということです。たとえば、うちの中と外をつなぐ仕組みの変化でいうと、電話、テレビ、ラジオ、パソコンが一家に一台から、一人一台になっていくことによって、家族をつなぐ媒体から、家族を家庭内で分散させて個別化させる媒体へと移り変わっていきました。よくパソコンのコマーシャルで、娘がパソコンをやっているところにお父さんが現われてほほえましい会話が進むといったものがありますが、あんなことは実際にはあまり起こらないでしょう。むしろ家の中で家族のそれぞれが別々にやるようになります。前に電話の研究をしたときに、なんで長電話がお父さんに嫌がられるのかを考えたことがあります。父親が長電話をいやがる理由は、多分、お金がかかるというだけではないのです。お父さんは、家は自分の場所だ、家族をやるんだと思っている。ところが娘や息子は、自分とは一緒に話をしてくれないのに、友達とはすごく楽しそうに話をしている。しかも何を話しているのかよくわからない。「ここは一生懸命、俺がローンを払って建てた家なのに、なんで俺の家の中で、こいつはほかのヤツと楽しそうにやっていて、俺といるときには話をしてくれないんだ」、という感覚があるのだと思うのです。そういう風に家族成員を家の中で個別化させるメディアとして、電話やラジオやテレビやパソコンというものが機能しているという面があると思います。

それから先ほど述べた出居、あるいは庭先での立ち話ですが、家の周りを取り囲むのが垣根なのか、ブロック塀なのかでも「家の中」というもののあり方は随分違います。垣根だったら近所の人が見えるし、声だってかけられますが、ブロック塀だと見えません。それが集合住宅になるとますます変わっていきます。そうすると、そこでは内と外の緩衝地帯が消えていきます。家とその外部領域との間の緩衝地帯がなくなったということが、「家庭」という場も閉じさせてゆくことになるわけです。

このように、家の内と外が緩衝領域を無くしてパシッと区切られるようになってきた一方で、電話やパソコンなどの情報機器を通じて、家の外側が個別的に、ダイレクトに入ってくるようにもなりました。「内と外」とは言っても、外の出島みたいなものが家の内側にポンと入り込んでくるような、そういうイメージです。外と通じる穴がたくさん開いた、言ってみれば〝多孔的〟な場に、家の中は変わってきているのではないかと思います。

地域社会の変容

地域社会そのもののあり方も変わっています。コンビニとワンルームマンションというのは、そうした変化を象徴するものでしょう。

　コンビニエンスストアというのは、要するに家の台所が外部化されたものだと考えることができます。それとちょうど対になるようなものが、ワンルームマンションです。それは今まで家が持っていた機能を、徹底的に外部に依存するようなシステムになっているわけです。人と会うのは喫茶店やファミリーレストラン、台所代わりにコンビニエンスストアやマクドナルド、娯楽はその都市の中の映画館やゲームセンターに行き、恋人とはシティホテルに行くというように、さまざまな形で機能を外部化していくわけです。こうした都市生活においては、伝統的な意味での家族や家庭を単位とした地域共同体というものを考えるのは難しくなってきます。都市や社会そのものが、市場とテクノロジーに媒介された共同居住施設みたいなものになっているという見方も、できるかもしれません。

　もしかしたら現代の家というものは、そういう都市のシステムに寄生して、都市の中に住み込むときの最低限のベースキャンプとして考えることができるのかもしれません。実際に、ワンルームではない家に住んでいる人にとっても、そこでの生活は限りなくワンルーム的になってきている部分があるのではないでしょうか。自分の部屋がワンルーム、家はアパート、主婦はそこの管理人という風にです。現代の主婦が感じる辛さの原因の一つは、家の中でやること自体はさほど変わらないのに、家庭という場所が家族の共同生活の空間でなくなっていったために、そこでの行為に対して家族のためにやっているという意味づけができなくなってきたということがあると思うのです。（もちろん、主婦の存在意義が果たして「家族のため」ということによって獲得されるべきかどうかということ自体が、本当は問われねばならないのですが、ここではそのことについては詳論できません。）家がアパート化し、家族が個別化し、個々に外部の社会との繋がりをもつようになると、主婦はそこで暮らす単身者化した家族のために奉仕する家政婦のような存在になってしまうわけです。家事労働そのものの量は、昔に比べれば非常に減っています。家族社会学者がみな言うことですが、ある意味ではすごく暇になっているのに、辛さが増してきているわけです。そのことの背景には、共同性の中で意味付けられていた家事労働が、そうした意味づけを欠いた事務労働のようなものに近くなってきてしまっているということもあるのだと思います。

感情労働としての家族サービス

そこでもう一つ、家の中で辛くなってくる話をすると、かつての社会では、家族というのは必ずしも幸福とか愛というものによって語られる場所ではありませんでした。家族というのは労働の単位、生産の単位であり、家というのはそれが存続していくこと自体に意味がある経営体だったわけです。ところが近代になると、家族というものが、特に都市のホワイトカラー層の場合には、実際には労働力を再生産したり、子どもを再生産したりする場でありながら、情緒的にみんなが幸せを指向する、あるいは愛によって結ばれた共同体という形で考えられるようになります。しかしながら、そういう建て前がある一方で、家族がどんどんばらばらになっていって家の中にいる時間も短くなり、家の中においても外側とダイレクトに繋がっているという形になると、家族や家庭をめぐる意識と実際の存在形態が乖離してきます。その結果、家をマネージメントし、幸せな家庭を作ろうとか、家族の幸せを確認しようということが、しばしば義務化してしまいます。「家族サービス」とか「家庭サービス」といった言葉は、そうした事情を如実に表わしていると思います。私自身は、なんで家族としての行動が「サービス」なんだろうとも思うのですが、まさにそれがサービスという感覚になってくるわけです。現代の社会学者はそれを「感情労働」と呼んだりもします。つまり肉体で働くのと同じように、感情で人に奉仕するというわけです。しかしそれと本当の感情とは違います。本当に幸せかどうかわからないけれど、幸せをやらなきゃ、愛してるかどうかわからないけれど、愛がある家族をやらなきゃという、家族における感情労働への義務感が、「よし、それならアウトドアだ」とかいったことになって、多摩川の狭い河原に日曜日になるとバーベキューをしている人がひしめき合って、空騒ぎのような笑いが満ちているという、そういう状況を生み出しているように思うのです。

逃げ場としてのテクノロジー？

家の中がこうした感情労働の場になってゆくことが、引きこもりや虐待を産み出しているのではないかという議論もあります。そうすると、家庭の中で家族を休むことが必要ではないかという議論も出てくるでしょう。引きこもりというのは、学校や社会を休んでいる場合ですが、同時にまた家族を休むというのもあるのではないかと思うのです。実際、家の中のそういう情緒の逃げ場として、パソコンをはじめとするテクノロジーが利用されることがあります。パソコンや携帯電話に人が惹かれる理由の一つは、もしかしたらそこなのではないかと思うのです。しかもそこではフェース・トゥー・フェースの関係がありませんから、通常生活している自分と違う自分になることができ、そこでの戯れを通じて感情をリハビリテーションすることも不可能ではありません。そうすると、現代の社会を、家の中に隠れ家が必要な社会という風に考えることもできるのではないでしょうか。

4章

家の中の物から見えてくるもの──「2002年ソウルスタイル」展から

佐藤浩司

はじめに

「2002年ソウルスタイル　李さん一家の素顔のくらし」というのは、国立民族学博物館（民博）で、2002年の3月から7月にかけて開催された特別展のタイトルです。これまで民族学の展示では、たとえば、インドやモンゴルといった地域やそこに住む民族にかんして、どうすればその特徴をつたえられるかが問題にされてきました。その結果、ことさら特異な風俗や文化（財）を紹介したり、反対に、現代の姿を見せることでリアルな展示ができると考えられたのです。ソウルスタイルは、そうした旧来の展示の常識を覆すことから展示を組みたてています。それはいかなるコンセプトにもとづいたものであったのか、そして、それは成功したのか、さらに、そこからどのような知見が得られたのか、などについて以下では議論してみたいとおもいます。

I　ソウルスタイルの目的

何が展示されていたのか

展示会場には、李さんの家がそのまま再現されました（写真）。李さん一家の住むソウルのアパートの部屋が原寸大でつくられ、そのなかに、アパートにあった一家の所持品がすべて運びこまれました。タンス、ソファ、冷蔵庫、電灯、テレビなどの家具はもちろん、家族全員の衣服、給与明細、銀行の通帳、カード類、本やレコード、子どもの玩具や成績表から、スナップ写真や手紙類、結婚前に夫婦がかわしたラブレターまで、わずかな例外をのぞくすべての物が展示品として収集されました。そして、それをアパートにあった状態のまま、引き出しのなかの下着類から机の上に置かれた鉛筆の一本一本まで同じようにならべて展示しました。点数にして一万点をこす品物が、李さんの家そのままに復元されたのです[1]。

そして、李家のアパートを囲んで、展示場の周囲には家族5人それぞれの生活空間が展開するのです。夫であるアボジの職場の部屋や飲み屋の屋台、アボジの母であるハルモニの故郷の部屋と亡くなったハルモニの夫の墓、小学校6年生になる長男のドンファと4年生の長女ウィジョンのかよう小

図1　展示の全体

学校の教室、妻であるオモニがよく行く市場や銭湯までがリアルに再現されました。さらに展示場二階には家族の時間の流れを追いながら、ソウルの人びとの誕生から死までの人生のステップが物によってしめされていました。

この展示を見に来てくれた人は、李さんの家の台所に置かれた冷蔵庫の中の食べ物の匂いをかぐこともできたし、寝室の洋服ダンスを開けて、どんな服を持っているかをしらべることもできました。ドンファ君の勉強机のまえに座って、彼の使っている教科書やノートをチェックしたり、ウィジョンちゃんのベッドに寝転がってお気に入りのピカチューのぬいぐるみを抱くこともできました。けれども、展示品のなかには、私たちから見て特別な物は何ひとつありませんでした。展示場の4ヶ所に据えられたビデオ・プロジェクターには、家族5人それぞれの

図2　展示場に再現されたドンファ君の勉強机

一日の生活が、朝起きてから夜寝るまでの行動を映し出していました。ありふれた家族の日常生活をこのようにしてまじまじと見る機会を私たちははじめて経験したのではないかとおもいます。韓国とか日本とか言う以前に、隣人のことやおなじ家族のことでさえ私たちはよく知らないのではないか？　ソウルスタイルはそういうことを考えさせてくれた展示でした。

展示されていたほぼ4ヶ月の間におおよそ6万人の人々が民博の李さんの家を訪問してくれました。この数は、最近の民博における特別展への来館者数としては多いほうです。新聞、雑誌、テレビなどのマスメディアからも注目された展示となり、企画としてはある程度うまくいったと考えています。しかし、それがどういう意味をもったのかについては、博物館の興行成績とは別の検討が必要になります。

どんな展示だったのか

ソウルスタイルの展示とはいったい何だったのでしょうか？　実際に展示を見た人それぞれが自分の流儀で展示の意味を考えはじめるのがこの展示のおもしろいところです。100人いれば100の生活スタイルがあるように、展示を見た人たちは自分自身の生活について語りはじめるのです。展示されたのはソウルのアパートであるのに、私たち自身の姿が展示をとおして映し出されてくるかのようでした。

展示の内容については、書籍（朝倉・佐藤 2002）やWWW（国立民族学博物館 2002）上に記録として残っているので興味があればご覧ください。李さん一家が持っていた物の完全な形でのデータベースもいずれ公開を予定しています。ここでは、そうした展示の内容を確認するよりも、展示が成立するにあたって避けては通れなかった命題について検討しておきたいと思います。

ソウルスタイルは韓国展ではない？

この特別展が企画されたきっかけは、2002年が「日韓国民交流の年」であり、ワールドカップが共同開催される年だったからです。日本では多くの博物館、美術館で「韓国展」が開催されると予想されました。そのときに、諸民族の文化を専門とする研究博物館が何もしないわけにはいかないし、何か展示をするとすればその独自性が問われることになるだろうと覚悟していました。韓国の国立民俗博物館と共同開催で互いの国の生活文化を展示することは早くから決まっていたのですが、どのようにアプローチしたものか関係者はずっと頭を悩ませていました。

李さん一家とめぐりあって、彼らの住むアパートの調査をはじめるのは、そうした議論のなかで模索した可能性のひとつにすぎませんでした。しかし、李家にあった物すべての調査を終え、彼らの家庭を展示の中心にしようと決めた段階では明確に意識していたことがあります。この展示は、韓国の現在をしめすために企画された展示ではあるが、韓国展を標榜するのはやめようということでした。私たちが展示しようとするのは、2002年のソウルの一家庭の生活スタイルであって、「韓国」という全体像ではないのです。ややこしいですが、同時期に韓国の国立民俗博物館でおこなわれた日本展「近い隣りの国、日本」と比較すると、この問題はより明確になるのではないでしょうか。

「近い隣りの国、日本」展も、企画当初から対象は現代の生活文化に向けられていました。ただ、この展示のユニークな点は、日本の伝統的な人生儀礼や冠婚葬祭の現在形を紹介するだけでなく、渋谷にあつまる若者男女の所持品一切を持ち帰ったり、女子大生の部屋を再現したり、サラリーマンの一日を追ったり、といった考現学的な手法をちりばめた画期的な日本紹介になっていたことです。この時期に韓国で日本展を開催することがいかに困難だったかを考えれば（展示期間中に、なぜ国立の博物館が日本展などをするのかという苦情が後をたたなかったそうです）、日本展としての展示内容は驚くほど斬新なものです。

しかし、「日本」という対象に迫ろうとすればするほど、逆に日本のイメージは拡散する結果になっていたはずです。日本展のためにつくられたポスターには、「障子、富士山、祇園祭、和服を着た家族、飛び石の上におかれた下駄」が描かれています。これは、韓国社会で一般に知られる日本のイメージを寄せあつめたものです。そんなステレオタイプな日本イメージが虚構の世界でしか意味をもたないらしいことは、この展示を見た人ならすぐにわかります。では、その先にあらたな「日本」像は形成されたのでしょうか？

そもそも「日本」を表象すべき一つの統一体であると考えることに無理があると私は思います。ステレオタイプな日本イメージの追認ではなく、なんとかそこで暮らす個人の人生にまで迫りたい。調査の原点がそういう欲求にあるならなおさらですが、これが日本だ、と言われた途端に、居場所がないと感じる日本人はたくさんいるにちがいありません。たとえ、日本社会とはしかじかのものであると説明できたとして、その結果、そこにどのような個人も実像をむすばないとしたら、そういう社会のとらえ方そのものに問題があるのです。だから、個人はみな個性的で特殊だけれども、それでも個人のほうから逆に彼／彼女にとっての社会をあぶりだすことにしよう。ソウルスタイルの展示の原点はそうしたアプローチにあります。

これは韓国展であるまえに、李さん一家について知る展示である。そして、家族も、社会も、人間関係は一瞬たりともとどまってはいない。「２００２年ソウルスタイル」という展覧会の名前には、そうした意味がこめられています。

李さん一家は韓国の代表ではない

個人の生活から社会を見るといっても、それ自体はこれまでの社会調査でもおこなってきたことです。アンケートや統計処理が社会調査に必須なのは、社会が個人の集合でしかありえないからでしょう。けれども、そうした社会調査との決定的なちがいは、前提となる社会観そのものにあるのです。私たちの展示が個人の生活を対象にしたのは、標準化された社会イメージに個人としてのリアリティを感じられなくなったからです。だから、調査対象となった李さん一家は韓国の典型的な家族なのかとか、平均的な世帯とくらべてどうなのかといった問いかけは、そもそもこの前提を理解していないといえます。

もっとも、展示の企画をたてはじめた当初は、私たちも韓国の典型的な家庭を調査しようと目論んでいたのです。できることなら三世代同居の家族で、しかもソウル市内のアパートを調査対象にしたいと考えていました。しかし、家の中の物まで見せてくれる家庭はそうそう見つかるものではありません。候補にあがった家でも、実際に調査をはじめてみると、あまりの大変さに途中で投げ出されてしまうこともありました。

困ったあげくに紹介されたのが、李源台・金英淑夫妻の家です。ご夫妻はともに大学で民俗学を専攻されていたということもあり、調査の意義についてはすぐに理解してくれたようです。けれども、こうした調査が可能だったのは、なにより一家のオモニである金英淑さんの人柄によるところが大きかったのです。はじめ3日間ほどの調査予定と言いながら、結局作業が終わらずに、3週間にわたってアパートにかよい、家の中の物すべてを撮影させてくれたばかりか、展示やその後の聞き取りもいれると、3年後のいまも資料について頻繁にやりとりをしているのですから。それだけでも、平均とか標準とかいう言葉がこの調査にいかに不似合いかわかります。実際のところ、李さん一家とめぐりあわなければ、その後の展示もまったく異なったものとなっていたでしょう。

こうして李さん一家と出会い、彼らの持ち物の調査をとおして家族のことをふかく知るにつれ、家族の特徴を韓国社会の一般解のなかに解消させるような仕方ではなく、その反対に、家族ひとりひとりを個性をもった存在として描きだすにはどうしたらよいかを考えるようになりました。サルの集団でも、観察すればするほど個体の特徴が見えてくるようになるでしょう。まして私たちが対象にしている相手は人間です。たとえ韓国を理解するための展示の素材としてある家族を利用したとしても、彼らは韓国を代表するために家族をしているわけではありません。だから、展示を見た人が「韓国の標準」に即して、この家族のことを普通でないとか普通であるとか詮索する、そういう状況を避けたかったのです。韓国のどの家族も個性的でかけがえのない家族である。目の前のこの家族を理解することなくして、韓国の標準などは意味をもちえないのだ。これが私たちが展示にこめたメッセージです。

ところで、韓国の社会や文化を前提にするだけでは家族の本質にせまれない、ということは、家族さえもひとつの社会であり、前提にはならないのだと認めることを意味します。社会について述べたのとまったく同様に、家族のなんたるかがわかったところで、そこに個人の実像はむすばないかもしれない。そのような認識をつきつめることにリアリティを実感できたとき、はじめて個人から家族へ、そして家族から社会へと理解する道がひらけていることになるのでしょう。ひとりひとりがどんなに個性的でも、彼らはまちがいなく家族をしているからです。

こうした考えは、調査から展示まで通底する基本的なテーゼとして私の頭をしめていました。「家族」がひとつのイメージにすぎないように、ひとつの物に対する考えも家族それぞれに異なるものです。だから、物の調査の最終目標は、家族5人が同じ物にこめたそれぞれの思いをすくいあげることにありました。実際には、すべての物についての聞き取りに応じてくれたのはオモニだけだったので、当初の目的が達せられたとは言い難いのですが。

物の調査と並行して、家族5人それぞれの一日の生活を映像記録におさめようとしたのも、アパートの部屋をベースにしながら、5人の生きる世界が異なることを確認するためでした。このときの映像記録は、展示場のそれぞれの生活空間で公開されることになりました。

李さん一家にめずらしい物はない

ソウルスタイルで展示されたのは、李さんの家の中で実際に使われていたり、死蔵されていた物です。普通、展覧会というのは、滅多に見られない貴重品が展示されるものと相場が決まっています。

ところが、ここで展示していたのは、冷蔵庫の中のキムチや風呂場で使っているシャンプー、ドンファ愛用の筆箱やウィジョンの大好きなピカチューのぬいぐるみといった、どこにでもあるありふれた物ばかりです。ちょっと店に行けば買えるような物を展示して何がおもしろいのだと言う人もいました。ガラクタを収集していると批判した研究者もいます。実際、韓国社会では物のリサイクルがさかんですし、李さんの家では団地のゴミ捨て場から拾ってきた物を使っていたりするので、ガラクタを展示しているという指摘はあながち間違いではありません。

けれども、よく考えてみると、私たち現代人の持ち物は所詮ガラクタばかりなのです。物の価値がわかるのは当人だけ（老人世帯にゴミが多いと言われるのはそのためでしょう）、持ち主の死後も残されるような貴重品を私たちはいったいどれだけ所有しているでしょうか。そして、そういうガラクタを考慮に値しない物、展示に値しない物と言うとしたら、それは私たち自身の存在意義を認めようとしていないことになります。ソウルスタイルが私たち自身の生活を見つめ直すきっかけをあたえることになったのは、この展示が韓国、日本といった文化の相違をこえて、現代人そのものを対象にしていたからにほかなりません。

私たちの家にあるのは大量生産されたガラクタばかりです。それにもかかわらず、ひとつとして同じ家がない。どこの家もユニークで、私たちは他人の家のことを知らない。それもまた現代社会の特徴と言えるでしょう。どこにでもある物があつまって、ここにしかない李さんの家はできていた。展示場にあるのはありふれた物ばかりだし、家族のメンバーが実際にいるわけでもない。それでも、展示場を訪れた者たちは、李さん一家のことを古くからの知り合いでもあるかのように感じてしまう。ソウルスタイルはそんな展示でした。そして、そのことが身の回りの物の意味についてあらためて考えさせる契機になったのだと思います。

Ⅱ　ソウルスタイルの方法論

これまでの研究には何があるか

家の中の物をすべてしらべるという研究は、私たちがはじめておこなったわけではありません。大正から昭和にかけて、日本や朝鮮半島で民家を調査した民俗学者・建築学者の今和次郎は、家の中にどのような物があるかをスケッチで詳しく記録することを試みています。「考現学」という名前は今和次郎の発案ですが、何気ない現代生活の中に隠れたさまざまな現象を発見し、そこから人間性の本質に到達しようとするのです（今 1987）。

その後、今和次郎の学問は、たとえば「路上観察学」と呼ばれる一種の人間復興運動にもつながり、幅広いブームとなったこともあります（赤瀬川・藤森・南 1987）。もっとも、復興されるのは観察者の側の人間性だけで、観察される側にはほとんど何の意味ももたなかった点は今和次郎のアプローチとの大きな違いでした。

　より学術的な分野では、今和次郎の助手であった川添登さんを中心とするＣＤＩ（商品科学研究所）が、日本家庭の中にある物についてのシステマティックな調査をおこなってきました。彼らの調査手法は「生活財生態学」と呼ばれていますが、それは「現代日本人のライフスタイルあるいは家庭生活の実態を、徹底して物、すなわち生活財を通してあきらかにしようという意図のもとに、住居の形態、家族の年齢構成を同一にした四つのタイプの平均的な年収の家庭１４０軒の生活財の品揃え・その配置の状況、家の中の景観を調査し、植物生態学の手法を借りて分析した結果とそれについての文明史的考察をとりまとめたもの」（株式会社シィー・ディー・アイ 2003）です。１４０軒もの家庭を対象にした調査は、１９７５年からおよそ20年間に3回実施され、海外との比較や、物のライフサイクル、都市と地方の相違など、生活財を手がかりにした分析をおこなっています（商品科学研究所 1980, 1983, 1993）。この調査から得られた成果のひとつとして生活財の調査表があります。これは、彼らが家の中の物を調査する際にアンケートとして使った「家の中のすべての物のリスト」です。生活財をいくつかのカテゴリーにわけ、イラストを付けたリストで、その物の有無、使用頻度、使用者について回答してもらうようになっています。１９７５年の最初の調査時には１５００点程度のリストにすぎなかったのですが、調査のたび増えつづけ、１９９０年代におこなわれた調査では４５００点にも達しています。現在リストアップをすれば、情報通信メディアなどさらに増えていることは確実でしょう。この調査表の変遷を見るだけでも興味深いものがあります。

ＣＤＩの調査は、一定の調査表にもとづいてできるかぎり多くの家庭を調査し、それによって社会の平均像を描き出すことを目的としていました。つまり、調査の前提として、正規分布におさまるような比較的均質な社会イメージがあることになります。ところが、１９９３年に写真家の都築響一さんが発表された「ＴＯＫＹＯ ＳＴＹＬＥ」は、こうした社会イメージ（家庭イメージといってもよい）が破綻していることを告げていました（都築 1993, 2001）。この写真集には、東京で暮らす多くは若い単身者の部屋の様子が、あるがままの状態でさらけ出されていました。写真撮影のために片づけるといった非日常的なよそおいを拒否した部屋は、どれも過剰なまでに個性的で、部屋のたたずまいからは住んでいる人の暮らしぶりや人生までもが透けて見えるようです。

私は、１９８８年におきた連続幼女殺人事件の犯人の部屋を思いだしていました。部屋の空間が犯罪者をはぐくむものなら、これらの写真の部屋の主はみな犯罪者と紙一重ということになってしまうでしょう。たしかに、ここにあつめられた部屋は飛び抜けて風変わりな例ばかりかもしれません。それでも、ふだんの暮らしのなかで、多くの人が家庭生活にいだいている違和感や窮屈さ（「家族」は近代日本が問いつづけたテーマでした）から突き抜けた解放感をそこに見いだすにちがいありません。私たちがいつのまにか受け入れてきた家庭イデオロギーを覆すリアリティがこの写真集にはあります。

都築さんはおもしろいことを話していました。「ＴＯＫＹＯ ＳＴＹＬＥ」の写真集は海外でも出版されましたが、「日本人はこんなところに住んでいるんだ」と驚くにちがいないと考えていたそうです。日本の家といえば、あいかわらずの書院造りや茶の間のある家、そうでなければ、こぎれいな現代のマンション生活くらいしか海外に紹介されてこなかったからです。ところが、ヨーロッパの知人は、「あ、これ俺がむかし住んでいた家だ」と思わず感想をもらしたそうです（都築・佐藤 2002）。テレビのホームドラマに登場する理想的なイメージとしての日本家屋でもなければ、建築家がデザインした住宅作品ともちがう、おなじ人間として、生活することのリアリティがこうした親近感を生みだしたのではないでしょうか。

今回の展示では、CDIの生活財生態学から多くの有益な情報を得ましたが、展示のタイトルにソウルスタイルとあるとおり、社会の認識の原点にはいつもこの「TOKYO STYLE」がありました。この本がしめすように、どれほど個性的な家であっても日本の家にちがいありません。社会の平均値をもとめる従来のアプローチでは、こうした家は一般化をそこなう雑音（本来あってはならない異常なもの）として片づけられてしまうでしょう。どんな家を調査したとしても、そこから社会に到達する道がひらかれているはずだ。そのようなものとして社会をとらえかえそうとしたのです。

建築人類学から見た家と物

ところで、ソウルスタイルの調査にあたって、なぜ家の中の生活財に焦点をあてたのかを説明しておかねばなりません。その理由は、私がそれまでにやってきた民家調査と関係があります。私は、専門の人類学者でも、韓国文化の研究者でもないし、考現学に特別な興味をもっていたわけでもありま

図3　スンバ島の伝統的集落

せん。これまでは、建築史的な興味から、インドネシアやフィリピンなどの伝統的な民家の研究をおこなってきたのです。

東南アジアは世界的にも木造建築技術の発達した地域で、民族ごとに独特の造形をもった家屋形式が発達しています。とくに屋根の形態は民族としてのアイデンティティをになうほど特徴的なもので、たとえば、インドネシアのスンバ島では天空高くのびあがる尖り帽子のような屋根の家を建てます（写真）（佐藤 1998）。建物の大半をしめる巨大な屋根裏には祖先伝来の神聖な器物がおさめられていて、住人たちはこの空間に立ち入ることを禁じられています。一年のうちでも決められた日だけ、しかも、家長などの特別な男性にかぎって屋根裏にのぼることができるのです。

住宅は健康的で快適でなければならない、と私たちはよく言いますが、それは住宅が人間の住む器であると考えるからです。しかし、東南アジアの巨大な屋根の家をしらべていると、家というのはこの世の人間の生活のために建てられるわけではないと感じます。スンバ島の家の主人は、人間ではなくて屋根裏にやどる祖霊のほうだと考えれば事情がよくわかります。

彼らがそうした家を建てるのは、べつに個性を発揮したいためではありません。先祖がそうしてきたように、そしておそらく子孫もそうするように、彼らの理想の家を引き継いでいる（壊れれば再現する）だけなのです。彼らは祖先の名を十代以上もさかのぼって記憶していて、自分もまたそうして祖先の列にくわわることを人生の目的にしているかのようです。そのためには、結婚をし、子どもをもうけ、その子どもがさらに孫をもうける、といったプロセスを経ることが必要で、そうしてはじめて社会的に一人前の人間とみとめられるのです。

ですから、たとえスンバ島の家の持ち物をしらべたとしても、それは彼らの社会がもつ共通の世界観をしめすための調査でしかありません。そもそも家の構造が村中みな同じなのは、彼らが抱く理想の家のイメージが共通しているからにほかなりません。このことは物にたいする観念にもあてはまります。

スンバ島のちかくにティモール島という島があります。ここの家屋形式はスンバ島とはまったく異なり、円錐形の小さな土間式住居です（写真）（佐藤 1988）。一般の住居のほかに、村には数棟の儀礼家屋があります。たとえば、これから戦争に出かけるといったときに、おなじ祖先に由来する者たちはこの建物にあつまって勝利を祈願します。儀礼家屋の中央には神聖な一本の柱が立っていて、先祖

図 4　ティモール島アトニ族の儀礼家屋の内部

がのこしたさまざまな器物、たとえば、剣、槍、火打銃、ゴング、シリー（檳榔子と一緒に口にふくむ）入れ、薬草、戦いの際に頭に巻く赤い布、トウモロコシの初穂などがこの柱に取り付けられています。これらの器物は手でふれてはならない神聖な物とされていますが、同じ文化を共有しない人にとってはかならずしも価値のある物ばかりではないでしょう。逆に、そのような伝統社会であれば、ひとつの家を調査するだけで、社会の全体像を把握できる可能性もあるわけです。

しかし、私たちは伝統社会に生きる人間ではありません。現代社会は私たちに生きる目的は何かとしめしてくれたりはしません。もはや「社会」はそういう形で人びとをむすびつける共同体ではないと言えます。伝統社会であれば、人が生きている意味など、家を建て、そこに住んでいるだけで自明のことでした。神話や伝承は繰り返し自らの由来や行く末について説明してくれます。たしかに、私たちの社会も似たような家に住み、似たような物を持って暮らしていますが、だからといって、同じアパートや同じ町内の人びとと、かならずしも人生観や価値観を共有しているわけではないでしょう。私たちは、生きる意味を自分自身で見つけていかねばならない。そういう社会に生きているのです。

したがって、調査の命題はつぎのように言うことができます。同じようなアパートの部屋を調査の対象にしながら、そこから異なる個性をもった人間に、つまり均質ではない社会像に、いかにして到達するかということです。東南アジアの伝統的村落の調査であれば、家の形態を調べることで社会を理解しようと試みましたが、現在の私たちを対象にするとき、住宅には個人の力ではどうにもならない要素が大きすぎます。家の選択は、経済性や利便性を考慮した結果なされるもので、家によって満たされない部分を物によっておぎなっていると考えられるからです。しかし、個々人の持ち物をしらべるといっても、現代人の所持品は大量生産された消費財ばかりです。道具という点では誰でももっている物は同じなのですから、そこからどのようにして個人にとっての意味を掘り出してゆくかが物の調査の鍵ということになります。

家のおもしろさは、そこに複数の人間が住み、どんなにバラバラな人生を送ったとしても、ひとつの空間（共同社会）として統合されているところにあります。おそらく、同じことは国家や人間そのものについてさえ言えるのでしょう。いまはひとりの人間といえども、統合されたひとつの体系として理解しつくせるものではありません。ある部分はひとつの価値観にしたがいながら、ある部分ではそれとは別の価値観をもつのは当然のことです。けれども、どんなに矛盾する価値意識がひとりの人間の中に共存していたとしても、そこにはひとつの人格がある。家もそれと同じなのです。

Ⅲ　ソウルスタイルの成果

展示にたいする批判

「２００２年ソウルスタイル」展は、ここ数年の民博の展示としては好評でしたが、批判もありました。また、考えなくてはならない点もいくつかあります。そうした批判のいくつかをとりあげて議論をすすめましょう。

これは韓国の代表的な家族か

代表的や一般的という言葉にあまり意味がないことはすでに繰り返し説明しています。ここでは別の視点からこの問題に答えることにしましょう。

「ソウルスタイル」という展示のタイトルからもわかるように、展示場や図録から「韓国人」という言葉は丁寧に排除されています。私たちがふだん何気なく使うこの言葉には、国籍、国境、民族といった政治的判断がふくまれます。この展示が韓国展であるまえに李さん一家という特定の家族に焦点をあてたのは、そうした問題に引きずられて、等身大の人間関係を見失ってしまうことをおそれたからです。しかし、この点にかんして、とくに韓国研究を専門にする関係者には実感が乏しかったようにおもいます。調査にあたった私とは李家の物にたいする考えにかなり温度差があったせいかもしれませんが、韓国文化を紹介するというスタンスから抜け出せないのです。逆に言えば、これまでの研究成果をすなおに表現できないことが彼らのストレスになっていました。同じことは展示を見に来た民博のファンや「韓国人」も感じたはずで、これは韓国の平均的な家族ではないとか、期待していた韓国文化が展示されていないといった不満をもらす人も少なからずいました。それに、興行のためもあって、いっぽうでは韓国の物産展や伝統芸能のイベントなどをおこなっていたのですから、展示のコンセプトが徹底されていたわけでもないのです。

　この問題については、民族学のおかれた現状にもふれておく必要がありそうです。これまで民族学者（人類学者）は、ある民族社会を調査してその文化についての民族誌を残すことを目標にしてきました。けれども、いまでは民族という概念自体がつくられたものであると考えられるようになっています。民族社会は調査の前提としてそこにあるのではなく、むしろ調査の結果しめされるべき対象に変化しているのです。ソウルスタイルがとったアプローチはまさに民族学のこうした問題意識を背景にしたものでした。従来の民族学がおこなってきた展示手法をまったく逆手にとり、全体の見取り図を曖昧にぼかしたまま、個から全体を見透かすことを展示の目標にしたのです。だから、李家が韓国の代表かどうかは、展示の結果としてそこに浮かびあがる「韓国」によって判断してもらうしかないわけです。

どれくらい一般的な話なのか

　ソウルスタイルのアプローチは、あらたな展示の可能性を切りひらこうとする意欲にみちたものでした。ただし、そこからどのような社会があきらかになったのかについてはさらに検討の余地があります。

　ソウルスタイルの副題には「李さん一家の素顔の暮らし」とあり、李さん一家について、これ以上のぞめない手段で表現しようとしたことを疑う人はいないでしょう。しかし、李さん一家は韓国文化を代表する人たちでもなければ、韓国の平均的な家族というわけでもありません。それでは、どこにでもありそうな家族について知ることがそれほど大切なのでしょうか。そこから、いったい何がわかったと言えるのでしょうか。

こうした疑問にたいして、6万人もの観客がこの展示をたのしんでくれた理由を考えておく必要があります。私たちはいままでこんなかたちで他人の家をのぞいたこともなければ、よその家族について知ろうとしたこともなかったはずです。観客たちは李さん一家の向こうに、自分自身の姿をとらえていたにちがいありません。そして、こういうやり方で身の回りの世界が理解できることに気がついたのだとおもいます。展示を見た人たちは、みな李家とくらべて自分の家がどうであるかを語りたい衝動にかられたようです。実際に、そうした光景が展示場のあちこちで目撃されていました。

文化にせよ、歴史や地理にせよ、私たちが未知の世界にかんする知識を得たいと感じるのは、自分の生きている世界の見取り図をえがくためだと私は考えています。そうすることで、自分自身についてよりよく理解したいとねがうからです。ところが、アカデミックな世界で培われてきた知識は現実世界と遊離してしまい、いくら文化や歴史をまなんでも、その先に自己の姿さえ見えてこないと感じるようになってしまったのです。もし、李家をとおして韓国という国家や朝鮮民族という民族の見取り図がえがけたとして、その見取り図のうえに日本民族としての自分をイメージすることにどれだけ実感をもてるでしょうか。そうすれば、ゆたかな人生はひらけてゆくでしょうか。それよりも、自分自身のことにもっと興味がもてるような知識のありかたを再考すべき段階にきているのだと思います。

だから、展示がどのくらい一般的だったかという疑問は、韓国社会に即して判断すべき事柄というよりも、もっと私たち自身の生活の実感に即してどのくらい意味があったかを問い直してみるべきことなのです。

物をしらべて何がわかるのか

もういっぽうの批判の典型は、「人の家の冷蔵庫の中を見て何がおもしろいの？」という類のものです。李さんの家には特別にめずらしい物があるわけではありません。そんなありきたりのガラクタを見て何がたのしいのか、そんな物なら私の家にもゴロゴロしているよ、というわけです。

調査を終えた段階で、私が感じていた不安も同じものでした。他人の恥部にとびこんでゆくような調査はたしかにとてもスリリングな体験でした。アパートの間取り調査に終始しているだけではけっして味わえない理解が得られることを確信しました。しかし、展示となれば話は別です。家の中の物をそのまま展示場にならべたところで、果たしておもしろさは伝わるのだろうか。この不安は杞憂にすぎなかったわけですが、それでも、なかにはほとんど展示に興味をしめさないで帰ってしまう人もいたのです。家の中の物を全部人に見せるということがいったい何を意味するのか、もうすこしイマジネーションを働かせてみてもよかったでしょうに。そうした事件が可能になるために、家族とのあいだにいったい何があったのか？　そして、彼らはいったい何を考え、何を得たのか？　自分自身にそれが可能なのか？　可能だとすれば、どういう条件が必要なのか？　可能でないとすれば、それはいったいどうしてなのか？　身の回りにあふれるおびただしい物との関係を考え直してみる絶好の機会だったはずです。

この展示は、李さんの家にあった物をただならべているだけではありません。その物がどのようにしてアパートの部屋にはいってきたかをしらべ、それを生活財調査データベースとして公開していました。そうすることで、家族が所持する物から家族の生活する外部の社会が見えてくると考えたからです。このデータベースは調査のさいに一点一点資料を写真に撮りながらオモニに確認した情報がもとになっています。物の名前と用途、使用者、入手経路と入手先、値段などがおもな調査項目ですが、それ以外に、家族にとってその物がどういう意味をもつのかがコメントされています。このデータベースをながめているだけでも、家族のあゆんだ歴史や日々の生活までわかるのです。この調査に直面して、オモニは、それまで意識したこともなかった物についてまでひとつひとつ吟味し、物にこめられた意味を確認する作業にあたりました。そうして、どれほどささいな物でも、自分と家族の現在をつくりあげてきたかけがえのない物であることに気づいたのです。

しかし、それが本当なら、あらたな疑問がわきあがります。どうしてそれほど大切な物を展示のために手放してよいと考えたのでしょう。理由のひとつは、おそらく、この調査を通じて調査者である私もそれらの物の価値を、つまり李家が李家である意味を知り得たからです。そうした共感がなければ、とても安心して物を託す気にはならなかったでしょうし、そういう意味では、物の調査があって、はじめて実現できた展示だったのです。

プライバシー

展示を見た人の中から、「いくら研究とはいえ、こんなにプライベートな情報まで公開したり収集したりしてもいいの、許されるの」という疑問をぶつけられることもありました。けれども、私たちは植民地時代の官僚として原住民の調査にのぞんでいるわけではありません。調査者と被調査者の関係は、一方通行的なものではなく、たがいに影響をおよぼしあう相互浸透的なものです。なぜこうした調査や展示が可能だったかを考えれば、両者がどんな関係をきずいてきたのかわかるはずです。

展示があきらかにしたこと

ソウルスタイルの展示は、個人と社会の関係を考える大胆な実験だったといえます。しかし、展示の背景には、対象となった家族にたいする地道で執拗な調査がありました。

この調査のエッセンスは展示にあわせて発行された図録からもうかがい知ることができます。図録のなかでは、家族の歴史を残された写真や書類で追い、家族と社会との接点を各人の行動からあきらかにしています。もちろん、展示のベースになった部屋ごとの生活財のリストや家族全員の着衣と所持品のリストも掲載されていますし、一週間の行動記録や食事のメニュー、買い物の内容なども調査の対象になっています。

こうした調査とあわせて、家族5人の日常生活を2週間かけて映像取材しました。このときの映像記録は、家族のインタビュー（自分について、家族の他のメンバーについて）とあわせて、展示と同じ題名のマルチメディア作品に仕上がっています。いずれも展示期間中は展示の一部として活用されていましたが、マルチメディア作品については特別展の終了後も民博のビデオテークで公開されています。さらに、調査の発端から、展示をへて、家族においた問題を『物と家族』と題する1時間のビデオ作品にまとめています。

こうした展示関連の資料とならんで、言うまでもなくソウルスタイルの核は李さんのアパートからはこんだ一家の生活財です。展示されていた資料はすべて整理されて博物館の収蔵庫に保管されましたが、これは21世紀初頭のソウルの一家庭にあったほとんどすべての物を網羅したタイムカプセルとしての意味もあります。私たちのあつかう「歴史」は日常的な事柄にはほとんど関心がないのが普通です。ためしに、30年まえの日本でどうやって朝の洗面をしていたかをしらべようとしてもなかなかむずかしいでしょう。この資料の価値を高めているのは、物自体よりも資料にともなって制作されている映像記録や1万点をこえるデータベースなのです。データベースは李さんのアパートにあった物（収集されなかった物も含む）の悉皆的なリストで、その物がどのような経緯でアパートの空間におさめられたか（購入した、贈られた、ゴミ捨て場から拾ったなど）、そしてそれが家族にとってどのような意味をもつものなのかを記録しています。今後、人と物、家族と物の関係を考えるうえで、このような資料がのこされた意味ははかりしれないほど大きなものです。

何がおもしろいか

物についてインタビューをおこなっていると、ありきたりの調査では思いもよらない社会構造が見えてくることがあります。李家の収集資料をデータベースにするために、個々の物の由来をオモニに語ってもらっています。たんなる消耗品にすぎない物も多くありますが、結婚式などの家族のイベント、組織や人にかかわる物については長い物語が付属することがあります。それは家族と社会の関係を知るための格好の素材なのです。

たとえば、「緑色母親会」と記されたデータが全部で8件もあります。コースターセット、果物ピック、かき氷機、折りたたみ傘が合計3本、それにカッターシャツと帽子です。当然、これらはいったいどんな関係にあるのか質問することになります。その結果、つぎのようなことがわかります。緑色母親会は、子どもの通学路の交通整理をして子どもの安全をはかるいわゆる緑のおばさんのことですが、韓国ではこの母親会に入会するために年会費を支払う必要があるのです。ドンファやウィジョンのかよう小学校の登録会員は全部で150人。会員になると、制服のほか旗、バッジ、笛などが支給されるだけでなく、学校単位や区単位などさまざまな親睦会があって、参加するたびに記念の傘などをもらいます。子どもの教育の面でいろいろと便宜があると期待するので、オモニはずっと会員登録をしています。

こうした社会慣習はフィールドワークをしていても見えにくい事柄ですが、身の回りの物を手がかりにすることで、社会的な背景も浮かびあがってきます。緑色母親会では、仕事に直接かかわる物ばかりでなく親睦会の記念品などがあるので、物に張りめぐらされた意味の世界に予想外の方向から光をあてることができます。

また、韓国では日本以上に贈答がさかんなので、贈答品を手がかりに人間同士のつながりを確認することも可能です。その物をいつどうして受け取ったのか、お返しをどうしたのかなどを聞いてゆくと、人間関係の機微にまで話がおよびます。

たとえば、李家の冷蔵庫の冷凍室には、唐辛子やニンニクの袋がいくつもはいっています。これは、田舎に住むアボジの弟からまとめて送られてくるのですが、親戚とはいってもそのまま貰いっぱなしにはできません。故郷にもどるたびになにがしかの金銭をおいてくることになります。これが、オモニにはおもしろくありません。なぜなら、唐辛子もニンニクも新鮮で安いものを近くのスーパーでいくらでも入手できるからです。わざわざ冷蔵庫を古くなった唐辛子でいっぱいにしておく必要がないので、アボジやハルモニには内緒でこっそり捨てることがあるそうです。唐辛子やニンニクという素材だけみればきわめて韓国的ですが、似たような話はどこでもありがちなのではないでしょうか。

もし、家族関係や親戚関係についてインタビューしたとすれば、ステレオタイプな模範解答が返ってくるにちがいありません。ちょうど家の中に飾られた家族写真が家族の理想を内外にアピールする仕掛けであったように。一見つまらない物から、生き生きとした人間模様が描きだされることもあるのです。

どういうことがまだわからないか

人の思い出、人と人の関係など、直接には質問しにくいことでも、物を手がかりに聞いていけばいろいろなことがわかります。物は時として私たち自身よりも雄弁に私たちの存在をかたってくれるのです。だからこそ、現代人の多くは自分の部屋を他人には見せたがらないのでしょう。「裸をみられることは恥ずかしくないけれど、へやの中をみられるのは恥ずかしい」という若者の言葉を都築響一さんは引用していますが（都築 2001）、それほどまでに、私たちは自分をはぐくむ空間を必要としているのでしょう。それは、スンバ島の屋根裏のように、禁忌というかたちで社会が顕在化する場所でもなければ、李さんのアパートのように、家族という社会集団の共存する空間とも違っています。こうした個室がどのように社会化されているか、外界とどのようなリンクを構築しているかは、物をとおして見ておく価値があるテーマです。

ところで、連続幼女殺人事件の犯人であった男の部屋にうずたかく積まれた膨大な量のアダルト、アニメなどのビデオテープの山は、彼の精神世界を如実に物語るものと考えられてきました。しかし、いまはこぎれいな部屋においてあるパソコンのハードディスクにどのようなファイルがはいっているか、物を見ただけでは推測するのも困難になっています。

じつは李家の調査でも、無数にある家族のスナップ写真や手紙、ハガキなどの山をどう処理するか頭を悩ませたものでした。物として見たとき、それらはあまりに多く、無秩序で、粗末にあつかわれているのです。スナップ写真一点に調査カードを一枚使うことは、調査の効率からいってもまったく割があわないように思えました。最初におこなった生活財調査の総数３２００点は、スナップ写真の数だけでとっくにその数をこえてしまいます。結局、アルバム単位や収納場所単位のかなり大雑把な資料をつくって調査をすませました。ところが、家族についての情報という観点で見ると、一つ一つの写真には人類学で言うところの「厚い記述」がふくまれるはずです。そして、このときに直面した問題の本質は、電子メールやパソコン上のファイルにかんして、物の調査はまったく歯がたたないことをあきらかにしてしまった点にあります。

現代の若者たちは、物を買うよりも、インターネットや電話にお金と時間を使うようになったと言われていますが、そうした事態こそ私たちが物を持つことの本当の意味を暗示しているのではないでしょうか。私たち現代人にとって、物の価値はそこにこめられた個人の記憶や社会ととりもつ人間関係にあります。物はそれを目に見える形で顕在化させてくれました。けれども、パソコンや携帯電話、デジタルカメラなどの電子メディアの普及は、人と人との関係性のありようを変えるだけでなく、同時に人間の存在形態そのものに変革をせまるような気がします。

Ⅳ　家族の今後

家はどうなるのか

物理的な構造物としてみれば、日本の家は大きな転機を迎えています。戦後の持ち家政策のもとで、私たちは家族を成立させるためにマイホームをつくらねばならないと考えてきました。まるで家族の存在証明ででもあるかのように、サラリーマン家庭のそれぞれが家の創設者になったわけです。そして、同じように子どもの世代はそうした親の家をはなれて、自分自身の家をもつことを期待されています。すくなくとも、職業と結婚が自由に選択できる社会では、子どもが親とおなじ場所に住むことは保証されていません。つまり、どれほど丈夫に建物がつくられていたとしても、私たちの家は、現実には一代限りの家族と運命をともにする消費財になっているのです。幸か不幸か、日本の家は木造でしたから、持ち主がいなくなると、取り壊して建て直すことができました。実際のところ、戦後の木造住宅はたかだか30年程度の耐用年数しか見込まれていないものが多かったのです。もし、石造家屋の文化圏なら、自分の家を自分でつくらねばならないといった発想ははじめから生まれなかったでしょう。家も家族も自分たちがどうにかするようなものではなくて、あらかじめそこにあるものだからです。

最近は、日本でも住宅の耐用年数が見直されるようになりました。資源の問題からしても、都市景観の点からいっても、一世代で住宅を消費してゆくのはあまりに非効率なのです。住宅メーカーはこぞって百年住宅の開発を宣言しています。ところが、そこにかつての民家の姿をだぶらせてしまうとしたら、それは大きな誤りでしょう。これからの都市生活でもとめられているのは、子どもや孫の代まで子孫が住みつづける家ではなく、異なる家族が入れ替わり引き継いでゆけるような家だからです。そのためには、住宅の流通市場がもっと確立されて、住宅が本当の意味で消費財でなくなる必要があるのは言うまでもないことですが、それ以上に重要なのは、私たちが住宅にもとめる「終の住処」像をどう解消してゆくかなのです。住宅空間をあまりに個人化してしまう風潮は、裏を返せば、住宅を消費材の位置に貶めているのかもしれません。そして、住宅が個人をこえた社会的な資産と認められるようになったとき、家族が愛(近代家族を保証してきたもの)の確認手段としてつぎつぎに家を建てるのではなく、家の空間が家族的な人間関係をつくることになるだろうと私は考えています。

家族はどうなるのか

家族や、あるいはもっとひろく社会と言ってもよいですが、これまで私たちは、ある種の空間的な概念として社会をとらえてきました。つまり、同じ空間をしめる人間集団は同じ価値意識を共有するもの、あるいは共有すべきものと考えてきたのです。だから、電車に乗りあわせただけで、一緒にいる時間を共有しない行為、たとえば、人前で化粧をしたりとか、携帯電話で話したりとかいう行為はおかしいと思われてきたわけです。しかし、交通・通信手段が発達し、テレビやインターネットが世界中をむすびつけるようになって、もはや、同じ場所にいることが同じ時間や歴史を共有することを意味しないのです。電車の中でも気がついてみたら、ほとんどの人が携帯電話を手にメールのやり取りをしていたなどという事態が起きています。もはや、同じ空間にいるからといって、同じ時間を経験しているかどうかはあやしいものですし、同じ歴史や文化を共有しているわけでもないことは明白です。

だからといって、人間関係が希薄になっているのかと言えば、事実はまったくその反対なのです。現代ほど、人間関係が空間や時間の制限をこえて自由になった時代はないでしょう。だいたい、好きな者同士が四六時中いつでも連絡をとりあえるような社会は、過去のどの時代も経験したことがないのですから。

それにもかかわらず、個人がなにか事件をおこすと、あいかわらず家族や地域社会が問題にされてしまう。かつてだったら、私たちはある空間の中で自我をはぐくんできました。当然おなじ地域に住んでいる人達はその人間について理解できるベースを共有していたわけだし、家族同士はもっともよく知りうる立場にありました。けれども、いまは人間が育つうえで、あまり空間的なしがらみがなくなっているのです。部屋に引きこもっていても、テレビや携帯電話で遠く離れた世界と通じていたり、ネット経由でいくらでも情報を得ることができます。身近な人間と当たり障りのない日常会話をまじわすよりも、そのほうがむしろその人間の人格形成に大きな役割を果たしているわけでしょう。だから、たまたま同じ空間にいるというだけで、家族で一緒に何かしましょうとか、コミュニティを大切にしましょうとか言うのは、当人にとっても、まわりの社会にとっても、いわれのないプレッシャーにしかならないのです。子どもたちは、個性的であれと育てられながら、自分を理解してくれない周囲の社会とのあいだでジレンマにおちいってしまうにちがいありません。

同じ家に住んでいることや、同じ地域コミュニティに帰属していることは、もはや文化や価値の共同体であることを意味しないのです。伝統的な意味での共同体は、空間をこえたアソシエーションとして、いくらでも多元的、重層的に築くことが可能になっています。だから、本当に問題はのこされた空間のほうなのです。同じ電車の中で、乗客たちがてんでんばらばらに各自の電話に向かっている。そういう空間イメージを前提にしないと、これからは家族も社会も維持してゆくだけで大きな負担になってしまうでしょう。

これからの家族は、愛にもとづいてむすばれたコミューンのような共同体ではなく、家という生活空間を共有することでしか成立し得ない、いわば「空間共有体」だと私は考えています。まさに、家族が家をつくるのではなく、家という空間が家族をつくりだしているわけです。しかし、それで家族が解体するのかといえば、その反対に、性格の不一致くらいで家族をなくしてしまうことの大変さをもっと理解すべきなのです。人間は肉体をもって、空間の中で生きてゆくしかない動物です。家族も地域社会もおいそれと壊れてしまっては困るものなのです。だからこそ、同じ空間の中であまりにも窮屈な人間関係を追いもとめるのはやめたほうがよいと思います。

李家のその後

民博の展示がぶじに終わり、２００２年12月からおよそ半年にわたって、ＩＮＡＸギャラリーでは「２００２年ソウルスタイルその後　普通の生活」展が開催されました（ＩＮＡＸギャラリー企画委員会 2002）。民博の展示のために家財道具一切を投げだした李家の人びとがどのようにしてあたらしい生活を開始するかを追った企画です。展示図録として出版されたブックレットは、ソウルスタイル展の事件簿としても重要な資料になっています。

もともと李さん一家は、展示にあわせて引っ越しを考えていました。築後20年以上もたって、ちょうど調査の時期にアパートの再建計画がもちあがっていたことや、子どもたちが成長するにつれて部屋が手狭になっていたからです。転居に消極的だったのはアボジひとりで、現在の場所が子どもの教育によい環境であるとか、社会的なステータスがたかい地域であるといった理由でした。もっとも、仕事人間のアボジはほとんどの時間を職場ですごし、あまり家のことに関心がなかったというのが本当のところかもしれません。

結局、展示を了承してからさまざまな理由で引っ越しをあきらめ、元の部屋をリフォームして住み続けることになったのです。家の中の物を搬出する日には、インターネットのオンラインショップでオモニが買いそろえた電化製品が部屋の隅に積み上げられていました。物をすべてうしなった家族が、ゼロからあらたな生活をはじめる。そんな事態を頭の中で思い描いていたので、これにはちょっと拍子抜けでした。人間は一時たりとも生きていることをやめるわけにはいかない。そんなあたり前のことに考えがおよばなかったのです。ともかく、搬出の当日からあらたに買い込んだ炊飯器や冷蔵庫が活躍をはじめていました。

家族の持ち物といっても、実際に家の中にあるのは主婦であるオモニやハルモニが管理する物ばかりです。オモニは、この機会に壁と床の模様替えをおこない、最新式の家財道具でアパートの部屋を飾りはじめます。アメリカ製の巨大な冷蔵庫、イタリア製の全自動洗濯機、ブランドもののソファーやシステムキッチンなど、これまでハルモニやアボジの手前、我慢していた主婦の夢の贅沢品です。アボジははじめ驚きますが、あたらしいソファーやテレビの置かれたリビングには満更でもない様子です。来日した際に、展示場の部屋のほうがよいと言って駄々をこねた子どもたちも、すぐにあたらしい勉強机やベッドのある部屋が好きになります。ところが、そうした生活のなかで、ハルモニだけは居場所をうしなってしまうのです。自分の慣れ親しんだタンスや記念の品々は展示のために差し出してしまい、それまでいた広い部屋も夫婦の寝室にあけわたしてしまったからです。

ハルモニは、複雑な洗濯機は使えないからと、昔のように大鍋で湯をわかし、洗濯物をたたむ場所がないと不満をもらします。自分の家でなく妾の家にいるようだと言って、しだいに娘たちの家を渡りあるく時間がながくなります。結局、オモニはある夜思い立って、一度入れ替えたハルモニの部屋を元に戻してしまうのです。そして、ゴミ捨て場からハルモニにぴったりのタンスを見つけ出して部屋に運びます。高価な物より、こうして手に入れた主婦の知恵を、嫁自慢のハルモニが喜ぶことをオモニは知っているのです。展示を契機にきれいにデザインされた空間を実現しようと、オモニはずいぶん苦労したようですが、半年ほどかかって、ようやく家族に平安が訪れたとき、ふたたびアパートの部屋には元の無秩序が舞い戻っていたのです。

最近、オモニはこんなことをメールに書いてきました。

加藤秀俊氏（ＣＤＩの創設者のひとりでもある）の本『住まいと家財――「物持ち」の変貌』（加藤2002）の韓国訳を読みました。関東大震災が文化住宅の環境を変える絶好のチャンスだったように、ソウルスタイル展は李さん一家の住居環境とともに、物の主人の精神まで変えてしまえる絶好の機会でした。なのに、私はそのチャンスをうまく使うことができなかったのです。残念でした。

だけど、オモニらしいウィットに富んだ反省の弁に私は同意しません。たしかに、ソウルスタイルは家族にとって大きな事件でしたが、持っていた物を一度に失ってしまう災害ではありませんでした。その反対に、あらゆる物の価値を極限までつきつめた調査の結果、物を消費させてしまうかわりに、博物館に永久保存する道を選んだのです。そういう事件に巻き込まれた人は、きっとどんなガラクタにもそれにしかない価値を見いだしてしまうにちがいありません。聡明なオモニは、以前にも増して物を捨てることができなくなっている自分に気がついているはずです。

ソウルスタイルの展示をとおして、オモニや私が必死になってもがいてきたこと、抗ってきた敵の正体を、いまなら私は的確に言うことができます。

私たち現代人はガラクタにかこまれて生活しています。それは、私たちが大量消費社会に生きていて、持っている物のほとんどが消費財だからです。消費財というのは、新品のときが一番価値がたかくて、使えば使うほど消費され、最後は価値がゼロになって捨てられてしまう運命にあります。これはどういうことかと言えば、私たちの生存の痕跡は物を蕩尽させ、台無しにしてしまうだけだということなのです。私たちの生きてきた時間は無意味で邪魔だと宣告されているようなものです。けれども、持ち主にとってみれば、使えば使うほど物には個人の思い出が蓄積され、愛着が増してゆくはずです。古い民家や骨董品と言われる物は、そこに蓄積された時間を価値に転じているのですから、そうならないのは私たちの存在を受け止めきれない消費財のもって生まれた宿命でしょう。そう考えると、大量消費社会でもっとも消費の対象になっているのは、ほかならぬ人間、私たち自身の時間や人生だということに気づくのです。

ソウルスタイルが抵抗しようとしたのは、私たちを消費しつくそうとするこの強大な力でした。だからこそ、ガラクタにも精一杯の価値をみとめて、私たちの人生の意味をそこからすくいあげようと試みたのです。住まいもその中に置かれた物も、ながく使うほどに唯一無二の個性（消費というところの）を発揮するようになります。それは平準化を拒否する人間の生活力とでも呼ぶべきもので、ソウルスタイルはこの力を信じたのです。

注

［1］展示の広報資料では、「李さん一家の3200点」と書かれてきましたが、これは展示に先立っておこなわれた生活財調査のさいに、家の中の物をすべて撮影した写真の点数です。展示後、収集資料として一点一点整理をはじめたところ、資料総数は一万点以上に達することがわかりました。

パート2

〈家の中〉の学び

5章

家事をどう学ぶか——家事技能の学習をめぐって

小松原明哲

家事の衰退

家事について考える前に、家庭における家事の位置づけについて、考えてみたいと思います。家庭というのは、面倒くさいことを外に出そうとする傾向があるといいます（疋田 2002）。たとえば一昔前までは、結婚式・葬式などは自分の家でやっていたものですが、それは今では、式場・斎場でやるのが当たり前になりました。来客との歓談も、今はファミレスなどでするのが主流でしょう。炊事も、出前をとる・外食する、ということが増えてきました。

要するに、家庭というのは、面倒くさいこと、手間がかかることを外に出そうという本質的な動きがあるのです。外に出せないことはどうするかというと、簡便化、省力化、自動化をすることで、楽をしようとしてきました。お風呂をたくのもガス風呂ですし、ご飯をたくのも電気炊飯器、冷凍食品や調理済み食品をチンとする。ほうきは追放されて電気掃除機となり、盥と洗濯板は遠い過去の遺物となって、いまは全自動電気洗濯機、さらには、使い捨てオムツのように、そもそも洗濯もなされない方向にあります。要するに、家庭というのは、本質的に家事を外に出して、出せないことは全部、簡便化、省力化、自動化をしようという行動原理が根本にあります。

もう一つ、日本の家族が変わりつつあるということについても、議論の前提にしないといけないと思います。日本の一般世帯数の推移予測を図1に、平均世帯人員の推移予測を図2に示します（国立社会保障・人口問題研究所資料より）。

この図に示されるように、日本では世帯数が増加しており、これから先も増えると予測されています。一方で日本の総人口は減りつつありますから、世帯数の増加はつまり、一世帯当たりの平均人員の減少を意味します。戦前の大家族が、戦後、核家族となり、さらに今は、個別家庭化が進行しているといわれています。一人暮らしの人は、若者だけではなく、成人、老人など、全世代において増加していています。そうなってくると、面倒くさいことを外に出そうとする家庭の行動原理は一段と加速されます。つまり、家庭の中において、家族のために家事をする必要がない、一生懸命やっても、誰も誉めてくれない。まして外に仕事を持っていると、家事に割ける時間も少なくなる。そうするとすべての家事が、「まあ、いいわ」という感じになってくる。「掃除なんて、汚くなってから、ちょいとすればいいいや」「料理も自分一人だからなんでもいい」という感じになってきます。お風呂に入るのも、準備や後始末を考えると面倒臭い。となると、シャワーだけで済ますということになってきます。さ

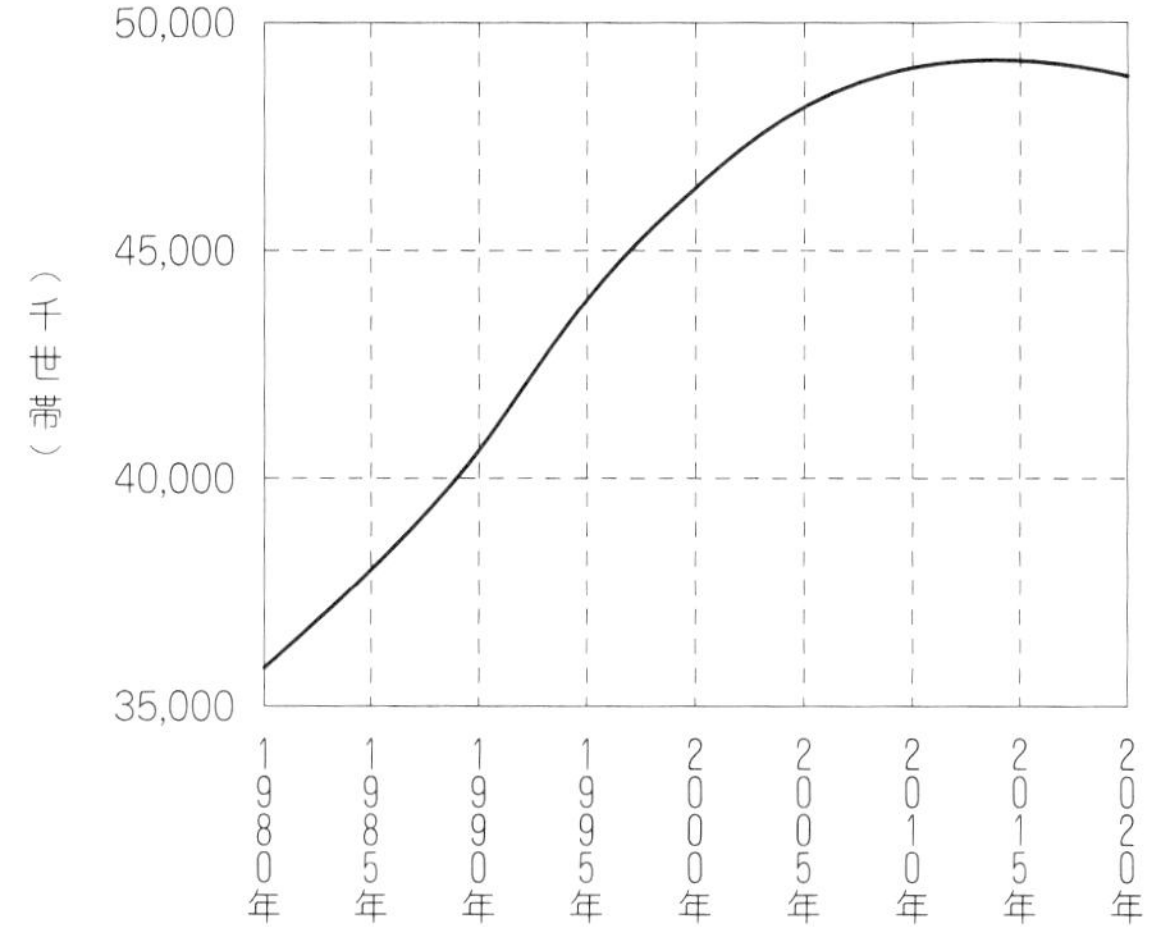

図1　日本の一般世帯数の推移予測

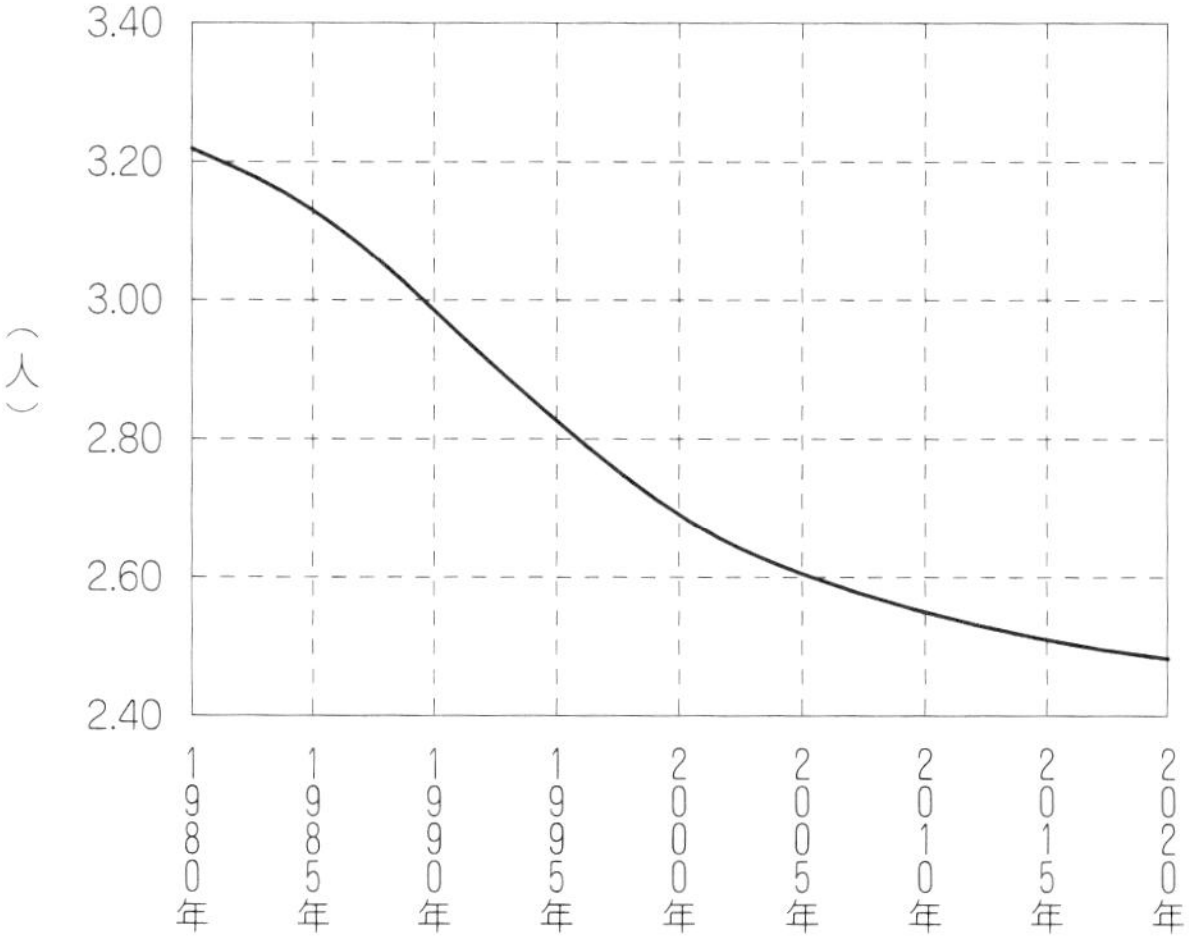

図2　平均世帯人員の推移予測

らに単独家庭化は、家事を他人から伝授される機会喪失にもつながります。一昔前までどこの家庭にも見られた、母親から娘、姑から嫁への、いわば徒弟制による家事技能の伝承がなされなくなります。人と会うのもファミレスで、となってくると、他の人の家事の仕方を観察するチャンスもありません。また、家事作業というのは、形だけならそれほど難しいものでもありません。雑巾の絞り方、食器の洗い方、箒の使い方も、望ましい方法があるのですが、そのようなことを知らなくとも、そこそこ出来てしまいます。となると、わざわざ求めて勉強に行く、人に尋ねる、ということもありません。

結局、家庭の中の家事にまつわる技能というものは、衰退の一途にあるといってもよいのではないかと思います。

では家庭の中からは何もなくなるのか、というとそうではない。家庭は「楽しいこと」を取り込もうとする行動原理があります（疋田 2002）。公衆施設として外で皆で使っていたものを、小型化して家に取り込むのです。映画館、公衆電話、公衆浴場は、テレビ、ホームシアター、加入電話、内風呂として家の中に入ってきました。さらに最近は、一つのものを家族皆で共用することも少なくなる傾向があります。たとえば、子ども部屋は個室になり、そこにはテレビもパソコンも一台ずつ、電話も自分用の携帯電話があります。一軒の家の中にトイレが複数あり、それぞれ使う人が決まっているということも珍しくなくなりました。要は楽しいことを家庭に取り込み、自分の支配下に置きたいのでしょう。

楽しいことを取り込む流れとして、今一つ指摘されることは、楽しいプロセスは取り込まれる、ということもあるのではないかと思います（松村 2003）。たとえば、ガーデニングがそうです。あれほど面倒なことを、なぜ、せっせとするのか。結果だけを期待するのであれば、咲いている花を買ってきて並べたり、造園業者に外注してしまった方が楽なはずです。それをあえて自分で行なうのは、プロセスが楽しいからなのではないでしょうか。家庭菜園、クッキング、日曜大工など、さまざまな趣味活動がこれに当たると思います。楽しいことには時間を忘れて没頭し、同好の士と意見を交わしたり、偵察したり（人の技を盗んだり）、雑誌を読んで勉強したりします。そのうちお金が底をついたり、飽きたりしてやめてしまう人も多いものですが、しかし好きこそものの上手なれで、中には〝玄人はだし〟となり、実際、それで生計を立ててしまうに至る人もいます。

家庭での技能の衰退は産業衰退につながる？

家庭での技能の衰退は、製造業や伝統産業の衰退の一因になっている可能性があります。どういうことか、私たちが行なった職人研究を通して、少し見てみましょう。

写真1は、輪島塗の職人の調査をしたときのものです。写真1ａは木地職人で、木の塊（荒型という）を木工ロクロに取り付け、かんなでお椀を削り出しています。写真1ｂは、漆職人で、ヘラを使って重箱に漆を塗っています。写真1ｃは沈金職人といい、固まった漆を薄く彫り、そこに金箔を埋め込む職人です。横並びに見ると、様子がとても似ていることに気づきます。

a　木地職人

b　漆職人

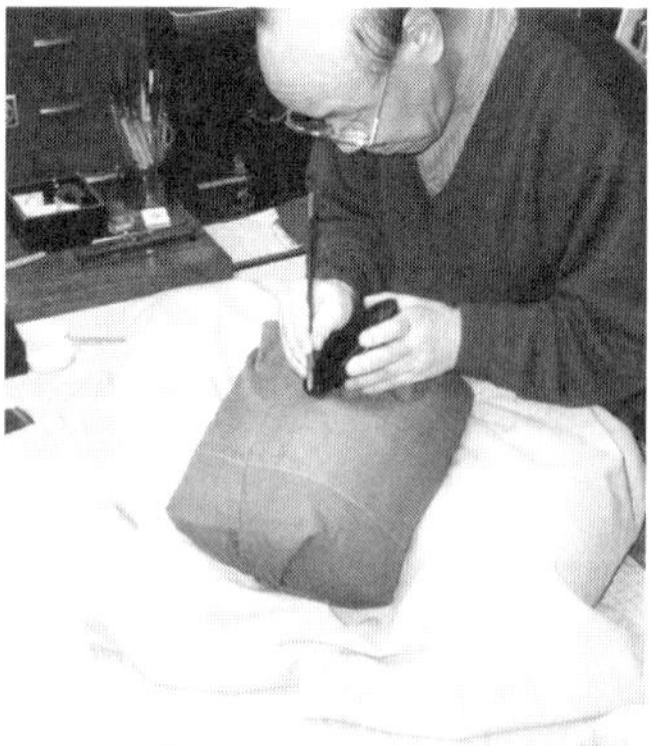

c　沈金職人

写真1　輪島塗の職人たち

職人というのは、手先が器用な人、といわれることがありますが、それは必要条件かもしれませんが、十分条件ではありません。職人の本質は、「作業をしながら常に対象を見て、音を聞いて、匂いをかぎ、手応えを感じて」、「過去の経験をもとに」「どうすればよいかを考える」。そして「手先をコントロールして」「作業対象に働きかける」。このような、情報獲得と対処判断のような、認知的な部分のウエイトがとても大きいのです。職人と話をすると、しばしば「木は生きている」「漆は生きている」など、「〜は生きている」という表現をするのですが、この言葉に、職人の本質すべてが込められていると思います（小松原 2001）。古来、職人は、こうした認知行為を、掃除や雑用など、仕事の周辺的なところからスタートし（正統的周辺参加という）、徒弟制のもとで徐々に学び取ってきたわけです。

ところで職人（技能者）のレベルには、次の5段階あるといわれています（海野 1999）。

レベル1　原理・原則を知っている段階
レベル2　原理・原則がわかり、そこそこのオペレーションができるようになる段階
レベル3　上手にスピーディに失敗なくオペレーションできる段階

第3段階あたりが、職人でも基本段階で、ここまでくれば、一応は一人前といったところです。それをクリアすると、

レベル4　経験したことのない事象にも、いろいろと応用ができる段階
レベル5　超ベテラン、師匠、作家などとといわれる段階で、新しい製法、作法を考案、創作したり、自分の感性を、作品を通じてアピールできる段階

と進みます。レベル4、5は、その人の持っている感性や能力に大きく左右されるところなので、だれでも到達できるというものではないと思います。しかし、この応用力や、創意により、新しい作風や新技術が開発され、新産業が創出されてきた、ということはいえると思います。

ところで、最近、職人の世界に入った若い人たちは、育てるのにとても時間がかかる、本当に基本的なことから教えないといけない、という話を随所でうかがいます。要するに、いままで常識とされていた、基礎知識や基礎技能がないのです。たとえば、刃物で物を削る場合に、刃物を研ぐと刃先が変わり、研ぎ味が変わるということが分かっていません。家庭の中で、包丁を研いだり、ナイフで鉛筆を削ったりするようなことがないので、生活の中で身につけてきているはずの知識や技能がなく、そこから教えないといけないので、大変なのです。余談ですが、消費税率5％の計算も、電卓がないと出来ない大学生が増えてきました。定価の1割の2分の1と考えれば、暗算でも出来るのですが、このやり方を知らない、考えつかないのです。そのような生活力が、全般的に低下してきている、ということなのでしょう。

これに輪をかけ、最近は意欲に乏しい若い人が多く、レベル2の段階あたりまで来ると「まあ、いいわ」みたいな気持ちになり、それ以上にいかないことがあると言います。製造業ではそれでは困るので、せめてレベル3まで引き上げなくてはなりません。しかし、かつての徒弟制のように、叩いて叱ってみたいな教え方をしたら、みんな辞めてしまいますし、叩かないまでも、まず掃除から、など悠長な正統的周辺参加のようなやり方をしていたら、産業競争にも打ち勝つことが出来ません。ですから、なんとかして、短期間に効率的に、せめてレベル3の段階まで、技能を修得させる必要性があります。そして、何人かは、レベル4、5にまで育ってもらい、新技術をリードしてもらいたいという希望もあります。しかし、レベル4、5に至るためには、レベル1、2、3を経なくてはなりません。結局、衰退してきた家事技能と、低下する意欲を前提に置いた上で、いかにして効果的に技能を育成するのかが、産業界での一つの課題であるといいます。

職人の技能成長

徒弟では、伸びる若手は、師匠や先輩の仕事を常に見ていると言います。「見習い」「手習い」という言葉は、〝見て習う〟〝手で習う〟から来ているといいますが、自分より上位にいる人の仕事振りをよく見て、自分でもやってみる、という意味の言葉ではないかと思います。ただし、漠然と観察し、ただ真似るだけでは進歩がなく、相手と自分とではどこが違うのか、なぜ違うのか、そのギャップを把握し、それを埋めるように取り組んでいくことが重要といいます。ちなみに、お手本（理想）が低ければそれ以上には伸びないし、理想があまりに高いとギャップが大きく挫折することにもなります。また、理想は最初のころは、上位者のやり方そのものかもしれませんが、レベルが進むにつれて、自分ならこうするというように、理想自体を自分で作り上げていくということになると思います。このような理想を構築したり、ギャップを埋めようという姿勢は、前向きの意欲の原動力にもなると考えられます（小松原 2002）。

これらのことは、先に述べた家庭における技能の問題にもつながるところがあると思います。つまり、他の人の技能を見ない、教えられない、知りたくとも見れない状況に置かれ、「まあ、いいわ」程度で済ますことが出来、しかもだれも誉めてくれないのであれば、家事は面倒くさいだけだから意欲も湧かない。一方、ガーデニングでは、同好の士もいるし、さまざまな写真集や教材ビデオもある。お店に行けば親切に教えてくれるし、ガーデニング教室もあります。そして、きれいに花が咲けば自分でも嬉しいし、ほかの人も誉めてくれるでしょう。

結局、技能形成を、ごく単純に図式化すると、図3のモデルに表わされるのではないかと思います。これは職人であっても、家事技能であっても、同じなのではないかと思います。

・見る（See）。自分よりうまい人の仕事振りや成果物を観察する
・理想を構築する（Plan）。理想イメージを構築する

・やってみる（Do）。理想を実現すべく実際にやってみる
・結果を得る（Rewarded）。それなりによい結果を得たり、誉められるなどの正の報酬を得れば嬉しいので、理想と現実のギャップの認知に取り組むが、あまりに無残な結果であったり、だれも誉めてくれないなどの負の報酬しか与えられないのであれば、やる気を失う。
・理想と現実のギャップの認知（Check）。適度のギャップがあれば、それを埋めようと再チャレンジにつながるが、ギャップがあまりに大きすぎると、挫折する。また理想が低いとギャップはたやすく克服されるので、「まあ、いいわ」状態となり、これ以上の向上は望めない。

このプロセス自体がサイクリックに回れば、技能も成果もどんどん向上する。そしてやっている本人も楽しく、それがまた報酬となって、次へのチャレンジへとつながるものと思います。ガーデニングでは、このプロセスは本態的に回りやすいのですが、残念ながら家事では、このループが回りにくい状況にあるのです。そこで、家事においては、このプロセスをまわすことを支援すれば、技能の獲得も促進されるのではないかと思います。

技能獲得を支援する——食器洗い実験を例にして

前節で述べたモデルをもとに、食器洗いをテーマに、学生で簡単な実験を行ないました（小松原

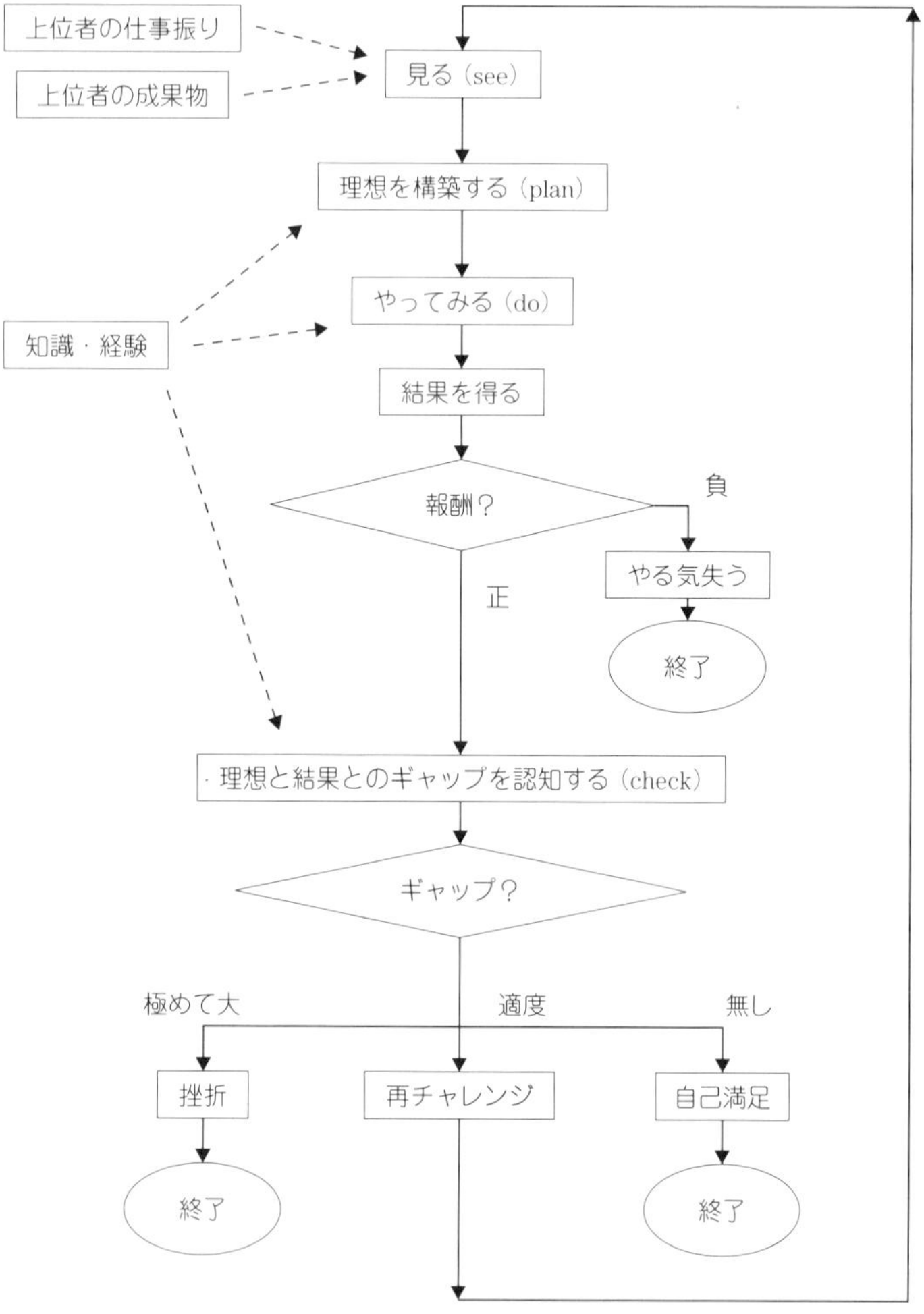

図 3　技能形成プロセスのモデル

2003)。食器をまともに洗ったことがないという学生は、結構たくさんいます。自宅通学はもとより、下宿生も外食してしまうことが多く、たまにしても我流で適当に洗って「もう、いい」みたいな感じです。正しい食器の洗い方など、だれにも教わったことがないという学生が全員、といっても過言ではありません。

実験では、台所用シンク（縦40×横55×深さ17センチ）に、澱粉を混ぜた食用油で汚れをつけた26種類の大小食器をランダムに置き、合図と同時にスポンジ及び液体洗剤を使って洗浄させ、水切り篭に納めてもらいました。水切り篭は小さく、納め方によっては、食器があふれてしまいます。すべての食器を篭に納めて実験が終了ですが、ちゃんと洗浄が出来ているか、沃素澱粉反応により洗浄状態の確認を行ないました。これを、作業時間が一定になるまで毎日繰り返し行なわせました。

実験に先だち、この実験条件で、主婦歴9年の主婦に食器洗いをしてもらい、それをビデオに収録し、お手本ビデオとしました。このときの主婦の作業時間は501秒でした。

被験者は、食器洗浄経験がほとんどない男子大学生7名をA・B2群に分けました。A群（3名）には、毎日、実験前にお手本ビデオを見せて、それから前の日の自分の仕事ぶりをビデオに撮っておき、それも見せて、「必ずしも、この主婦のやり方がいいのではないんだよ。でも一応、あなたよりはうまい人だよ。あなたはそれとどう違うか、考えてやりなさい」と言って、「今日の自分はどういうふうにやる」という目標を立てさせ、食器洗いにとりかからせました。一方B群（4名）には、単に「うまくなるようにやるんだよ」とだけ言って、お手本ビデオも、前日の自分の仕事ぶりビデオも

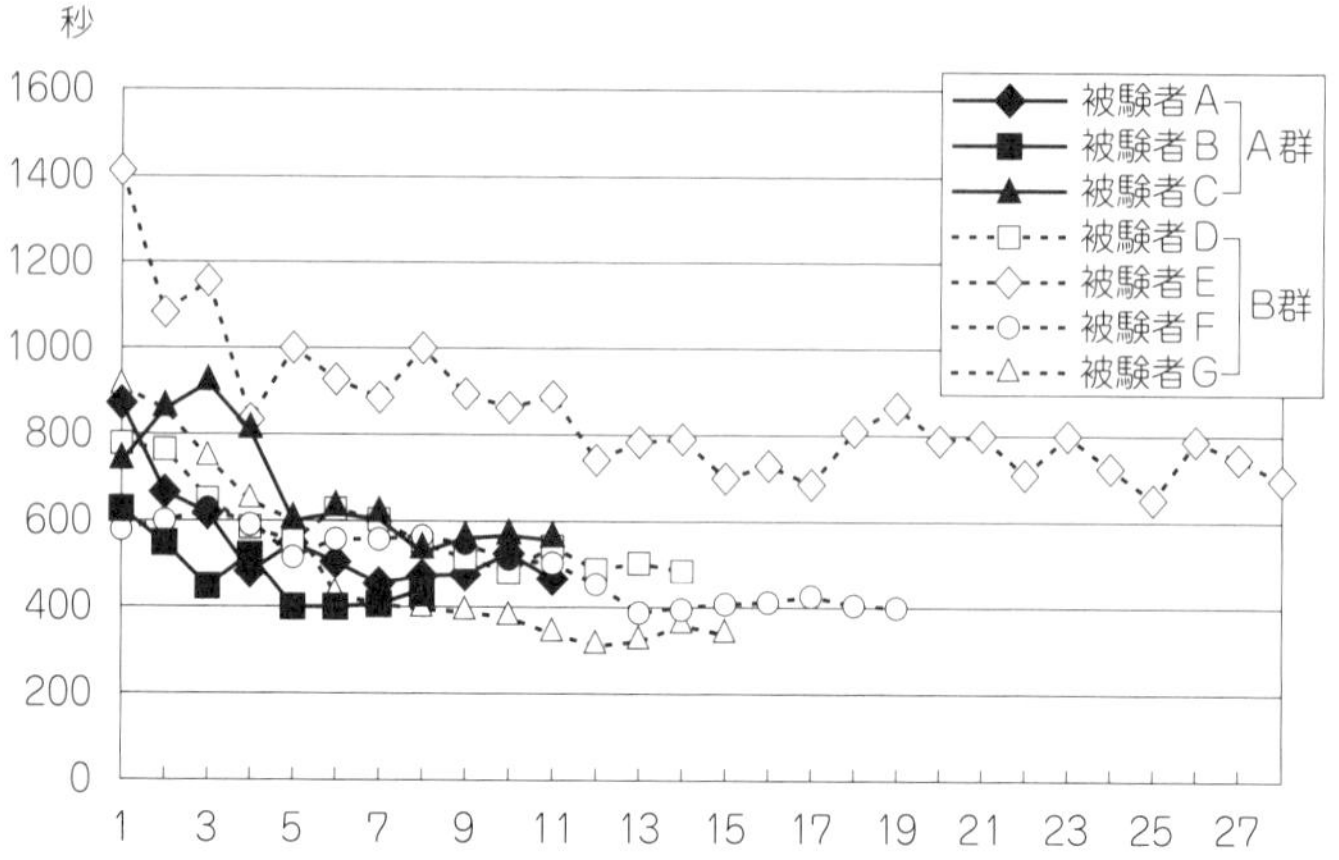

図4　食器洗い実験の結果（作業時間の推移）

見せずに洗わせました。

図4は、実験結果です。

実線は、お手本ビデオを見せた「反省群（A群）」、破線は、特に教示を与えなかったB群（対照群）です。同じ学生を両実験の被験者とすることはできないため、この結果からだけでは一概には言えませんが、習熟傾向を見てみると、お手本を見せた群の習熟が速くなっています。実際の動作をビデオ分析すると、繰り返しとともに動作スピードが速くなるということはなく、食器を選んで洗浄するようになっていました。初期のころは手当たり次第に洗うといった状況で、水切り篭に納まりきらずに、先に納めた食器を取り出すなど、要領の悪さが目立ち、これで時間をロスしていました。また初期のころの学生は、過剰洗浄気味で、何度も何度もスポンジで洗剤をつけたり、水ですすぐ傾向が見られました。このような動作の変化の傾向は、A群、B群ともに共通で、繰り返しとともに、要領よく、洗浄も必要最低限という主婦の洗い方に近づいていくのですが、その変化の現われだす時期が、A群（反省群）ですと数日、早いのです。

A群での反省日記を分析すると、部分から全体へ、現在から将来へという目標設定の傾向が見られました。どのようなことかというと、最初の頃は、一つ一つの食器の洗い方をこうしようというようなことを今日の目標にしていますが、最後の頃は、「水切り篭にぴっちり納まるようにしよう」。そのためには「小さいものから洗い始めて篭に納めていかないと、篭に納まりきらない」というように、全体を見て、先を見通して作業を行なうような目標設定となっていました。また、お手本を見せると、主婦のうまいやり方を学ぶと同時に、「主婦はああやっているけれども、私はこうやる」など、競争意識のようなものが芽生え、内発的な意欲も刺激されたようです。

ところで、お手本を見せなかった学生のなかには、1カ月やっても、ある程度以上、一向にうまくならないのもいました（被験者E）。最初はものすごく時間がかかったのが、多少うまくなり、そこその時間できるようになると、「こんなもんでいいわ」みたいな気持ちとなり、向上意欲がなくなり、あとは惰性になってしまったようです。他の人がもっと早くやっているという、〝理想情報〟がないために、低い理想で自己満足に陥ってしまった様子でした。

まとめ

家庭における家事の技能は衰退しつつあり、この流れはくい止めようがありません。これは日本の製造業の衰退にもつながりかねない問題です。一方で、楽しい趣味は、時間を忘れて取り組みます。このことからすると、もし家事を通じて家庭を技能向上の場と考えていくのであれば、家事を趣味化することが一つの鍵と考えられます。そのためには、理想を学習する機会を与えること、つまりお手本が必要と思います。また、お手本を漠然と見せているだけではダメで、お手本の奥にある真意を主体的に探らせるような導き方も必要と思います。さらに、意欲を高めるための報酬ということも重要ではないかと思います。これは、誉めてもらうというような外的な報酬もそうですし、前よりうまくなった、というような達成感もそうではないかと思います。道具も、使い込めば手に馴染む、自分にあった道具にカスタマイズできるというような柔軟性、成長性があると、単に「使いやすい」という人間工学的な面だけではなく、報酬形成につながるのではないかと思います。実際、職人たちは、自分の道具は自分で手入れをするのが基本で、先の木地職人であれば、職場には鍛冶場があり、かんなは自分で鍛えていました。これにより自分にとって道具が使いやすくなると同時に、使いやすい道具を作ること自体が、創意の刺激にもなっているのではないかと思います。

家庭の中と外とで、一人の人間の認知構造ががらっと変わるということは考えられません。その意味では、家庭と外の世界とはつながっているといえます。認知科学の立場で言えば、いずれの技能学習の進め方も、基本的には共通のアプローチで迫れるのではないかと思います。

注

本稿は、経済産業省産業技術基盤研究開発プロジェクト「人間行動適合型生活環境創出システム技術」として、新エネルギー・産業技術総合開発機構（ＮＥＤＯ）からの委託を受けて、社団法人人間生活工学研究センター（ＨＱＬ）を通して実施したものの成果の一部を引用しました。

6章 家の中の慣習をどう学ぶか

外山紀子

はじめに

掃除、洗濯、炊事、裁縫、修理、家庭内での人間関係の持ち方、そして冠婚葬祭のしきたりを、読者のみなさんはどこで学んだでしょうか。改めて「どこで学びましたか？」と聞かれると、答えに困る方も多いことでしょう。

家の中の慣習は、その家その家によって独自のやり方があること。そして自分にとってはごく当たり前のやり方が、よその家の者からみるととても奇異にみえる場合があること。私たちはよその家のやり方についてほとんど知る機会がないといったいくつかの特徴を持っています。

では、私たちは家の中の慣習をどのようにして学んでいくのでしょうか。家の中での学びは、教授型というよりは観察／参加型だといえるでしょう。子どもは学ぶということを意識せず、年長者がやっていたことを当然のやり方として受け止め、見て覚えていきます。もちろん年長者の側にも、教えるという明確な意図がいつもあるとは限りません。

ここでは、「教える - 教えられる」という意図はないにしても、年長者と共に参加すること、そこで年長者とやりとりすること自体の中に学びがあるのだということをお話したいと思います。家の中での学びは日々の生活の中で生じます。毎日暮らす家の中で、さまざまな道具に囲まれた中で、家の中の学びは進行していきます。そこで、道具等の物理的環境が、学びにおいてどのような役割を果たしているのかという点についても触れていきます。

社会的なやりとりの重要性——足場づくり

発達心理学の中では、もう20年以上も前から、認知発達における社会的やりとりの重要性が指摘されています（Rogoff 1982; Vygotsky 1978）。とりわけ年長者とのやりとりは子どもの知的発達を促進する効果をもち、それは年長者が子どもの発達や学習を援助するように働きかけるからだということが、多くの研究で示されています（Rogoff 1998）。

では、年長者はどのように子どもに働きかけるのでしょうか。親子がパズルなどの課題を共同で解決する場面を分析すると、親は子どもの能力に応じて課題の難易度を巧妙に調整することがわかっています（Gauvain 2001）。子どもがひとりでできることは何か、少しの援助があればできることは何か、わずかばかりの援助ではまだとうていできるに及ばないことは何かを見極め、援助のレベルを調整するのです。もしわずかの援助のもとで成功したのなら、次回はもう援助は与えない。もし失敗してしまったら、次回はもう少し援助の量を増やしていきます。このような働きかけは〝足場づくり〟(scaffolding) と呼ばれています (Wood, Bruner, & Ross 1976)。建物が建てられる過程では必要だった足場も、建ちあがっていくにつれ取り払われていくように、親は子どもがひとりでできるようになれば身を引いていきます。

足場づくり的な働きかけは、母子間のみならず父子間でも、年齢の異なる子ども間においても認められており、子どもの知的発達においておおむねよい効果があることが報告されています (たとえば、Radziszewska & Rogoff 1991)。

日常的場面でもみられる足場づくり

足場づくりのような教育的配慮の行き届いた働きかけは、意識的なものなのでしょうか。親の働きかけに関してこれまでに行なわれた研究の多くは、参加者に実験室に来てもらい課題を解いてもらうという方法をとってきました (Radziszewska & Rogoff 1991; Wertch et al. 1980)。しかし実験的な状況であること、パズルや絵本といった知育課題を解くよう指示されること等が、親に対して教育的に振舞うようプレッシャーをかけていたという可能性は否定できません。

家の中の慣習のような対象についても、足場をつくる働きかけが認められるのかという点について、私自身の研究に基づいてお話させていただきたいと思います。以下のことは、外山・無藤（1990）と外山（Toyama, under review）の2つの研究データに基づいています。どちらの研究も多少年齢の範囲はずれていますが、東京近郊に在住する中産階級の母子――1歳からおよそ就学前まで――を自宅の昼食時間に訪問し、ご飯を食べ始めてから食べ終わるまでをビデオで観察し、やりとりを分析したものです。参加者の方々には、「いつも通りにお昼ご飯を食べてください」とだけお話してあります。

幼児の食事

幼児の食事といわれても、イメージがわかない方もいるかと思います。そこで少しだけ説明させていただくと、1～4歳という時期は食事技能の習得期にあたります。1歳ではほとんど母親が食べさせていますが、3歳頃になると道具を使ってほとんど自分で食べられるようになります。ただし個人差も大きく、3歳になっても親に食べさせてもらっている子もいます。

この時期は食べさせるということが本当に大変な時期でもあります。食べることに集中できずすぐに席を離れて立ち歩く子どもを座らせ、食べ物はこねたりまるめたりするものではなく食べるものであることを教え、口に入れる。現代日本では、家庭の食事は、栄養を摂取する場としてのみならず、一家団欒の場、マナーを習得する場、季節を感じる場としても考えられています（外山 1990）。そして幼児をもつ母親もまた、栄養摂取を重視しつつも、話をするとか、マナーを教えることを重視しています（Toyama under review）。

食事場面での母親の働きかけ

昼食場面での母子のやりとりを分析した結果、家庭の昼食という場面でも、母親から子どもへの働きかけにおいて、これまで多くの実験室研究で認められてきたいくつかの特徴が認められました。

課題全体を小さなユニットに分ける

幼児と母親との食事場面では、食べ物を口に入れることを中核とした定型的なやり取り（〝ルーティン〟）が頻繁にみられます。これは、「はい」とか「あーん」といった発話による注意喚起→食べ物を口に入れる（このとき、「ぱくっ」とか「うん」といった発話を伴うこともある）→「いいこね」とか「おいしいね」といったフィードバックという3つの要素からなるやりとりです。常に3つの要素が揃うというわけではありませんが、ほぼ決まり切ったやりとりとして頻繁に出てきます。1歳では全発話の8割近くがルーティンで占められ、年齢が上がるにつれ少なくなっていきます。

では、ルーティンは、どのような役割を果たしているのでしょうか。ルーティンは、子どもの口に食べ物を運ぶという行為を助けます。子どもの注意を食べ物に向けさせることにより、母親が食べ物を口に運ぶタイミングで、口をあけるよう促すわけです。しかし私は、ルーティンには、単に母親による食べさせる行為を助けるという以上の働きをもっていると考えています。食事を栄養摂取の場としてみた場合、食事全体の目標は満腹になることだといえるでしょう。満腹という状態に達するまで、私たちは食べ物を口に入れるという行為を繰り返します。ルーティンは、空腹から満腹にいたる行為の連鎖を、食べ物を口に運ぶという一つ一つの行為に分節化しているとみることができます。一つのルーティン内においては、「食べ物を口に入れる」という目標があり、そのための準備として注意が喚起されます。そして目標が達せられると「いい子ね」「おいしいね」といったフィードバックが返ってきます。ルーティン内で掲げられる目標——食べ物を口に入れる——は、食事全体の目標——満腹になる——の下位目標であるわけです。

実験室場面での問題解決課題では、親が課題を細分化し「まずはここをやってごらん」といった発話で下位目標を示しつつ、問題解決へと導いていくという働きかけが認められています（Gauvain 2001）。食事場面におけるルーティンの発話もまた、食事という大きな課題を小さなユニットに分ける働きを有しているのです。

食べているときと食べていないとき

いくら食事が一家団欒の場、季節感を感じる場であるとはいっても、何も食べずにおしゃべりばかりしていては食事とはいえません。食事は、本来食べて栄養を摂取する場なのです。そのため、母親は、いくらおしゃべりが弾んで楽しくても、子どもが食べていなければ、食べる場としての本来の機能に立ち戻らせようと働きかけます。

母親の発話を、発話する5秒前に、子どもが咀嚼していたか、それともしていなかったかで分けると、「しょっぱかったかな?」といった味に関する発話、「お箸使ってごらん」といった道具の使用を促す発話は、子どもが咀嚼しているときの方が有意に多くみられます(外山・無藤 1990)。しかし、子どもが食べずにいると「もうご飯はおしまいかな?」と食事の枠組みに関する発話によって、食べていないという行為を食事の外に追い出そうとします。また、子どもが食べているときには、母親も子どもも同じぐらいの頻度で摂食に関連しないおしゃべりをしますが、子どもが食べていないときには母親の側からそのようなおしゃべりを持ち出すことはほとんどありません。

母親は、食べること、おしゃべりをすること、マナーを学ぶことといったさまざまな、幼児の場合両立し得ない目標を、子どもの食欲や状態に応じて導入しつつ、子どもの食事を導いていくのです。このとき、一番重要視されていることは「食べる」こと自体であり、道具の使用や、食べ物の味や特性に関する情報の提供、あるいは会話などは、二次的な目標として想定されています。そして、食べることが充足された後で、それらに関する学びの場が与えられることがわかります。

ある程度の失敗が許容される学び

グッドナウ(Goodnow 1988)は、学校教育、仕事場、そして家の中でのお手伝いにおける学びの特徴として、次のような指摘をしています。すなわち、学校教育では、能力にあわない挑戦は許容され(むしろ賞賛されることもある)、大きな失敗も許される。しかし、仕事の場での学習というのは、経済的な損失を伴うため、あまり大きな失敗は許されない。家庭での学びというのは、両者の中間にあたり、失敗が直接大きな経済的な損失に繋がるわけではないので、ある程度は許される。

幼児との食事場面において、母親は子どもが食べていれば、道具の使用を促そうとします。子どももある程度の時期になれば、スプーンやフォークを使うことに興味を持ち始め、しきりに使いたがるようになります。効率性という観点からみると、母親が子どもに食べさせるというスタイルは、短時間ですみ、しかも掃除の手間もあまりかかりません。しかし、そんなことばかりしていては、子どもはちっともスプーンを使えるようにはなりません。そこで、母親は子どもにスプーンを与えるのですが、そのとたんスープはちっとも子どもの口には入らず、テーブルや床に撒き散らされることになります。

子どもが食べたい、フォークを使いたい、箸を使いたいと主張し始めた子どもの母親たちからは、「だめ！ってばかりいっちゃ、いけないんでしょうけど、手間がかかるんですよね」という声をよく聞きます。家の中にはそれほど厳格なスケジュールはないものの、一つの仕事が滞ればその後の予定も遅れます。スープをこぼしてばかりでは掃除も大変だし、こぼれたスープはもったいないということにもなります。そのため、あまりに大きな失敗は許されません。しかしある程度の失敗については許容されるところに、家の中での学びの特徴があるのかもしれません。

物理的環境の役割

家の中の学びがもつもう一つの特徴として、物理的環境の果たす役割をあげることができます。家の中では、配慮の行き届いたとはいえないにせよ、ある程度の配慮が加えられた環境の中で学びが進みます。

子どものいる家庭において、大人は、社会文化的に重視されている目標に対しては子どもが少しでも近づけるように、一方好ましくない目標や危険に対してはなるべくさらされないように、子どもを取り巻く環境を調整します（Valsiner 1987）。たとえば、子どもが文字に興味をもつようになれば、あるいは社会の中で「この時期には、子どもは文字に興味を持ち始めるものだ」と考えられている年齢に達すれば、大人は絵本を用意したり、壁にひらがな表を貼ったりするでしょう。子どもを取り巻く環境自体が、すでに子どもの学びにとって意味をもつわけです。このことは、実験室状況での観察ではとらえることのできない日常生活での学びの特徴といえるでしょう。

道具の役割

物理的環境を構成するものの一つが道具です。私たちの家の中には、実に多くの道具があります。こんなに色々な道具がなければ暮らしていけないのだろうかと戸惑ってしまうほどです。食事場面で

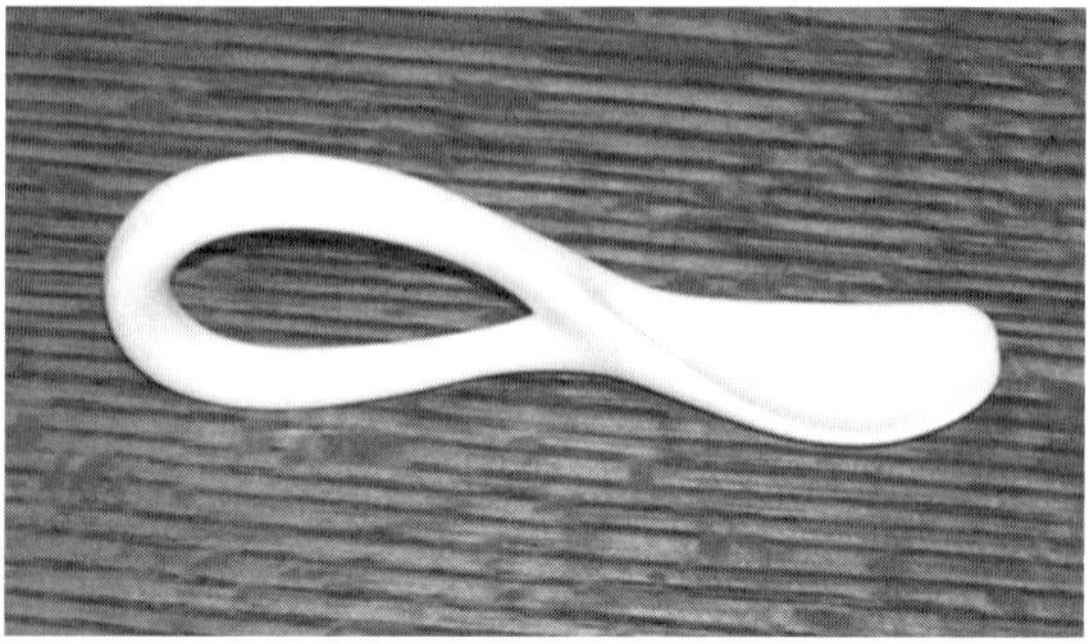

図1　子どもが握りやすいようにデザインされたスプーン

もさまざまな道具が使われますが、どういう道具が選ばれ用意されるかは、周囲の大人による配慮の結果としてあります。そして子どもを取り巻く道具は、学びにおいて少なくとも3つの機能を果たしていると思います。

まず第1に、技能の習得を助けるという役割があるでしょう。たとえば、図1のスプーンは、子どもが握りやすいようにデザインされています。また、プラスチックの皿は割れにくいという特性があり、これが用いられることによって、子どもの探索の幅は広がります。

第2に、子どもの行動を制限することによって、注意の集中を助けるという役割も果たします。幼児が食事場面でどのような道具を使うか、年齢を追ってみていくと、このことがよくわかります。親が子どもの口に食べ物を入れてやるというスタイルをとる場合、子どもの前に道具が用意されていることはほとんどありません。用意されていたとしても、とても限られています。子どもが自分で食べることに興味をもち始めたり、自分で食べることが期待される時期になったりすると、少しずつですが子どもの前には道具や食べ物が用意され、その自由な使用が許されるようになります。しかしそれはとても限定されたものであり、たとえば、おにぎりだけがのった皿が1枚おかれ、おかずは親が口に入れるといった具合になります。さらに年齢があがり、スープなどもこぼさずほぼ自分で食べられるようになると、大人の食事同様、ごはんも、おかずも、スープも、時にはデザートまでがあらかじめ用意されます。

食事のときに使われる椅子についても、同じことがみられます。図2のタイプのものは、離乳食が始まる頃から2歳頃までよく使われますが、この中に座ってしまうと子どもは容易に立ち上がることはできません。年齢が上がるにつれ、図3のような椅子になり、最後には普通の椅子になります。もちろん、どのような椅子を使うかは家庭によってさまざまであり、テーブルなのかちゃぶ台なのかによっても大きく異なります。しかし子どもが小さいうちは、子どもの行動を大きく制限する道具が使われ、年齢が上がるにつれ、子どもが自由に行動できる範囲が大きくなっていくという変化をみることができます。食べる技能が充分でない場合、行動は道具によって限定されますが、そのことが食べることへの注意の集中を助け、効率的な学びの場をつくるわけです。

最後に、道具はメッセージを伝える役割を持っています。食事場面で使うお皿には、悲しい顔をしたキャラクタというのはまず描かれていません。たいていはニッコリ笑ったキャラクタが描かれています。つまりそれは、食事は楽しいものなのだというメッセージを伝えているのです（Valsiner 1987）。また、私の研究に参加して下さった家庭でもよくみられましたが、母親は子どもの食事に際して、

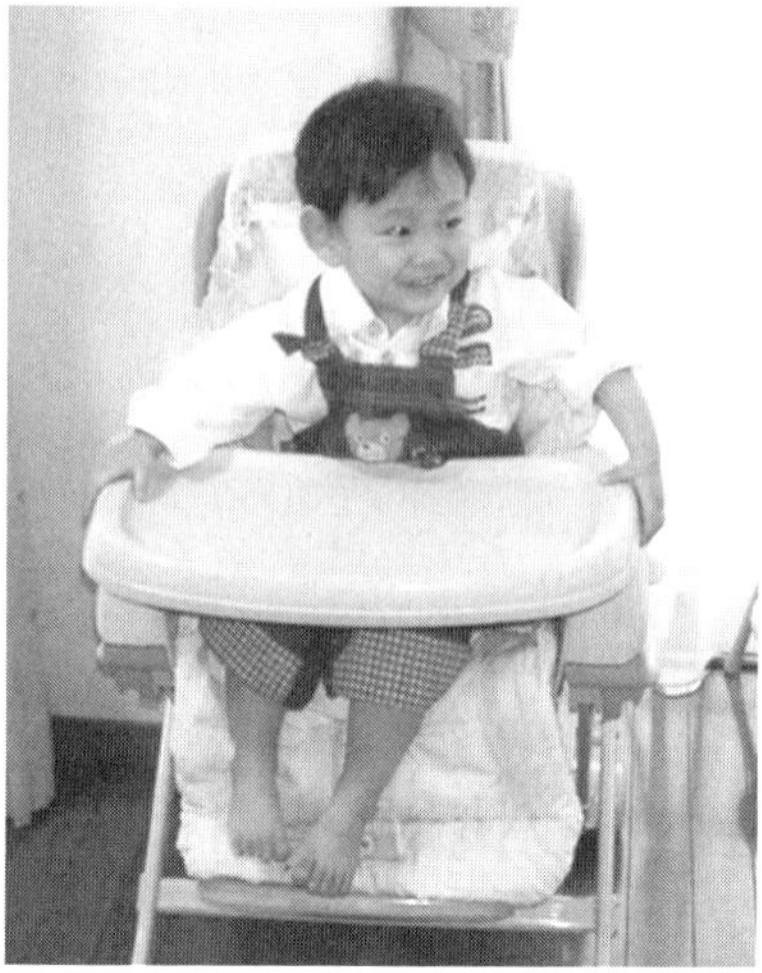

図２　離乳食が始まる頃から２歳頃までよく使われるハイチェアー

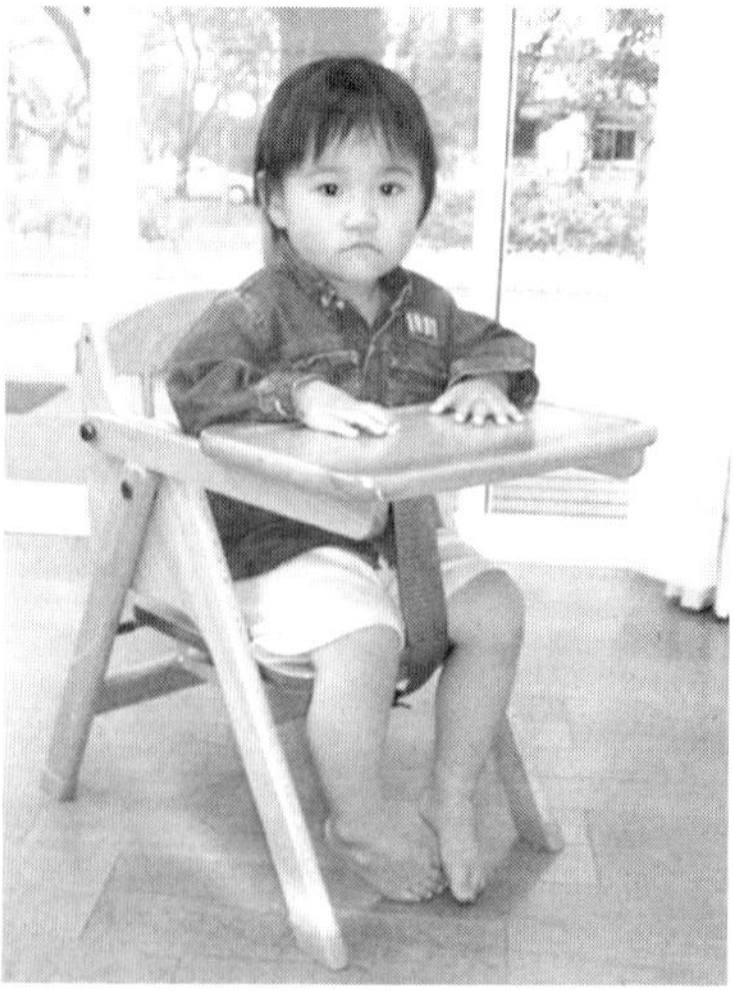

図３　幼児用椅子

テーブルの周囲に新聞紙を敷き詰めたりします。これは、こぼしたときにも掃除が簡単なようにということなのですが、子どもに対しては、こぼしてもいいんだよというメッセージを伝えているとみることができます。

このように、家の中の学びにおいては、道具の果たす役割も重要なファクタなのです。

正解のない学び

最後に、では、親は、家事・育児をどこで学んでいるのかということをお話したいと思います。外山（2003）は、幼児をもつ母親50名にインタビュー調査を行ないました。炊事（米の研ぎ方と炊き方・目玉焼の作り方・カレーを食べた後の食器の洗い方）、洗濯・収納・掃除（ウールのセーターの洗い方・冬物衣料のしまい方・ガラス窓の拭き方）、冠婚葬祭のしきたり（通夜での香典の渡し方、結婚祝いのお返しの仕方、神社での初詣の仕方）、育児（授乳のやり方・離乳食のやり方・スーパーの菓子売り場で子どもが騒いだときの叱り方）について、（1）どのようにやっているか説明を求め、（2）どこで（誰に）学んだか、（3）自分のやり方を正しいと思うか、もし正しいと思わない場合、正しいと思っていないのになぜそのやり方を続けているのか、（4）もしやり方に疑問を持ったらどこに情報を求めるかを聞きました。

結果を簡単にご紹介します。やり方を説明してくださいという質問に対する回答ですが、炊事、洗濯・収納・掃除については回答のバラつきが大きく、さまざまなやり方が回答にみられました。それに対して、冠婚葬祭のしきたり、そして育児についてはバラつきが比較的小さかったことが印象に残りました。よく育児のマニュアル化などといわれますが、そんなことが本当に起こっているのかなと思わせる結果でした。

また、「どのようにやりますか?」と質問すると、みなさん一様に困った顔をして、おそるおそる「えっと、私ははじめにお米に水を入れて、こういう感じでといで」と話してくれました。そして、「そのやり方は正しいのでしょうか」と質問すると、「正しいかどうかといわれても……さあ……それしか知りませんから。でも正解ってあるんですか? 正解というのは、学校の家庭科で習ったやり方ですか?」と聞かれる方が多くいました。

どこで学んだか、困った時にどこに情報を求めるかという質問に関しては、炊事・洗濯および収納については「小さい頃、お母さんやお父さんがやっているのを見て覚えた」が多く、冠婚葬祭は「本や雑誌で調べた」と「母親/父親に聞いた」が多くみられました。炊事・洗濯および収納、そして冠婚葬祭については、前の世代がある程度信頼できる情報源とみなされているようです。しかし、育児に関しては、前の世代はほとんどあてにされてはいませんでした。「病院で学んだ」、「母親/両親学級で学んだ」、「親仲間で学んだ」、「雑誌で学んだ」がほとんどを占めており、前の世代との断絶が大きいようにみえました。

さいごに

家の中では、日常的にさまざまな慣習が当然のようにやられています。本来、家の中での慣習というのは、個々人の暮らし方によって異なるものであり、私個人としては、米を寿司職人のように本格的に研ごうとも、泡だて器で洗おうとも、無洗米を買って洗わずに済ませようとも、それが本人にとって快適であれば、それが正解だと思っています。とりわけ、育児については、子どもも親もそれぞれの個性にあわせたやり方が当然あるわけで、すべての人にあてはめられる正解などというものはないはずです。しかし、50名へのしかも幼児をもつ母親というきわめて限定された対象での調査ですが、その結果からは、家の中での慣習についても、正解への志向が高まっていることが推測できました。このことの背景には、家の中の慣習が、観察や参加によってではなく本を見てとか、どこかの教室へ通って学ぶというスタイルに変化しつつあるということがあるのかもしれません。

家の中では、正解がどれか分からないし、どうやって学ぶかもはっきりしないことが、連綿と繋がっているわけです。そういうものを研究の対象として取り上げることが、どういう形で可能なのか。この問題に取り組むことは、これからの認知科学にとっても重要だと思います。そこにおもしろい発展が期待されるように思います。

7章

家の中の学習——高齢者にとってのモノの使いやすさから考える

原田悦子・赤津裕子

ものが家事を変える

家の中の行動、特にいわゆる家事における行動というのは、みんなそれぞれ違うやり方をしているようです。渡辺さんのお話にもあるように（11章参照）、洗濯物の干し方一つにしても、「こんなにいろいろのやり方があったの?!」と思うくらい、さまざまです。そこで面白いのは、皆それぞれが違うやり方をしているにもかかわらず、「みんな、同じようにこういうふうにしているんでしょ」と思っていることです。群よう子さんのエッセイであったと思いますが、家庭科の調理実習で目玉焼きを作っている時に、グループの中の一人が「そろそろひっくり返そう」といったことから、みんなが大変ビックリする、ビックリされた方の友だちも「ひっくり返さないの？」とビックリするという話があります。自分の家のやり方が他の人の家のやり方と「まさか違うなんて」考えもしなかった、というわけです。
もちろん、人から問われると「これでいいのかしら」という疑問を口にしたり、「私は怠け者だからこうするの」といった言い訳じみた言い方をすることもあります。しかし、だからといって本気で学習しようと思ったり、実際に何かを変えようと思ったりすることは少ないように思います。つまり「正式には正しいやり方があるのかもしれないけど」、「みんな同じように略式でしている（はず）」と思っていて、しかも、他人のやり方をじっくり見るというチャンスもほとんどないのです。その結果、「一回覚えてしまった仕事の仕方はなかなか変わらない」というのが、家の中の技術の特徴のように思われます。

しかしそうは言っても、家の中の技術も少しずつ変わってきていて、十年前と今とでは、おそらくずいぶん違ってきているはずです。これらの変化をもたらすものとして、まず、家族のメンバーの変更（結婚する／親世代と同居する、など）があります。また、最近ではテレビ番組の影響も大きいでしょう（ある日の午後、突然に特定の野菜が売れ出すという現象は、小売業の中ではもはや恒例の現象にさえなっていて、問屋や市場には事前情報も流されているといいます）。こういったマスメディアからの情報以外にも、いわゆる口コミ、井戸端会議によっても新しい技術の情報が伝わってきます。たとえば、私自身が最近入手した情報では、アスパラガスの「ゆでない」あく抜き法などが複数の経路で伝わってきました（どうも情報元は同じテレビ番組での情報だったようですが）。

もう一つ、家の中の技術が変わる大きな契機として、家電製品をはじめとする、家の中に入ってく

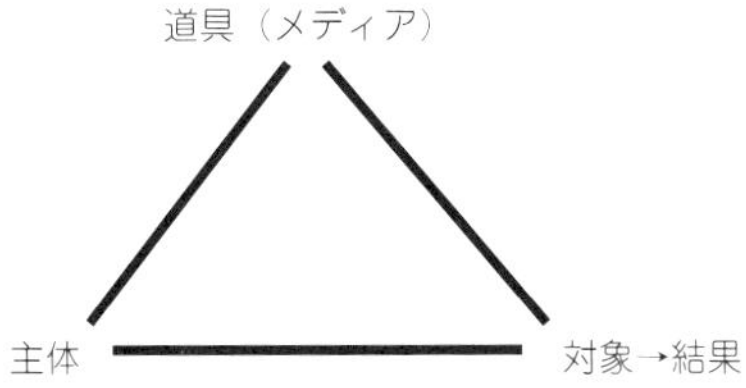

図1　ヴィゴツキーの三角形

る「新しいモノ」があります。新しいモノ、すなわち人工物が入ってきて、活動のあり方が変化し、その結果、家の中での技術そのものが変わっていくと考えられるのです。つまり、モノが人の行動を変えていく訳です。

人が自らの活動、あるいは問題解決の中で用いるモノ（媒体、メディア）によって認知的過程が変化するというのは、ヴィゴツキーの社会構成主義、あるいはその精神の継承者であるエンゲストロームの活動理論によって提唱されている考え方です（Engeström 1987）。そこでは、図1にあるように人（主体）と対象とメディアは相互に影響を与え合って、そこで生ずる活動を変えていくと考えられています。また、社会全体の中での大きな変化については、認知科学者ブラウンも『情報の社会的側面』という本の中で、産業革命が蒸気機関の発明によって起こったとしばしば言われるものの、実際には、蒸気機関車が鉄道というモノになっていく際に、「鉄道を走らせる」ためのさまざまな社会的装置が作られるようになった、すなわち、新しい社会組織化がなされるようになり、その組織間の情報の交換・共有が必要になるために組織の情報化がさまざまに進み、その結果、「社会としての産業革命」が起こっていったのだ、という話を紹介しています（Brown & Duguid 2000）。同じように、電話についても、モノとしての電話が社会組織ならびにその中でのコミュニケーションの形を変えていき、それがまたモノとしての存在のあり方を変えてきた現象が、社会学者によってさまざまに報告されています（Fisher 1994／吉見・水越・若林 1992）。

このように、個人もしくは社会のレベルで、新しいモノが導入されることで、人・社会の活動全体が変わっていくと考えられており、同じ現象が家庭の中でも起こっているのではないかと考えるわけです。

高齢者のストラテジー

きっちりとした統計的な結果があるわけではありませんが、一般に、新しいものをまず使い始め、その結果、行動も変わるのは、若年層からだといわれています。ここ十数年間の社会変化を考えても、その傾向は明らかでしょう。ポケベルや携帯電話、それに伴う携帯メイルの普及はまず、若年層から始まり、より上の年代層へと広がってきました。それに対して一般に高齢者層は、新しいものが苦手だと考えられており、自らそのようにおっしゃる方も多いようです。これは人間だけではなく、よく知られている幸島のサルの行動変容・文化変容においても、まず一頭の若いサルがなにか新規な方法を見いだし、それが若ザルの間に広まり、その後でそれよりも高齢のサルたちの間に徐々に広まるとされています。つまり、良い悪いは別にして、モノとの相互作用のあり方が年齢によって異なっているのではないかと考えられます。そこで、この差は何によるのか、つまり、モノを通して新しいなに

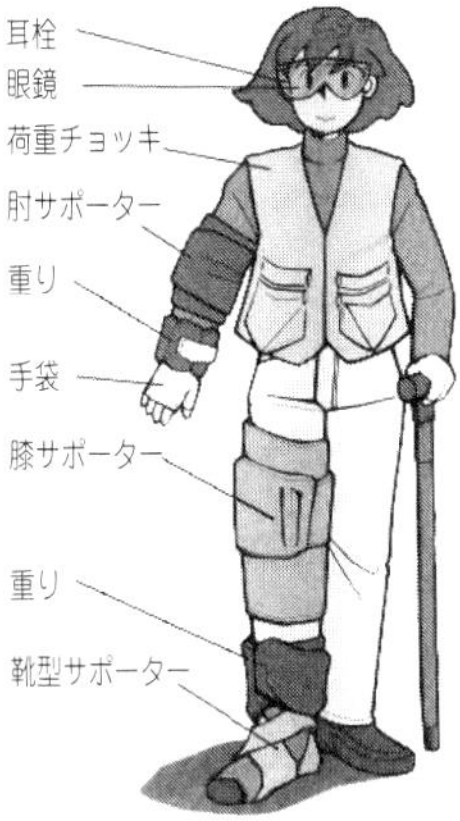

図2　高齢者疑似体験グッズ「うらしま太郎」（(社)長寿社会文化協会）

かを身につけていく、あるいは、モノとの相互作用の結果、新しい行動の形がでてくる場合とそうでない場合の違いはなんだろうということを、年齢差を一つの手がかりとして考えてみたいと思います。

　ここでは、WHO基準に則って65歳以上の健康な高齢者の方々のことを中心に考えていきます。高齢者は若年成人に比べて、新しいものを使うことがなかなか難しいという問題に私が初めて出会ったのは、2000年に銀行などにあるATM（現金自動預払機）のユーザビリティ評価実験を行なったときです。ATMは若者にも高齢者にも使いやすいものでなければならないので、その点をチェックするために、通常の大学生のほかに、目には高齢者の見えにくさを再現する眼鏡、耳には高音をカットする耳栓、各関節には動きにくくするためのサポータや重りをつける「高齢者疑似体験セット・うらしま太郎」[1]（図2）を装着し、身体・感覚的には高齢者と同じ状態にした大学生、さらに本当の高齢者を比較し、さまざまな高齢化の影響の中でも、特に認知的な変化が及ぼす効果を検討する実験を行ないました。その結果、いろいろな知見を得ることができ、「デザインが悪いところはどの群にとっても共通である」「しかし、その影響の大きさや結果として出てくる行動・認知的な過程には差がある」ことなどが明らかになりました（原田・赤津 2003 参照）。

予想外だったのが、高齢者の方の発話に表われる社会的要因の強さです。事前・事後のインタビューで「ATMをお使いですか?」と聞くと、「あんまり使いたくないんですよね」とおっしゃる。そこで、「どうしてですか?」と聞くと、「周囲の人に迷惑をかけたくない」とか「できないということを、人に知られたくない」など、社会との関係に関わる言説がしばしば出てきます。それは、裏返すと、高齢化によって自分の認知的な能力が落ちていることを自分で「メタ認知」としてご存知で、それを如何にうまく克服するかという方略として、新しいもの、たとえばATMを使わない、ということがあるのではないかと考えています。

たまたま目にしたことですが、街頭で若い販売員が「クレジット・カードをお作りになりませんか?」とある高齢者に勧めたときに、その高齢者の方は、「いや、私はクレジット・カードは持たないんです」とおっしゃいました。「どうしてですか? 便利ですよ」と販売員が重ねていったとき、「落としちゃったときに大変でしょ?」と答えられました。使って便利だということもご存知なのです、が同時に、落としたとき、なくしたときの処理やそのリスクまで考えていらして、自分にとっては使用を避けた方がよいという、そういう方略の取り方をされているのです。結果的にそれは、高齢者の人が、自分の現在の能力を自律的に評価しながら、（やや過小評価気味のところはあると思うものの）有能に日常生活を生きていくことの中での判断に、「新しいものを避ける」ということにつながっているようです。

高齢者の特性

ＡＴＭ以外にも、Ｌモード電話、テレビ・ゲーム、炊飯器などのいわゆるＩＴ機器を対象として、大規模なユーザビリティ・テストをして、どのようなエラーが出てくるかを分析していますが、そこでは同時に、どういう年代の人が、どういう機械を使用していて、どういう行動をしたかを、発話データを含めて、総合的にデータベース化することを目指しています。

そこで分かったことの一つは、ある機械が実際に「使えない」状態にあるときの相互作用に、年齢による相違があるということです。高齢者は、物理的に目立っていて、直接触れることができるような、物理的なボタンや音声ガイダンスなど、知覚的な顕在性の高い刺激に注意を惹かれてしまうようです。たとえば、Ｌモード電話機でネットワークを利用するモードに入るために「なにか」を押さなければいけないというとき、若年層は一生懸命メニューの中を探そうとしますが、高齢者はとりあえず表面にあるボタンを押そうとします。物理的なもの、すぐに知覚できるものに対して行動を起こしてしまう傾向があるようです。また、画面内の情報の変化に気付きにくいという特性もあります。さらに、高齢者はある種の学習が確かに難しいということがあります。先にも挙げたLモード電話では、情報検索やメールをするときには、まずLボタンを押してメニューを出します。上述のように、最初のメール課題で、初めからその操作が分かった人は、どの年齢層にもほとんどいませんでした。若年層であっても、90％の人がエラーを起こしています。しかし、その後で今度は情報検索という新しい機能を使いましょうという課題になったとき、「では、Lボタンかな」と推測できるか否かにおいて、大きな年齢差が出ていました。若年層は「きっとLボタンだ」とすぐに分かり、エラー率が非常に減りますが、高齢者と50代はなかなかそこに行き着きません。このように認知的高齢化によってある種の学習が難しくなるという側面は確かにあるということがわかってきています。

ここで家の中に新しいモノが入ってきたときのことを、職場や学校、あるいは公共空間で使うモノとして新しい人工物がはいってきたときと比べてみてください。基本的に「家の外」では、多くのユーザが回りにいさえすれば、他の人がどんなふうにその機械を使っているのかを観察し、学習する機会があります（たとえば、外国で切符を買う方法などがそのよい例です）。しかし、家の中ではそのような機会はきわめて稀です。その結果、自分が試行錯誤をしながら使い方を学んでいくことが、「家の外」以上に求められているのです。高齢者にとって厳しい環境であるといえましょう。

これまでにわかってきたこと、特に高齢者が、家の中に入ってきたあれこれの新しいモノについて、それをどう使っていくか、使い込んでいくかということに関連して、高齢化がもたらす難しさの要因を、図3に示します。それはシンプルな話ではないのです。使い慣れてないからダメなんだとか、理

(c) 文化社会的要因（態度／メタ認知）
世代による価値観，知識，枠組
能力の衰えを知られたくない
⇨　自分の能力を有効に保つような方略選定

(b) システムに関する知識・メンタルモデルの不足
特定の機種・機能についての知識・モデル
情報という概念そのものに関する知識・モデル

(a) 高齢者の認知的機能特性
抑制機能低下，短期記憶容量，理解遅延など

図 3　認知的高齢化と「モノの使いやすさ」の関係：三層モデル

屈が分かっていないからダメなんだ、といった、一つの原因で単純に説明ができるようなことではないのです。

そこには少なくとも、三層の要因があるようです。まず一番根っこにある要因は、高齢者の認知的機能特性です。これは、たとえば、同じエラーを何度も反復してしまうという現象をもたらします。これは、高齢者が新しいモノについての操作や相互作用方法、行動を学んでいく上で、大きなネガティブな要因になっています。先ほどの知覚的顕在性の高いものに注意を引かれるのもこのレベルの要因であると考えます。

それに加えて、現在の世代の高齢者にとって状況が困難であるのは、急激にＩＴ機器が増えてきたおかげで、たとえば、炊飯の予約といった機能であっても、そこに情報を保存する、それを引き出して使う、といった「情報のモデル」の理解が必要になってきている点です。実際、現在の一定年齢以上の方は「情報というもの」に関するメンタルモデルを持っていないことが多いため、実際の相互作用を経験しても若年層のような学習ができないということが起こります。たとえばビデオ機や炊飯器ではそれぞれ何ができるのかといった個別の知識も必

要ですが、より一般的に情報のメンタルモデルが欠けているために、問題が難しくなっていると考えられます。

三番目の要因として、自分らしさを残しながら今の時代・今の状態で生きていくための、文化・社会的な要因が関わってきます。先ほどのクレジットカードについての「君子あやうきに近寄らず」な方略選択の他にも、たとえば道具は大事に使うものだ、古くなっても道具は簡単に捨ててはいけないなどの価値観も、現時点の高齢者の世代文化の中にはある、そんな要因も関わってきています。

これらの三つの要因が相互に影響しあいながら総合され、その結果、高齢者が新しい機器、とりわけＩＴ関連機器を「使いたがらない」という現象になっているのではないかと考えています。

若者はなぜ新製品を素早く使えるのか

では逆に、なぜ若者は一般に、新しいモノの使い方をどうしてあんなに素早く習得できるのでしょうか。そこで、カプラという積み木を使った実験をご紹介したいと思います（赤津・原田 2001）。カプラは薄いかまぼこ板のような形をした積み木で、これを４００枚から６００枚くらい山積みにしておいて、「どんなふうにでもいいですから、使って遊んでください」と教示しました。

これを二、三人ずつ組になって実験に参加していただくと、どの年代の人びとも、非常にクリエイティブにいろんなものを作り出します（図４）。いわゆる創造性に年代差があるとは思われません。

図4　カプラ作品

ただし、作品に至るまでの行動のあり方が年代によって随分違うという点がたいへん印象的でした。その特徴のいくつかを紹介すると、大学生は基本的に、抽象的といいますか、名前のつけようがないようなものでも、どんどん作っていきます。それに対して高齢者は、名前があるものを作り、また何を作るかが決まるまでは、手がほとんど全く動きません。最も甚だしい例では、5分以上もの間、「何を作りましょうか」と二人で顔を見合わせていてカプラに手を触れなかった、という例もありました。大学生の場合は、初めから計画を立てて作る、というのではなく、「何を作ろうか？」と言いながら、もうすでに手は動いていて、適当に重ねたり、動かしてたりしています。そうしている間に、「じゃゲームをしようか」と言ってはゲームを始めたり、少し組み上がったものを壊したりし、ついでに「あれ、こういう並べ方はできるのかな」とそれまでにない組み方を実験的に展開したりしていきます。作るものに名前や具体性がなくても

表1　カプラ実験における「壊す」活動の頻度

	高齢者	大学生
崩れる（大）	24	83
崩れる（小）	14	32
壊す	2	18

OKなのです。

また、途中で壊れてもOK、というのも大学生の特徴だと言えそうです（表1）。先ほど述べたように、いろんなものをごちゃごちゃ作っているので、適当なところまで作ったところで、気軽に「やめた」といって壊して、また作りなおすとか、友達が作っているのを横から引っ張って見て、「こうやると壊れる?」といって壊してしまったりとか、大学生はかなりの頻度で、自発的に壊してしまいます。つまり、大学生は壊すことに抵抗がありませんが、高齢者には強い抵抗感があるようです。ですから、壊れないように作っていきますし、パートナーが「こういうふうにしようか」と言うと、「いやいや、それをやったら壊れる」と言って、他の人の行動さえも抑制してしまうくらい、破壊する、壊れてしまうということに対する抵抗感が大きい、といえます。

この実験では、全体で一時間程度カプラで遊んでもらったのですが、その中で30分程度経ったところで、さりげなく実験者からカプラを使った作品集を提示し、見てもらいました。もともとカプラは建築家が使っていた模型用の素材で、大人が入れるような「かまくら」とか、部屋いっぱいの大きさの恐竜など、大きな、立派な作品を作ることができるのです。それらの写真を見せたときにどんな反応をするかというと、大学生も高齢者も「すごい!」というのは同じですが、高齢者はそれを見て、「すごいですね、子どもは」と言ってしまいます。それと同じものを作ろうという言葉は、あまり出てきません。それでも「ちょっと、これを作ってみましょうか」と言うときには、同じテーマをそのまま小型化し、簡略化して作ろうとします。それに対して、若年層の場合は「わぁ、すごい」というだけでなく、「あ、これはこういう積み方ができるんだ」とか「ここの部分はこうすればこんなふうになるんだ」など、パーツの組み方に注目して、その中の情報を自分で引き出してきてアレンジするということをしています。このように、大学生と高齢者とでは、「そのモノの使い方」といったサンプル情報の扱い方もかなり違うということが見受けられました。

カプラの置き方そのものも、大学生は最初の時期にいろいろと試してみて、多様な新しい置き方を「作りだして」いきますが、高齢者は、自分が決めた目標にふさわしいやり方しかしないので、置き方のレパートリーが狭くなります。しかも、たとえば、家を作るとすると「柱は柱らしく」置こうとして、そのことにこだわったりします。つまり大学生は、カプラそのものを見て、それがどう使えるのかというところを考え、使い方を工夫していきますが、このような行動は高齢者にはあまり見られないのです。むしろ当初の目的や「既に知っている安全な方法」の範囲内に使い方がとどまる傾向が強いという結果が得られています。私たちはこのような「実際に使いながら自分なりの使い方を考えていく」過程を「創発的使用」と呼んで、人がモノを使うという状況で大切な過程なのではないかと考え始めているところです。

デザイナーの役割

以上から、確かに高齢者は一般的に、新しい機器を使うのが難しい点があると言えますが、使える・使えないということは、それほどシンプルな問題ではないということが分かります。高齢者がIT機器を使えないというとき、それはその世代の方々が若い頃にコンピュータというモノがなかったからだ、と一言で片づけられがちですが、それで終わりにするのではなく、ではどうしたらよいのかというところに踏み込んで考えていきたい。そうすると、たとえば今、高齢者の目の前にコンピュータを置いて自由に使ってもらっても新たな学習はなかなか難しい、とすればそれはなぜなのか、どうすればよいのか、ということまで考えざるをえなくなります。そのように考えると、図3の三層の要因全体をもっと踏み込んで、統合的に、かつ分析的に調べていくことが必要です。

また、新しい製品の使い方を学習するというとき、私たちはこれまで暗黙の内に、作る側が思ったとおりにユーザが使えるようになることが「学習」だと思っていたように思います。ですから、「このように使ってください」という作り手側の意図とおりに消費者が使えるようにするためには、如何にデザインすればよいかが、デザイナーに問われてきました。しかし、とりわけ実際に「家の中」でモノをどう使っているのかを考えると、別にメーカー側が思ったとおりに使っていなくてもよいわけです。オイルヒーターを買ってきて、それで椎茸を干すという使い方もあるわけです。ヒーターを作った人にとっては全く思いもよらなかった使われ方ですが、使う人が自分の生活の中で、それをどう使いたいのか、使いこなせるかを考え、生活の中に組み込んで新しい活動ができるようになることこそが本当の意味での「使う」ことであり、使うことの学びなのだと思います。もちろん、電子レンジでネコを乾かそうとされると困る、という問題はありますが、特に「家の中」で人が新しいモノを使おうとするとき、自分の目的があり、自分の環境があり、その中で新しいモノをじっくりと見て使いながら「どう使うのかを工夫していく」こと、先ほどの例でいうと、カプラを目的もなく触ってみながら次々に新しい置き方を試していく大学生が見せてくれるような過程が大事なのであり、「モノを使う」ことの中心なのではないでしょうか。つまり「家の中」から考え始めると、この創発的使用が、おもちゃなどに固有の特殊な使い方なのではなく、「モノを使う」というときの基本的な過程なのではないかと思うようになってきました。創発的な使用こそが使うということのベースラインであり、中心に置くべきプロセスなんだという視点から、「使ってもらえるモノを作る」ということを考えてみると、これまでとは全く違う「デザインのよさ」の観点が見えてくるのではないでしょうか。

では実際にどうしたらよいのか、については、今まさに模索が始まったところです。一つには、実証的に本当に家の中に入っていって、そのモノが入ってきたことによって何が変化したのか、生活がどう変わったのか、その中でどう使われているのかを分析しなくてはいけないでしょう。デザインの方向性としては、ここでは詳しくは触れませんが、創発的使用を支援していくためのデザインのヒントとして、ノーマンのいう情報アプライアンスという考え方があると思います (Norman 1998)。これは、主としてIT系機器の話として、一個一個は単機能だが、それをいろいろに組み合わせて自分がほしいものを作ることができるようにしよう、という考え方です。作り手側が、複雑だけど多機能のものをまず作って、ユーザに、その中の必要な機能をピックアップして使ってくださいというのでなく、多様に自分で組み合わせて使えるような単機能のものを多様に作っていく、という考え方で、おもしろい考え方だと思います。

また実際には、ユーザビリティテストをしていると、創発的使用ではない学習観にしばられている人がたくさんいます。マニュアルを示さずにユーザビリティテストをすると、「なぜマニュアルを見せないんだ」と怒られ、マニュアルを見せたら見せたで、「こんなマニュアルでわかるか」と怒られたりしていますが、そういうふうにマニュアルにこだわる、あるいは、「ちゃんと教えてくれてからでないと使えないのは当たり前でしょ」と言う人は、一般にうまく学習ができない傾向があります。使い方が自然に学習できる人は、マニュアルをもってこいとは言いません。モノを見て使っていく過程の中で自分なりの使い方を学習しているのです。つまりマニュアルにこだわる人は自分の目で見て使ってみて、自分はどう使いたいのかを考えていくという創発的な使用、本来の人とモノとの相互作用の基本であるその過程を忘れているのではないかと感じています。それをみると、作り手側も使い手側も、現在の日本全体で、作り手が考えた使い方を「情報として」使い手に伝えなくてはいけないんだ、それが使い方の学習なのだというイメージにとらわれているように思われます。

特に「自分が法律であり王様」である「家の中」で、本当に人が使って楽しい、幸福になるためのモノ作りを考えると、ユーザの創発的な使い方を支援するようにデザインの大切さが自然にみえてきます。そしてそれが、モノが家の中に入ってきたときに、人びとの行動を変えていく力になるのだと思います。

こうして、家の中という、これまでは「見えてても見えなかった」領域を中心に据えて考えてみたとき、モノのあるべき姿の新しい側面が見えてきています。今、そこがとても面白いと思っているところです。

注

［1］（社）長寿社会文化協会　http://www.wac.or.jp/taro/index.htm　参照。

［2］これはPL（製造物責任）法での問題としてよく使われる事例。ユーザが「思いもよらない使い方をしたために」安全を損なったとしても製造側の責任が問われるということで、「考えうる間違った使い方」すべてを禁止事項に入れなくてはいけないのか、それは可能なのか、といった人工知能研究におけるフレーム問題が現実の問題として発生している。

8章 介護の仕方をどう学ぶか

齋藤洋典・白石知子

はじめに

私は、30年ほど、ずっと漢字についての心理学的研究を実施して参りました。実はこれから述べる話も漢字についての研究にヒントを得て発展させた部分もあるのですが、その経緯については別の機会に譲ることにして（齋藤 2003、印刷中）、ここでは「在宅看護」というテーマで、齋藤・白石が共同研究を行なった「看護行為」について報告したいと思います。

在宅看護とは、「疾病や障害を持ちながら、自宅において療養生活をおくる患者や、その家族に対して、状態の改善もしくは維持を目的に行なわれる看護学的な視点に基づく援助」と、定義されています。行政、法律用語では「訪問看護」という言葉が使われていますが、内実はほぼ同等です（松野 1997／杉本・眞舩 1997）。看護のエキスパート（ベテラン）と、看護知識のない（ノービスである）

患者の家族と、患者という三者間で展開される援助・支援活動だと私は理解しています。

こうした三者関係に繰り広げられる行為と言語活動、さらにはその相互作用を通しての学びのありようを捉えたいというのが、私たちのゴールです。もちろん最初にお断りしておかなくてはなりませんが、そのゴールに到達した内容をここで報告させていただくのではありません。私たちはそういうことに関心を持ち始めましたという、いわば宣言にすぎません。まだ研究を始めたばかりなので、これからこういうことをやってゆきたいという気持ちをお伝えして終わってしまうかもしれません。ここで述べる看護行為も、「最終的には人間がやるより仕方がないよね」という問題点を、ありふれたアプローチで、今後、少しずつやってゆきたいと思っている段階です。

電子難民と天使

昨年1年ほどアメリカに行っておりましたが、帰国寸前に、実は帰って来られなくなってしまいました。というのは、例のテロの直後で、飛行機の切符がどうしてもとれなくなってしまったのです。その理由は、チケットを求めている人たちにオーバー・ブッキングを許したからでしょう。そのために、飛行機は見かけ上、満杯という状態になっていたのです。インターネットでの予約も、電話もダメです。そういう意味で、私は「電子難民」だと思いましたが、最後の手段として残っていたのは、オフィスのカウンターに行って、目の前にいる係の人と予約の交渉をすることだけでした。それも本当に不条理な話で、係の人は私が申し込んだときには「切符はありません」と言ったのに、後から来た人には「あります」と言うのです。それは、キャンセルがランダムに発生するためで、チケットがとれるかどうかは「運」次第ということになっていたのです。

最終的に、私は切符を手に入れたのですが、その経緯には感慨深いものがあります。キャンセルは日常的に出ますが、オーダーは日曜日には入りません。オフィスが閉まっていて、すべてのコンピュータが停まっているからです。ある係の人が、「それでは、私が日曜日にオフィスに行って、コンピュータで調べて、切符があればとるようにしてあげましょう」と言ってくれました。彼女の名前は今でも印象深く覚えています。「エンジェル（Angel）さん」という人です。本当に神の助け、「天使」だと思いました。

こういう風にしてようやく帰りの切符がとれたのですが、それはコンピュータのおかげではなく、その人の「行為」によるものでした。コミュニケーションとは、これだなぁとつくづく思いました。最後は、やはり目の前の人をいかにして動かすかということが大事だと思った次第です。この「体験」を通じて、困難な状況でも、目の前の人を動かすことさえできれば、「何とかなる」、逆に、目の前の人を動かすことができなければ、困難な状況は、まず切り抜けられないと感じました。

情報処理システムと人間観

ある認知科学の雑誌で、認知科学がどんなプロセスを経て発展してきたかという特集を組んでいました（野島・新垣 2001）。その特集の中で、ノーマンの本がいかにすばらしいかについて述べられており、懐かしく思い、とあるノーマンの本（Norman 1981）を読み返してみました。そうすると、私が大切だと思っていたことは（すっかり忘れていましたが）、もうすでに20年も前にノーマンがちゃんと書いているのです。彼は今後の認知科学には、12の大事な課題があると言っています。

・信念システム（Belief systems）
・意識（Consciousness）
・発達（Development）
・感情（Emotion）
・相互作用（Interaction）
・言語（Language）
・学習（Learning）
・記憶（Memory）

・知覚（Perception）
・行為の実行（Performance）
・技能（Skill）
・思考（Thought）

当時、信念システム、意識などはあまり研究されていませんでしたが、発達や学習などは、すべて心理学や認知科学が研究していることではないかと思われるかも知れません。でも、実はノーマンが考えていたことを認知科学者がその後の20年間にやってきたかというと、私はやはり充分にはしてこなかったのではないかと思います。

ここでは、特に「相互作用」、「技能」、「行為の実行」などについて述べておきたいと思います。まず簡単に、ノーマンの考え方を紹介しておきます。要するに、今までの認知科学は、人間を分割可能なシステムだと見なしていました。現在でもそういう傾向はあるのですが、「それではどうも不満足だ」、とノーマンは思い始めました。

大事なことは、人間は生物として、環境の中で、身体を持って生きており、かつ知的な生き物だということです。簡単にいえば、認知科学は、人間の知的な部分を強調しすぎてきたということだと思います。図1のように、人間をサブシステムに分けることはできるけれども、それではダメだというのがノーマンの考え方です。より正確にいいますと、サブシステムに分けることがダメなのではなくて、それらを個々に見ているだけではダメだというふうに理解したら良いと思います。彼は、人間を、情報処理システムとして捉える見方に不満を感じるようになったのです。

人間行動には、ほかの側面もあるし、他人や環境との「インタラクション」（相互作用）をもっとしているはずです。それから、個人にはいろんな過去経験があるはずです。また、文化の影響も考えなければなりません。そういうものをいっさい取り払って、無菌状態を思わせる人間を研究しても意味があるのかということです。つまり、人間は生物であるということを考えに入れないといけない。「トータルな人間から情報処理システムの部分だけを分離して考えるだけではダメだ」ということを頭に入れておいて欲しいということです。

人間を分解して扱うことによって、たしかに成果のあがった研究分野もありました。しかしノーマンが言っているように、私たちは、常に論理的にコミュニケーションをしているわけではないし、必要なときだけに知覚や視覚や思考を使っているわけでもないし、よく定義された問題だけを推論・解決しているわけでもありません。したがって、純粋に知的な存在であると考える立場だけでは行き詰まるだろうということを、彼は予言していた、と私は思うのです。

もう一つ、彼は、上手だなと思うのですが、こうした批判は特に新しいものではない、と断っています。そういう意味では、私が今日お話しする内容も、古典的な心理学の実験手法を使って、在宅看護における看護行為の問題を扱いたいと思っていますが、特に新しいわけではありません。けれども、ノーマンがこういうことをやりたい、やった方がいいと思ったことに、少しでも近づいていけるので

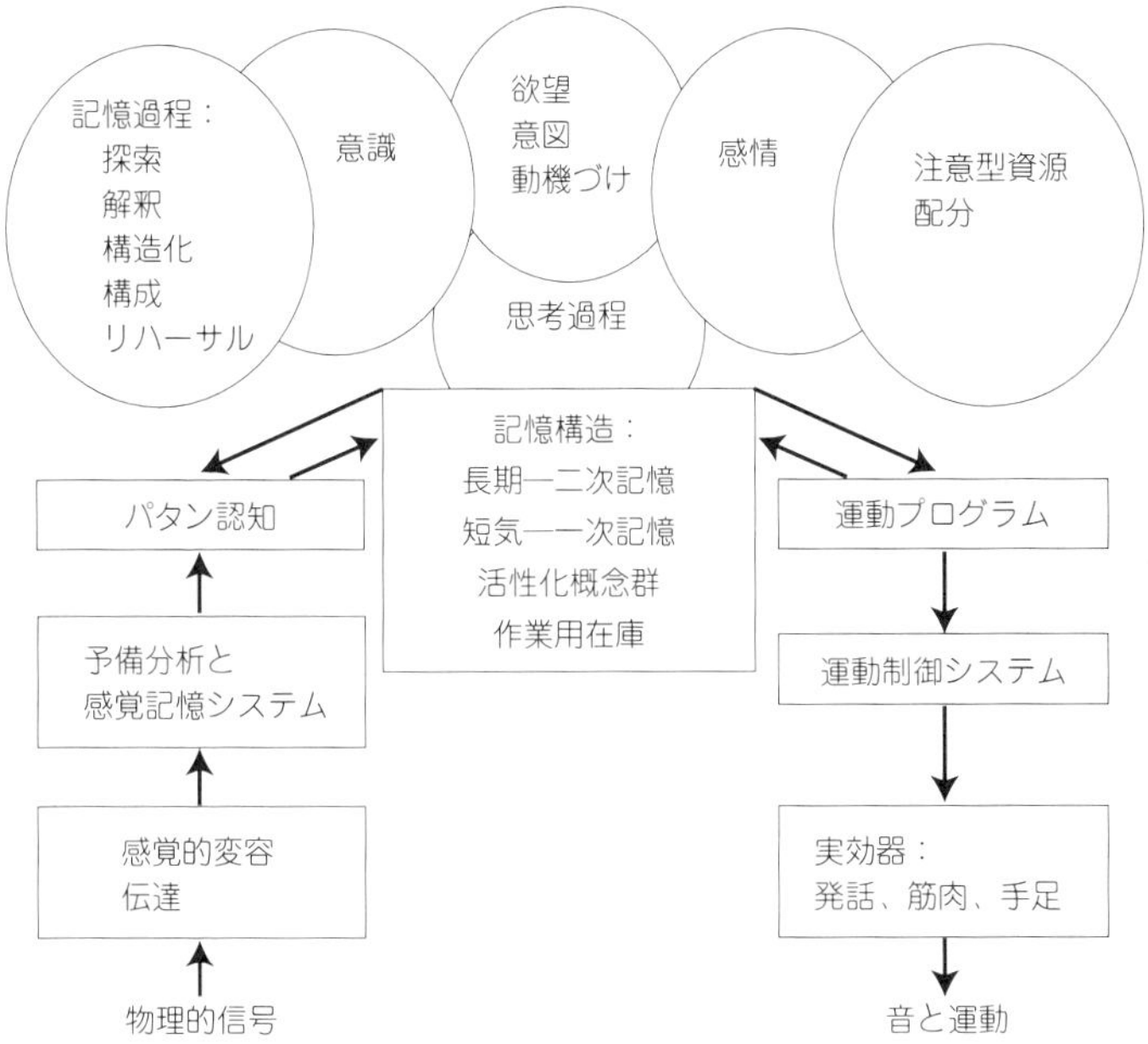

図1　分離可能な情報処理サブシステムとしての人間観
（Norman 1981, 産業図書 1986 より引用）

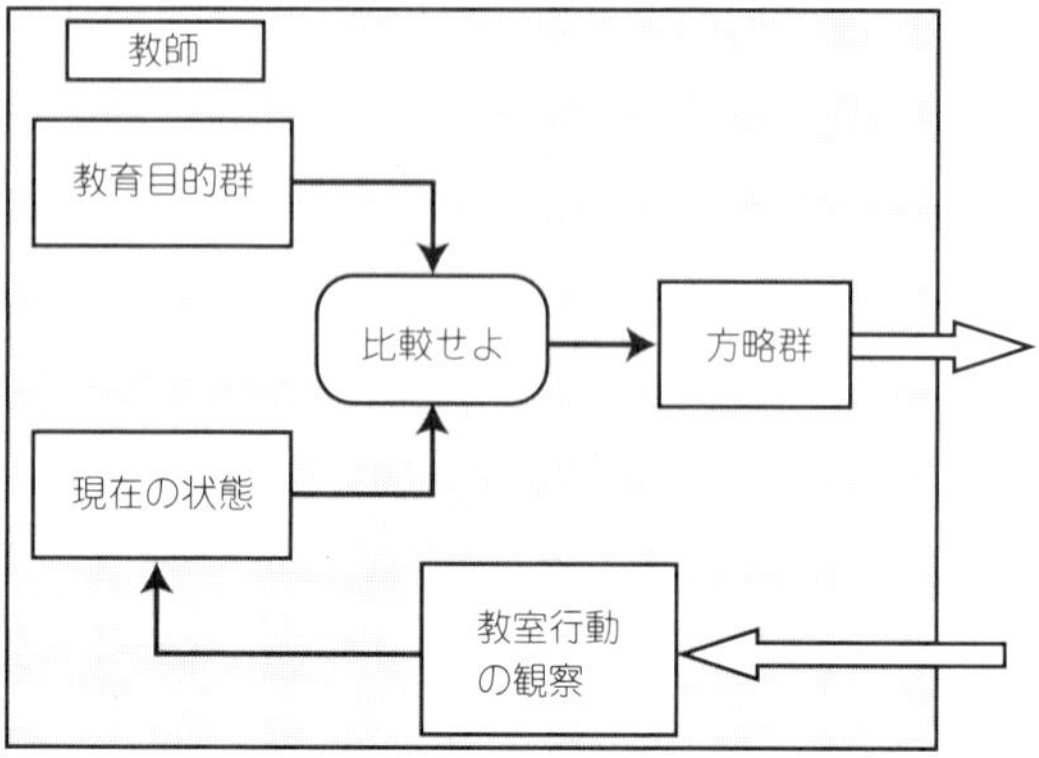

図 2　教師の側から描かれた教室のモデル
（Norman 1981, 産業図書 1986 より引用）

はないかと思っています。

認知システムと行為の実行

ノーマンの結論は、人間の知識の中には純粋な認知システム以上のものがあり、したがって認知の科学は、認知システム以外の側面を無視しては行ない得ないというものです。特に彼は、今の認知科学の中では（彼にとって「今」というのは20年前です）、「行為の実行」が視点から抜け落ちているから、そういう意味ではフィードバックシステムの概念になっていないということを指摘しています。

たとえばノーマンは、教室を制御するためには図2のような、いわゆる教師が頭に思い描くような教室の管理・運営という、ある種のサイバネティクスを使ったモデルではダメで、教室というのは各生徒が、それぞれ相互作用を及ぼしながら全体が変化して、その変化が生徒に影

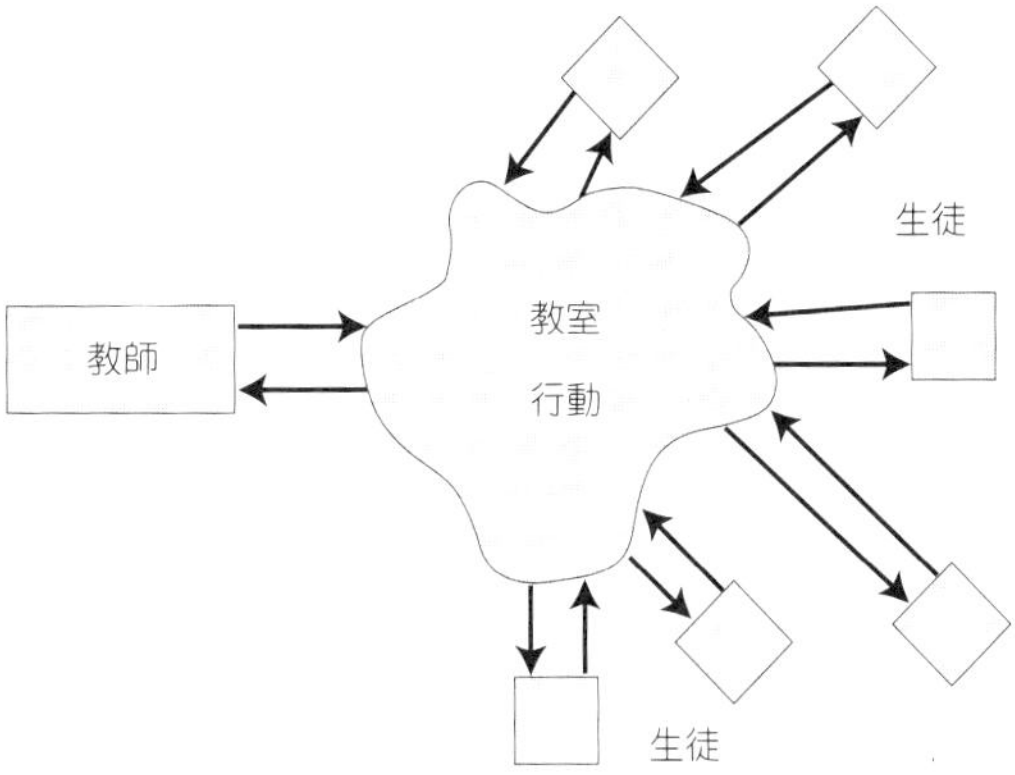

図3 教室を構成する成員の相互作用
(Norman 1981, 産業図書 1986 より引用)

響を及ぼし、その変化がまた教師にも影響を及ぼしていると言っています。きわめて当然なことだと思えます。

図3では、個々の生徒と、教室という全体のフィールドが相互作用をおこしています。それは教室にいる先生にも影響を及ぼしていて、この三者、個々の生徒と先生とフィールドが相互作用を及ぼしあっています。そういうものが社会的な相互関係を作っているという認識が必要だ、とノーマンは述べています。彼が言うには、その相互作用的状況をとらえるために、ありとあらゆるアプローチが必要なのです。今までのアプローチがダメだというわけではないけれども、教室内での全体的な動き(状況)というものは、これらすべての力の合成の結果だということを、彼は言っているわけです。

「行為の実行」というものは、言語と比べるとはるかに研究が少ないけれども、認知科学において大事な問題だ、と彼は指摘しています。言語についても、ジェスチャーや間《ま》の取り方や抑揚というものが、言葉と同じくらい、情報を伝える役割を果たしているわけですから、そういうものにもっと関心を向けるべきだとも言っています。そんなことは当然ではないか、といわれる方がおられるかもしれませんが、どのようにしてそれが実現されているのかということがわからなければ、科学者として、この問題に答えたことにはなりません。

コンラッド・ローレンツという比較行動学者はこう言っています。「誰もが目にしているものを見て、誰も考えつかなかったことを考える」。ローレンツは、これが自分の研究のスタイルだと言っているのですが、私は個人的に素晴らしいと思って、こうありたいと思いながら研究を進めていこうとしています。

家制度と家族機能の外化

「介護の仕方をどう学ぶか」という本題に入る前に、介護という行為の歴史的な位置づけについて簡単に触れておきたいと思います。

家族の健康を維持するために、暮らしの実際面から衣食住を支え、家族の体調変化を気遣い、看護や介護を提供するのはもっぱら妻・母親の仕事でした。日本人であれば誰もが容易にその光景を想像できるほどに、家庭における看護・介護は女性の役割とみなされてきました。すでに奈良時代には「80歳以上の者や重病人には近親者のなかから看護人を選んで看護させること」と看護に関する定めが養老律令（718年）に設けられていました（波多野 1997）。そして、昭和中期には、「家庭の運営責任者としての主婦の仕事」として、家政や保育の一環として、「家庭においてよりよい看護をするための知識なり、技術なり、態度なり、運営管理のしかたを学ぶために家庭看護学が教授され始めました」（平山・阿部・近藤・矢野 1971）。

ところが、近年に見られる家制度の崩壊、核家族化や女性の社会進出と、そうした事態に伴う家族観の変化は、これまでに女性が、妻あるいは母親として、家庭内で果たしてきた役割を、家庭外の他者へと委譲させることを促しました。つまり、こうした家族機能の外化は、それを可能にした社会的背景と社会的必要性の産物として生まれてきたのです。目に見えるかたちとしての家族機能の外化は、乳幼児を保育園やベビーシッターに任せ、高齢者を病院や老人保健施設にあずけることとして現われてきます。そのことと引き替えに女性は家事以外の労働に身をおき、自らの家族の生活を助け、ひいては日本の経済活動を支える一員として社会に位置づけられて行くことになります。そして、女性が社会の一員としての役割を家庭外で果たす時間が長くなるにつれて、以前は家庭内にあった高齢者や傷病者の世話が、一般家庭の日常生活から遠ざけられてゆくのです。

ところが日本は、図4に示すように、1970年（昭和45年）に高齢化社会（65歳以上の高齢者人口が総人口に占める割合、高齢化率が7％を超えた社会）を迎え、その後、人類史上初とも言われる短期間で1994年（平成6年）には、高齢社会（高齢化率が14％を超えた社会）へと移行してきました。そして、2015年（平成27年）には高齢化率が26・0％、2050年（平成62年）には35・

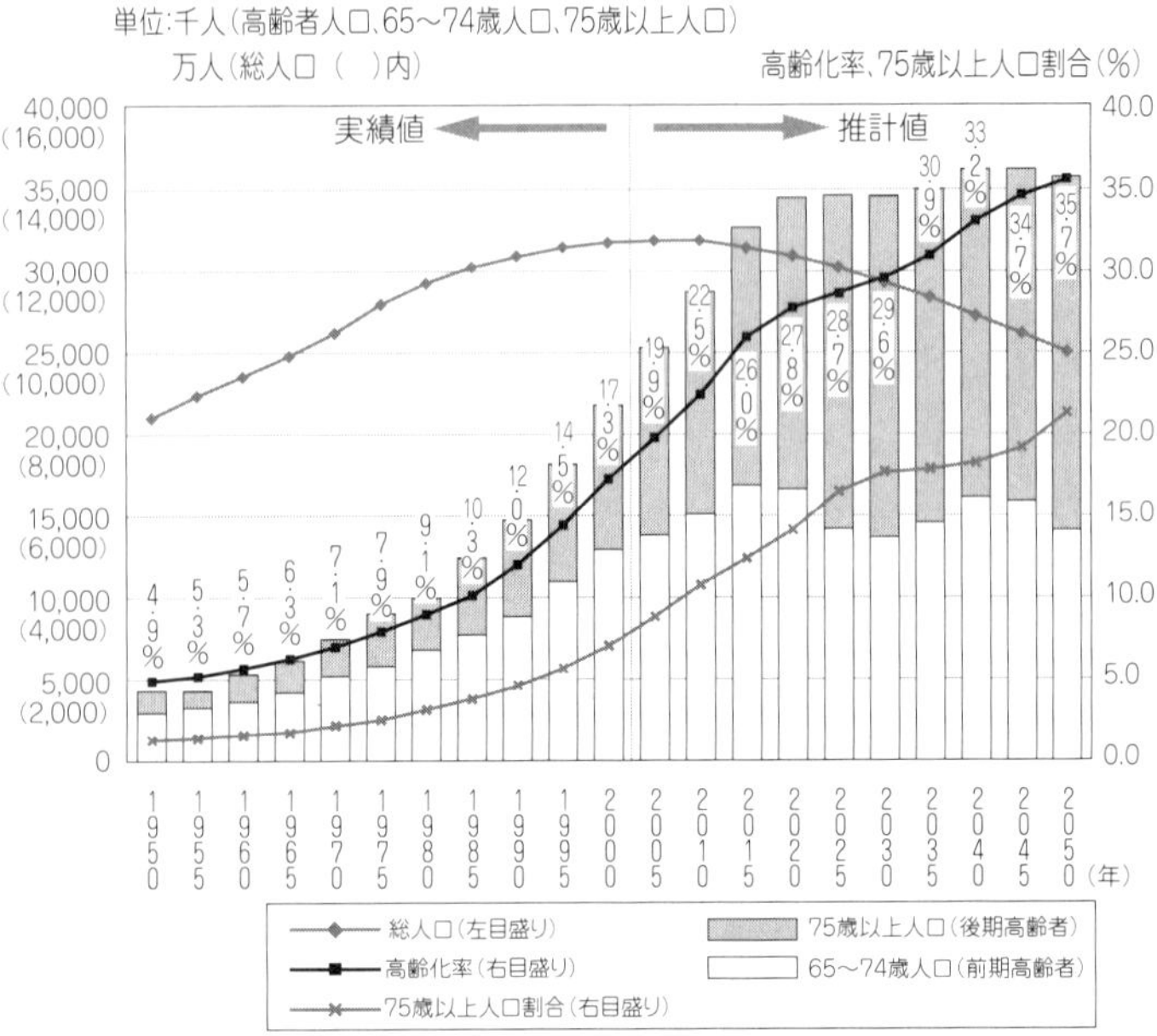

資料：2000年までは総務省「国勢調査」、2005年以降は国立社会保障・人口問題研究所「日本の将来推計人口（平成14年1月推計）」

注：1955年の沖縄は70歳以上人口23,328人を前後の年次の70歳以上に占める75歳以上人口の割合を元に70～74歳と75歳以上人口に按分した。

図4 高齢化社会への推移と将来推計

7％に達すると見込まれ、国民の約3人に1人が65歳以上の高齢者という本格的な高齢社会の到来が予想されています（内閣府 2002 図4参照）。加えて、1992年（平成4年）以降のバブル崩壊に始まる景気の下降と、今日までに及ぶ経済活動の停滞が、国家予算における医療費問題を深刻化させ、国は、診療報酬の見直しや介護保険制度の導入を余儀なくされてきました。

翻弄される高齢者と家族機能の再構築

医療技術の進歩は、患者の延命処置を可能とし、その結果として、要介護状態が長期化するようになりました。景気が右肩上がり傾向を示していた頃には、いわゆる高齢者の社会的入院（特別な治療を必要としないが、家人では面倒をみられないことを理由に入院すること）が当然のように行なわれていました。しかし、老人保健・福祉制度の見直しなどにより、高齢者は、これまで率先して受け入れられていた医療機関から他機関へ、受け入れ先がなければ自宅へと、居住空間を移転せざるをえなくなってきました。最終的に、医療費対策のために、病状が安定しさえすれば自宅に帰すという方針の施策が設けられたために、人工呼吸器やさまざまなカテーテルに束縛された、かつてならば病室を離れられないような状態の高齢者が、明日からは自宅で過ごさなければならないという現実が生じています。

高齢者の看病という機能が、以前は家庭にあったにもかかわらず、多くの家庭において失われてしまい、再び現代社会の一般家庭に求められています。しかも、かつてのように緩やかに死に向かうお年寄りの面倒をみることだけではなく、多種多様な生命維持装置の管理を伴う形で、あたかも医療者の代行を家族に求めるかのような家庭看護が、今、必要とされています。このような実情に対応すべく、国は、在宅ケアを担うための専門職を養成し、また在宅ケアを補うための通所・入所施設の増設を関係機関に働きかけています。しかしながら、他者の手助けが必要な高齢者を自宅に抱える家族は、専門職が高齢者を直接的にサポートしてくれている時間帯は限られており、その残りすべての時間において、要介護者の自立度に応じて、その生活と生命の維持に携わらなければならないという状況に立たされています。

なぜ介護の学習に注目するのか

現在の在宅ケアが抱える問題には、家庭内における介護の内容と、介護に要する時間の長さという2種類の側面があります。2000年（平成12年）に実施された厚生労働省の「介護サービス世帯調査」（図5）によれば、主な介護者の介護時間は要介護者の要介護度が増すにつれて長くなり、要介護度3（認定調査により要介護認定基準時間が1日あたり70分以上90分未満と判定され、身の回りの世話・複雑な動作・排泄がひとりでできないなどの状態にある）以上においては、半日以上の時間を介護時間に費やす家庭が全体の50％以上を占めています。また、たとえ、総介護時間が2、3時間程

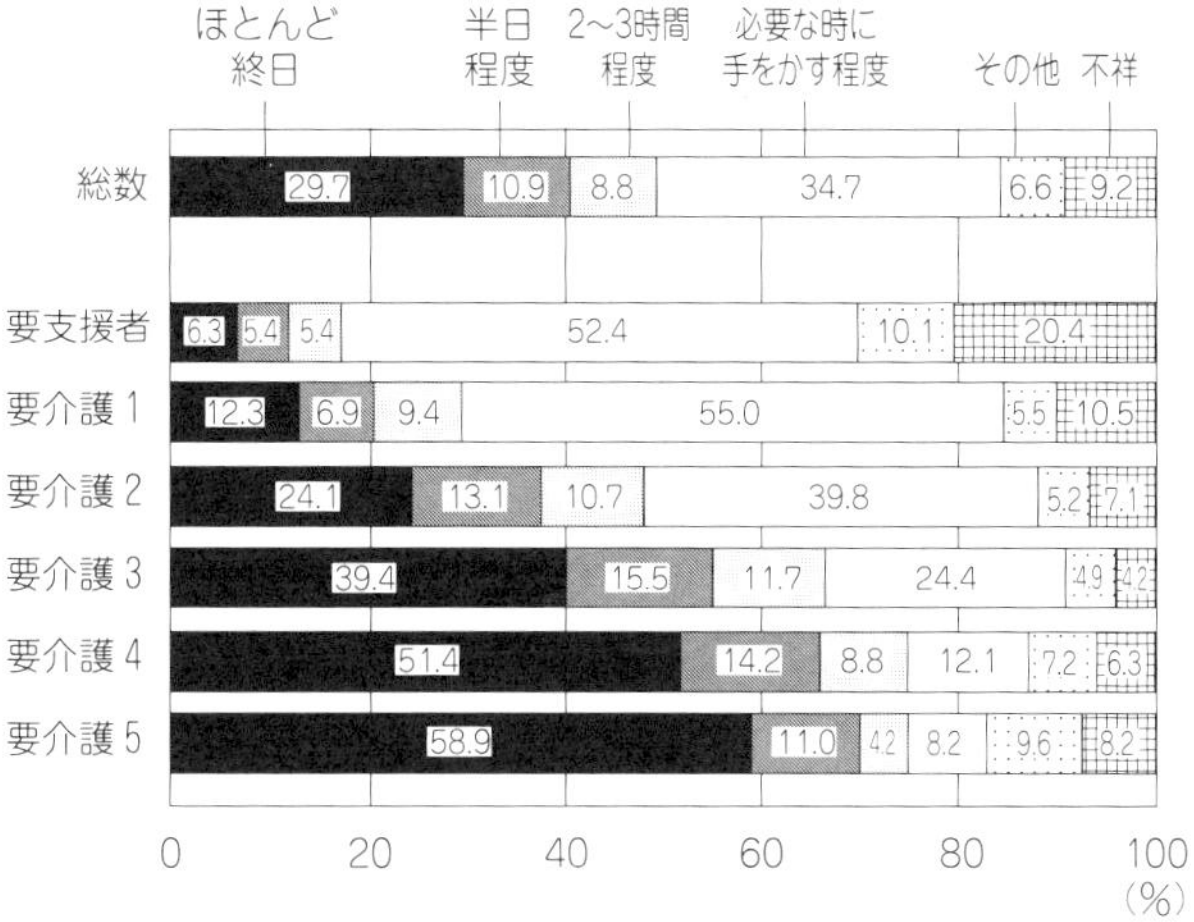

資料：厚生労働省「介護サービス世帯調査」(平成12年)
注：要介護者等(介護保険制度において、要支援及び要介護 1 から 5 に認定された者)を介護している者に限定。

図 5　厚生労働省の「介護サービス世帯調査」(2000 年)

度であったとしても、その時間が一日の中で固定された数時間であるとは限りません。つまり、介護のための時間が24時間の中に細切れに散在しているために、主な介護者が要介護者の療養環境に拘束される時間は、実際にはさらに長時間であると考えられます。

訪問看護歴5年以上の訪問看護師118名を対象に行なわれた調査では、ケアの難易度と所要時間の観点から、訪問看護業務分類491項目が4群に分類されています（島内・森田・亀井・木村 2002）。その中で、1週間あたりのケアの平均所要時間が最も長かった項目は、基本的知識があれば実施でき、比較的容易なケアとされる、「摂取と排泄のケア」、「皮膚と清潔問題のケア」、「身体機能・日常生活動作のケア」（3種類のケアを合計した平均所要時間、37 - 38分）です。高度な判断を必要とするケアは比較的短時間で行なわれるのに対して、このような難易度が下位項目に分類されるケアは、それを繰り返し実施するために所要時間が長くなることが明らかにされています。

訪問看護師が患者宅に訪れていた一定時間内のケアの内訳においてさえ、患者の生活の基本となる、食事・排泄・身体の清潔・移動に関するケア時間の占める割合が高いのですから、訪問看護師が患者宅を訪れていない時間帯において、介護者がそれらのケアに要する時間が長時間にわたることは十分に想像できます。そして、先に示したような生活の基本的行為を支えるケアには、必ずといってよいほど「患者の身体移動」が伴います。このようなケアは、従来、高齢者や病人に対して、家庭の中で女性が行なってきた看病と同類であり、いわゆる家庭看護に相当します。

現代の在宅ケアを取り巻く課題には、少なくとも二つの重要な問題点があります。その一つは、高度医療（たとえば、人工呼吸器や在宅経管栄養など）の家庭への導入により、介護者に高度技術が求められていることです。もう一つは、日常生活行為を支援するために一日の中で繰り返し提供されるケアの存在であり、それを繰り返し行なうことが介護者に負担を与えているということです。

高度医療の家庭への導入も重大な問題ですが、ここでは、介護者に直接的な負担を与えている反復ケアの基礎となる問題に注目します。かつての家庭では、一般的な日常生活の世話の仕方は、見よう見まねで時間をかけてゆっくりと学ばれてきましたが、そうした機会を奪われてしまった現在では、失われた技を介護の技術として、駆け足で学ばなければならない状況にあります。このような介護技術の学びを迫られる状況に直面して、介護の仕方を学ぶ際に、何がどのように認知されるのか、また、関連する知識が介護技術の習得にどのような影響を及ぼすのかという観点から話を進めてゆこうと思います。

介護の方法を学ぶことに引き寄せて、ノーマンの提言した認知科学における12の課題を改めて思い起こしてみると、それらのすべてが在宅看護状況での学びの中に織り込まれているのです。つまり、介護における「意識」やそれを支える「信念システム」、老いゆく人を看るという「発達」的観点からのまなざし、そこには介護の過程で生じるさまざまな「感情」の問題があり、そして、介護という「行為の実行」を必要とする看護の「技能」を「言語」と「知覚」を通じて「学習」し「記憶」するという問題が含まれています。そして何より、この学習過程では、エキスパートとノービスとのコミュニケーションが、「言語」と「行為」の相互作用を通じて説明され、理解され、理解された内容は行為として結実し、実現されなければなりません。その実現には、机上の「思考」よりも、実践的「思考」を取り込むための創意工夫が必要とされます。ノービスは、病床の家族に対して学んだ技術を、たとえそれが不充分であったとしても実践し、技能として発揮することを求められています。これら一切の「学び」が、時として感情の喚起を禁じ得ない状況下で行なわれなければならないところに、介護の仕方を学ぶことについて考える意義があると思われます。

「あたま」では「わかる」のに、なぜ「からだ」では「できない」のか

これから述べることは、在宅看護状況で、看護行為について知らない情報の受け手（ノービス）が、情報の送り手（エキスパート）から看護行為の説明を受けて、「あたまではわかるのに、からだではできないのはなぜか」という話です。具体的な在宅看護場面を思い描いて説明しますと、看護師（エキスパート、説明者）が患者宅を訪問して、「こうこうこうするんですよ」と説明しながら家族（ノービス、被説明者）の前で「やって見せる」とします。そうするとその瞬間には、情報の受け手である家族（被説明者）は「わかった、わかった」と思います。しかしエキスパートが帰ったあと、説明を聞いていたはずの家族がいざやってみると、「よくわかっていなかった」ということが判明します。これは看護ということやその説明事態に限ったことではありません。行為に移してみたときに、あるいは行為として実行しようと思ったときに、自分がわかっていなかったということがよくわかるとい

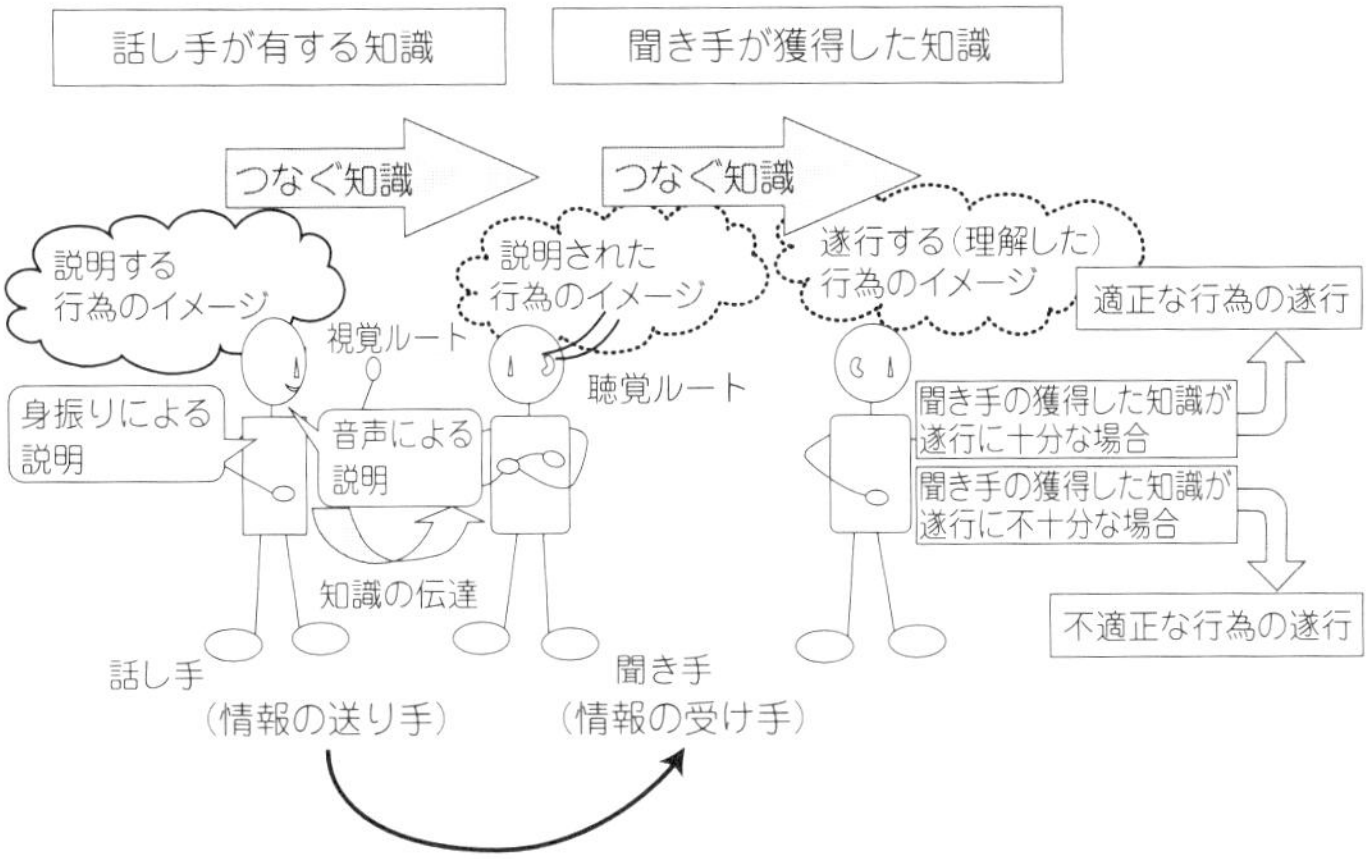

図6　情報の送り手と受け手との関係、つなぐ知識の概念図
（齋藤・白石 2002 を加筆修正）

う現象の一種です（山鳥 2002）。

図6は、ここで取り上げようとしている、在宅看護状況での「説明・理解・行為」に含まれる一連の情報のやりとりを知識処理の過程と見なして、一般的に描いたものです。図の中で、一番左側の人（情報の送り手）が看護行為について、言葉と身振り（看護行為のしぐさ）を交えて、説明をしています。真ん中の人がその話を聞いています。その情報の受け手は「ふんふん、こういうことをやって欲しいといっているんだな」と思って、情報の送り手から与えられる情報の「内容」（言葉と身振り）と「意図」を汲み取り、イメージを膨らませて、実際にアクションをおこそうとします。その時に初めて、「さっきはわかったと思ったんだが……自分はわかっていなかったのか」ということに「気づく」わけです。

この図6には3種類の太い矢印が描かれています。

左の矢印が知識処理の一種で、言語による説明です。中程が、ジェスチャー（身振りや手振り）などの行為を使って説明されたものを、自分の知識表象としてイメージをかたちづくる知識処理です。さらに右側は理解した内容を運動・行為として変換する知識処理です。このように与えられた説明内容を行為に「つなぐ知識」処理には2種類あって、そしてさらにそれを「つなぐ知識」処理があるということを仮定しています。

ここで大事なことは、私たちが今まで主に研究していた知識処理というのは、机に向かって本を読んで「わかった、わかった」といっている、いわゆる観念的なたぐいのものが多かったということです（Pfeifer & Scheier 1999）。ところが、「わかった」と思ったことを、体の外に表出する際の具象化の程度に応じて、たとえば、話す、書く、図示する、行為で示すなど、その究極として「実際にやって見せる」という事態になると、できるかできないかが、つまり、わかっていたのかどうかさえもが、誰の目にも明白になります。いわば、「わかったこと」は、「他人の目」にさらされる状態になって、皮肉なことに、自分にさえも明らかになるのです。事の正否が、看護や介護の状況では、重大な「困った」結果を招きます。たとえば自分が患者だったら、「ちゃんと支えてよ」とか「落とさないでよ」とか、いろいろ思うでしょう。口に出さないまでも、介護される人の身体は、介護者に反応し、語りかけるわけです。この身体が語りかける「沈黙の言葉」に耳を傾けるには、興味深いことに「他人の目」が必要なようです。

実際に他者や対象との相互作用に関わる知識処理を、ここでは「環境開放系の知識処理」と呼びます。この開放系の知識処理において、「他人の目」と同じように大切なことが、「主体的な情報処理」です。たとえば、学生に何かを説明して、「それじゃぁ、みんなわかったね」といって、帰ってしまうと何も起こりません。でも「来週試験をするからね」と言った途端に、彼らの頭がフル回転し始めます。

つまり、「自分の身」になって考えたときに、初めて動き出す知識処理というものがあるのです。それが、行為を取り上げたときに、非常にクリティカルに効いてくるのです。「理解できた」と感じることと、それを「遂行できること」とは違うということです。「わかること」と「できること」とを「つなぐ知識処理」とは、いったい何なのか、このことについて、2種類のタイプの実験を通して考えてみました。まず最初の実験では、「行為の説明とその理解」を、それに続く実験では、「行為の理解とその遂行」とを扱っています。

看護行為の説明・理解・遂行についての実験

私たちは、言葉と示範（demonstration）を交えて説明される看護行為がいかにして理解され、理解された行為は、いかにして遂行へと導かれるのかを検討するために、在宅看護状況を模擬した一連の実験を複数の検査と課題を用いて実施しています。具体的な実験は次のような順序で進められました。

（1）行為の遂行目標が明確な看護行為を説明したビデオテープ教材を呈示。
（2）ビデオテープの内容に関する「質問紙検査」の実施。
（3）数字列を呈示し、その筆記再生を求める「記憶検査」の実施。
（4）無意味な複数の姿勢を呈示し、それらの姿勢の呈示順序を配列する「動作配列課題」の実施。
（5）（1）で先行呈示したビデオテープ内容（看護行為）の実践を求める「再演課題」の実施。
（6）先の（4）で用いた無意味な姿勢系列の「模倣課題」の実施。

被験者は、まず大学の教室で、看護行為（たとえば、患者の車椅子への移動）についてのビデオテープを観察します（図7）。次に「質問紙検査」では、ビデオテープで見た内容について複数の質問項目についての回答を求められます。その後に、被験者は数字列を用いた記憶検査を受けます。これは、個人ごとの記憶能力が、単純なことがらを憶える課題の遂行においては優劣がないことを確認するために実施されています。さらに、無意味な姿勢の「配列課題」では、同じ被験者に複数の無意味な姿勢系列（動作）を呈示し、複数の姿勢を最初に見た順序に並べ直す能力を調べています（図8）。これは、単純な数字列を記憶する能力と、無意味な姿勢系列とを記憶する能力とには違いがあるかどうかを調べるために実施しています。

そして、1カ月の間をおいて、あらかじめ実験内容を告げないで、同じ被験者たちにひとりずつ実験室に来てもらいます。実験室にはベッドが置いてあって、そこに患者役の人が横になっています。

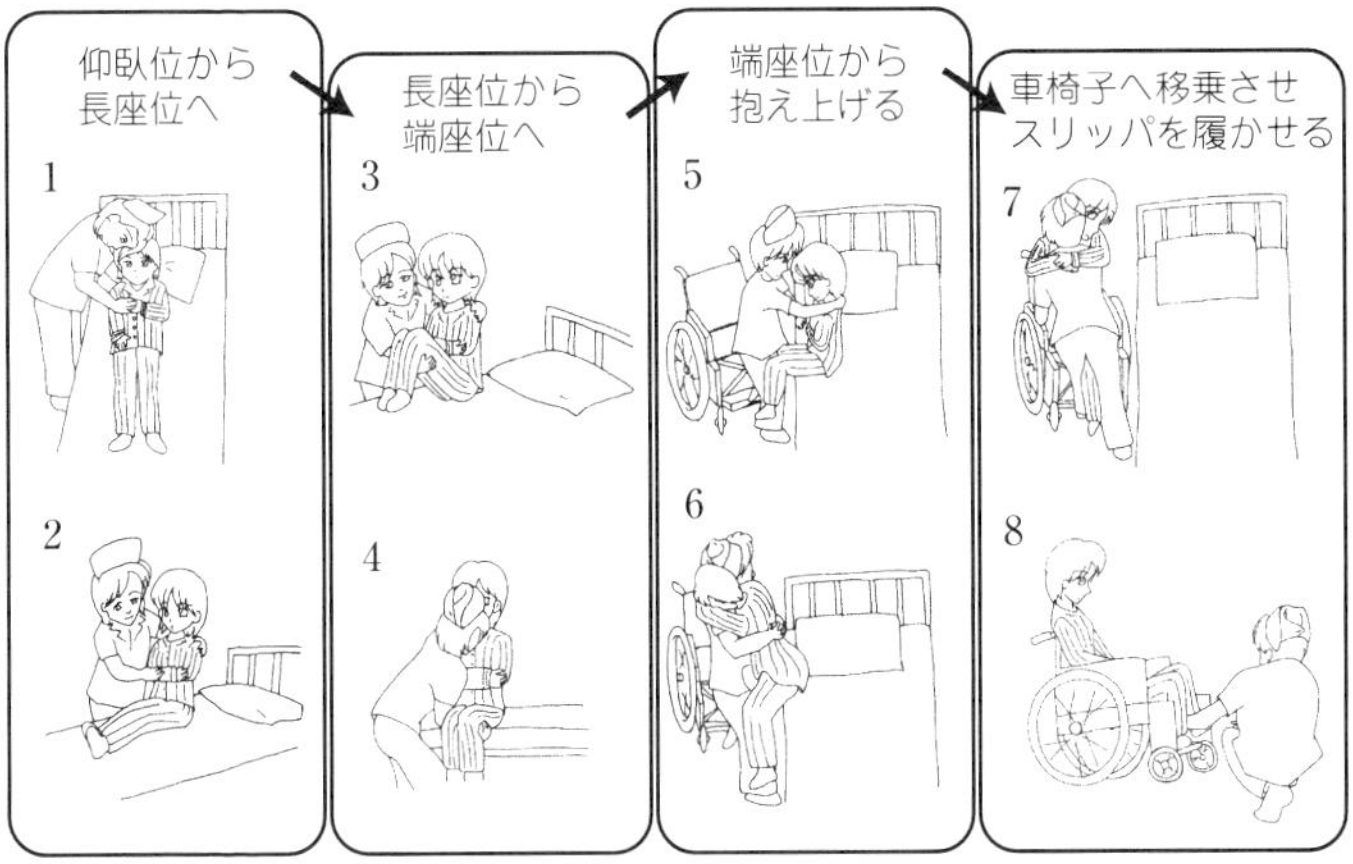

※実験事態では看護行為を説明したビデオテープが用いられ、その内容をここでは線画で示す。

図 7　被験者に呈示されたビデオテープの内容（車椅子への移動）を示す概略図（齋藤・白石 2002 を加筆修正）

※実験事態では、姿勢の実写ビデオが用いられたが、ここではそれらを線画で示す。

図 8　無意味な姿勢の配列課題と模倣課題で用いられた複数の姿勢図（齋藤・白石 2002 を加筆修正）

「以前にビデオで見たとおりに患者さんを持ち上げて車椅子まで移動させてください」と指示します。突然のことですから、たいていの人はできません。そこで「できなかったね」「もう一度、以前に観察したビデオを見てみましょう」といって、VTRを再生します。そして再度「車椅子への移動」を実施してもらいます。

そのあとで、再び同じ被験者に、「配列課題」で用いた無意味な姿勢を見せ、実際に「真似してください」と伝えます。これを「模倣課題」と呼んでいます。もちろんこの姿勢の模倣は、動作としては単純ですが、無意味です。これに対して、ここでの看護行為の再演は、行為としては複雑ですが、有意味な動作の模倣です。

実験の結果、次のことが確認されました。

（1）質問紙検査において高い（再認あるいは再生）成績を示す者が、必ずしも行為の再演課題においては高い遂行成績を示さない。

（2）しかし、無意味姿勢の「模倣」と看護行為の「再演」成績の高さの間には、関連性が認められる（図9参照）。

（3）示範された行為の再演成績や模倣成績の高さは、「数字列の記憶検査」などで測定される単なる一般的記憶能力の高さによっては説明されない。

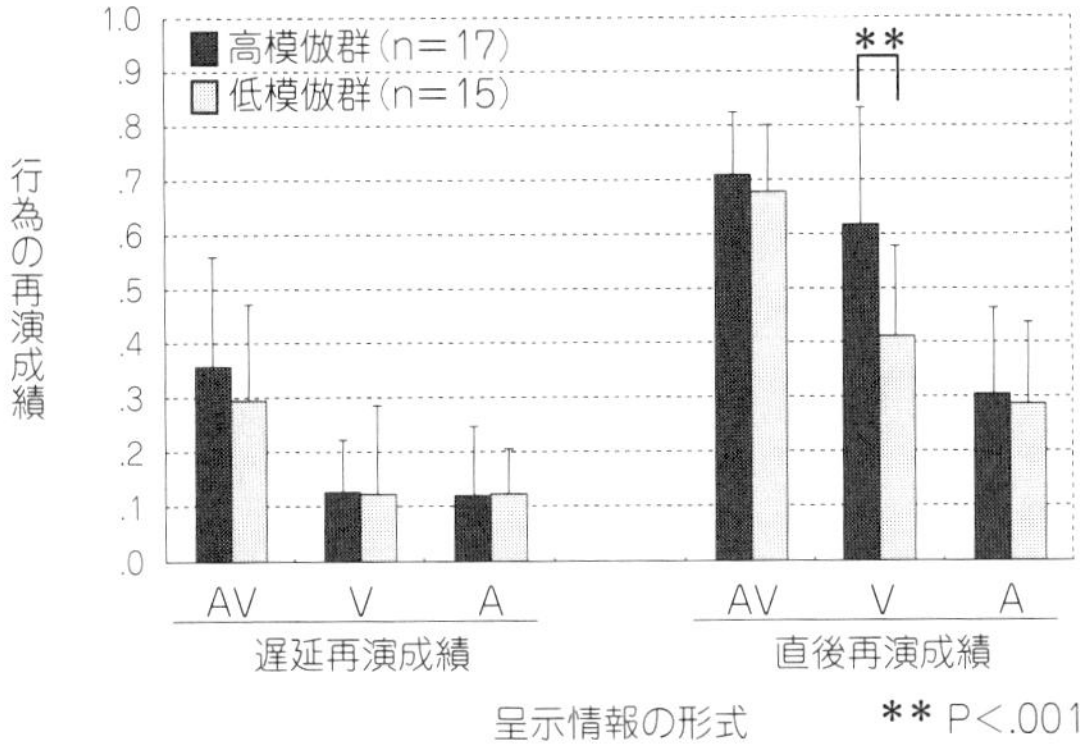

図 9　無意味姿勢の模倣成績で二分した高模倣群と低模倣群における看護行為の再演成績（AV 条件では、看護動作に関する適切な視聴覚情報（映像と言語的説明）が与えられ、V 条件では看護動作に関連する視覚情報、A 条件では看護動作に関連する聴覚情報が与えられた。高模倣群は、直後再演課題の V 条件で、低模倣群よりも高い再演成績を示す。白石・齋藤 2002 を加筆修正）

実験で用いた4種類の課題の結果（質問紙、配列、模倣、再演課題）について、それらの成績を整理しますと、隣接する課題間の成績にはすべて関係が認められます。つまり、質問紙検査と、無意味な姿勢を再配列する課題との間、配列課題と無意味な姿勢を模倣する課題の間、そして、模倣課題と、意味のある看護行為を再演する課題との間に関係があります。ところが、一つ先の課題間にはつながりが認められません。一連の実験結果は、説明された内容の理解表象と、それを遂行へと移すための表象との間に何らかの乖離が存在することを示しています。

質問紙検査では、主として言語的質問が用いられており、それに答えるためには実時間軸に沿った行為情報の表現を必要とはしません。これに対して、行為を具体的に遂行するためには、行為遂行の実時間軸に沿った情報表現を必要とします。これに関連して、実際には運動・行為をしていないのに、それに近いイメージ操作をすることが、行為の遂行に重要な役割を果たしているのではないかと考えられます。

「理解と行為の乖離」を埋めるためには、実時間軸上で、運動・行為を解析する過程と、その解析から得られる知識表象を運動表象へと「つなぐ知識処理」についての基礎的な検討をさらに必要としています（齋藤・白石 2002／白石・齋藤 2002）。

「わかる」と「できる」のか、わかってもできないのか

このような実験を通じて、「理解と行為の乖離」について話を進めますと、「わかった」と思ったのは、実は「わかっていなかった」だけではないか、とも考えられます。たしかに、ビデオテープをまったく見ることとなしに看護行為を実施するよりは、1回観察した後に看護行為を遂行するほうが、さらに、2回観察した後に看護行為を遂行する方が、ここでいう再演成績は向上します。

ところが、ビデオテープを観察した後に看護行為を実施してもらいますよ、とあらかじめ伝えておいて、さらに自分が観察した看護行為を完全にできると思うまで、ビデオテープを複数回観察することを許したとしても、それでも再演成績は、60％にも満たないのです（白石・齋藤・山本・井藤 2002）。

このことから、先ほどお話しした「理解と行為の乖離」には、お手本を何度も見ると「わかり」、

「できる」ようになることと、何度か見て「わかった」と思っても、なお「できない」ことが潜んでいると思われます。すくなくとも、単純に観察回数が少ないために、「わかった」と勘違いしていただけではなく、あたまで「理解」したことを、行為として「遂行」するには、「理解」を「遂行」に「つなぐ」何かが、まだ必要なようです。

そこで、「できる」人は、どのように「わかって」いるのかを「わけて」考えてみます。それは、「わけられる」ことが、「わかる」ことと「できる」ことを「つなぐ」第一歩だからです。看護行為は連続する姿勢とその運動から作り出されています。わかったと思えた行為を実際にできるためには、一続きと見える連続する動作から姿勢を適切に「切り出し」、それを「組み立てる」処理が必要と思われます。そしてこの姿勢の切り出しと、組み立て処理との間には、時間の経過があるわけですから、切り出された姿勢のイメージは、劣化して間違って組立てられないように表現（表象）しておく必要があります。つまり、時間の中で変化し、不安定になっていく情報の断片を、何らかの方法で安定させる処理が必要とされるのです。

自己モニターと言語化機能と個人差

先ほどの行為に含まれる姿勢の切り出しとその組立てを、姿勢への行為の「分解」と、行為への姿勢の「結合」という言葉で簡潔に表現することにします。この結合に向けての緩やかな分解と、分解に向けての緩やかな結合とが、「つなぐ知識処理」の鍵になると思われるのです。その際に考えておかなければならない、二つの重要な事柄が残されています。

その一つは、複数回にわたって観察して、自分ではもう行為が遂行できるという水準に到達したと判断されても、なお遂行できない行為があるという事実です。このことの原因として、「行為のどのような分解が、遂行につながるのか」ということを判断するためのモニター機能の優劣が考えられます。「できる」人は、「できない」人よりも、この「自己モニター」機能が優れていると思われます。

さらに、看護行為を含めて、「できない」人にとって、時間が制限された状況での学習において大切なはたらきをするのが、言語化の問題です。言葉は、状況の分析に欠くことのできない有効な道具なのですが、実時間での素早い処理を求められる作業には、言葉による符号化の利点が生かし切れないことがあります。言葉は対象を区別したり、その変化を捉えるために利用することもできますが、適切に使われない際には、かえって混乱の元にもなります（齋藤・山本・白石・井藤 2003）。

看護行為の学習状況という枠組みに引き寄せて、自己モニターと言語化機能について考えますと、「個人差」の問題がクローズアップされます。在宅看護状況の下で介護技術を学ぼうとする人たちには、短時間の間に学ばなければならないという制限が課せられています。これは、試行錯誤が許される学習状況や実験室での問題解決などとはいささか異なる側面を含んでいます。限りなく少ない失敗で早く学ばなければならない状況が、学ぼうとする人の違い、つまり「個人差」を考慮した最適なフィードバックを必要としているのです。

看護行為支援システム

ここでは、介護の技術を学ぶということについて三つの観点から話を進めてきました。

(1) 説明を受けた際に、「あたま」では「わかった」と思えたことが、「からだ」では「できない」のはなぜか?

(2) 情報の受け手は、情報の送り手が言語と行為とを交えて「説明」した内容に対して、いかなる「分解・結合」処理を加えて「理解」を導き出すのか。

(3) さらに、その情報の受け手は、理解内容に対していかなる「結合・分解」処理を加えて、再度「言語と行為」として「復元」し、「遂行」し得るのか。

私たちは、「情報の送り手による説明」、「情報の受け手による理解」、「その理解に基づく行為の遂行」を一連の知識処理過程として捉え、それら3種類の認知処理過程において言語と行為という異種情報がいかにして生成され、そして分解され、結合されるのかを明らかにすることを目指しています。そして得られた知見に基づき、実践的行為の学習を支援するシステム(Action Prompter)の試作を次のゴールと考えています。

最後に、私たちが思い描くアクション・プロンプター（Action Prompter）システムについてお話ししておきたいと思います。言葉が喉まででかかった状態（TOT: tip of the tongue）において、思い出すべき言葉を（こっそりと）教えてくれる装置がプロンプターだとします。私たちができればいいなと思っているアクション・プロンプターとは、ＴＯＴ状態の比喩として、「行為が手の先まででかかった状態（action-TOT）」において、もう少しで思い出せそうで、思い出せない行為を思い出させるために、適切なヒント（視聴覚情報）を提供する装置のことです。

アクション・プロンプターは、具体的な行為を学習しなければならない日常的な場面において、行為の学習を支援する装置です。その装置の開発には、人がどのようにして行為を学習し、記憶し、理解するかなどについて、本研究で取り上げようとする人の知識処理過程がさらに解明されなければなりません。

行為の理解と遂行の仕方について、この人にはこういう特徴がありそうだということを予測して、その人にふさわしい情報をフィードバックして、思い出せない行為の想起を助け、実際に遂行へと導くことを支援できるシステムを作っていけたらと思っています。

おわりに

人が何かを学び、その学びに「気づく」ためには、自ら主体的に身をもって体験することと、それを「他人の目」を通して経験として自分に取り込むことが大切です。と同時に、そこにこそ学びの難しさがあると言えます。なぜなら、人が身をもって伝えようとする情報には、それを受け取る人の思いを乱す、さまざまな情報が含まれているからです。

しかし、だからこそ、ノーマンは、人間をそうした思いもよらぬ情報の発信者である生物として捉え、認知科学が取り組むべき12種類の課題を書き記したのかもしれません。

ここでは、在宅看護という、現在ではいささかいかめしい言葉で語られている、しかしそれは、かつてはありふれた家庭の一風景として存在していたのですが、その営みと行ないを軸として、ノーマンの12種類の思いを紡いでみました。

十二分にわかったことは、できるはずだ、と言い切ることができるかもしれません。しかし現実には、わかったと思ったのに、実はできない人が、いるのです。それを、本当はわかっていなかったとして、思考のつまずきを指摘するだけではなく、「できるようにわかるまで」立ち上がるための手助けを、多くの人たちは必要としているようです。

結論を急ぎますと、「できるようにわかるために」は、行為であろうと、行為を説明する言葉であろうと、さらにそれらの組み合わせであろうと、利用できるものはすべて用いることです。そしてそうした利用可能性の幅を広げるためには、理想としての到達点と、現実としての出発点の落差を認め、その距離を縮める方途を開発する工夫が必要になります。

個人の能力をつぶさに判断し、その能力に応じて、目指す行為の遂行へと導くためには、またその学習を支援するためには、行為と言語の特性についての基礎的な解析とその体系的な整理と、それを実行に移そうとする多くの研究者や草莽の士の地道な協力を仰がなければなりません。が、まずは「身をもって」始めるより他にないようです。

9章

学校で家庭科はどのように教えられているのか

峰木一春

はじめに

私は、東京の私立高校で家庭科と情報の科目の教育に携わっています。家庭科のことを調理や裁縫などの家事の方法を教える古くさい保守的な教科であると思っている人がいるかもしれません。また、「女子の教科」と思っている方もいるかもしれません。しかし、家庭科は社会の変化の影響を大変強く受ける分野であり、かつ新しい技術にも強い関係をもつ分野でもあります。現在、私は家庭科の一部と情報関連科目の授業を担当していますが、今後、一般的に高校の情報教育や新教科「情報」に家庭科の教師が多くかかわっていくことが考えられています。それは家庭科が情報社会の先端を進む教科だからです。また、家庭科の男女共修も平成6年から始まったように、家庭科の中身も教育の方法も情報社会への対応や介護など新しい分野を採り入れ、ますます変化していきます。

学校における家庭科教育の位置づけ

ここでは、学校でどのように家庭科が教えられているかについての話をします。学校で家庭科をどのような方針に基づいて教えているかは、文部省（現文部科学省）が示している学習指導要領にあります。高校の場合、家庭科に関連するものとしては、「家庭基礎（2単位）」「家庭総合（4単位）」「生活技術（4単位）」の三つがあり、このいずれか一つを履修しなければならないと決められています。ちなみに私の高校では、「家庭基礎」を教えています。

学習指導要領の中にある普通教科「家庭」の教科目標は「人間の健全な発達と生活の営みを総合的にとらえ、家族・家庭の意義、家族・家庭と社会とのかかわりについて理解させるとともに、生活に必要な知識と技術を習得させ、男女が協力して家庭や地域の生活を創造する能力と実践的な態度を育てる」となっています。さらに、各科目の目標は以下のように定められています。

家庭基礎

人の一生と家族・福祉、衣食住、消費生活などに関する基礎的・基本的な知識と技術を習得させ、家庭生活の充実向上を図る能力と実践的な態度を育てる。

家庭総合

人の一生と家族、子どもの発達と保育、高齢者の生活と福祉、衣食住、消費生活などに関する知識と技術を総合的に習得させ、生活課題を主体的に解決するとともに、家庭生活の充実向上を図る能力と実践的な態度を育てる。

生活技術

人の一生と家族・福祉、消費生活、衣食住、家庭生活と技術革新などに関する知識と技術を体験的に習得させ、生活課題を主体的に解決するとともに、家庭生活の充実向上を図る能力と実践的な態度を育てる。

なお、小学校では「衣食住などに関する実践的・体験的な活動を通して、家庭生活への関心を高めるとともに日常生活に必要な基礎的な知識と技能を身につけ、家族の一員として生活を工夫しようとする実践的な態度を育てる」というのが目標です。中学校（家庭分野）では、「実践的・体験的な学習活動を通して、生活の自立に必要な衣食住に関する基礎的な知識と技術を習得するとともに、家庭の機能について理解を深め、課題をもって生活をよりよくしようとする能力と態度を育てる」となっています。

このように小学校・中学校では、家庭の一員としての役割が重視されていますが、高校では家庭を作っていく担当者であるということを理解してもらう必要がでてきています。また、家庭科は単に家事のやり方を教えるのではなく、人の一生や家族の生活全般にかかわる知識と技術を身につけ、それによって家の中の問題を解決する能力を育成するための教科として位置づけられているのです。

高等家庭科のこれまで――第二次世界大戦後から1994年改訂まで

日本の教育は、戦後GHQの下に置かれ大きな改革がなされました。そこで教科としての家庭科が生まれました。昭和22年には被服・食物・家庭衛生・住居と家事経理・家族関係と子どもの五つの分野からなり、昭和24年の改訂では被服・家庭経済・家庭管理・家族・食物・保健・保育・住居の8分野、31年の改訂には、従前の「家庭」と「家庭技芸」を「家庭」の1教科にまとめ、「一般家庭」を「家庭一般」に改めました。その後、さまざまな変遷を経て現在に至っていますが、1985年に日本が女子差別撤廃条約を批准したことも大きく影響し、1994年の学習指導要領の改訂から家庭科は男女共修になり「家庭一般」のほか「生活技術」「生活一般」の二つが新たに加わりました。また、この三つのうちから1科目を「すべての生徒に選択履修させる」という形になり、小・中・高等学校を通してすべての児童・生徒が家庭科を学ぶことになりました。それは、戦後に生まれた家庭科にとって男女必修元年を迎えたといっても過言ではないと思います。

家庭科教育の現状

現在、家庭科がさまざまな高校でどのような現状にあるかを家庭科の先生のお話しを交えながら説明したいと思います。

なにをどのように教えているのか

家庭科というと、「浴衣を縫うんでしょう?」と言われたりすることもあるそうです。確かに10年くらい前までは、普通に浴衣を縫うという課題をやっているところも多くありましたが、現在では、そういうことは少なくなってきています。具体的な教材は、高校によっても異なりますし、家庭科にどれだけの時間を割いているかによっても異なります。被服に関してはやはり手縫いは基本なので、手縫いでベビー肌着などを縫うという教材を多くの学校で採用しています。調理実習については、生徒たちにも興味・関心が高いので研究をしながら指導しています。実際、生徒たちも楽しんで学習しています。

また、ある高校の男子のみのクラスにおける家庭科の授業では、生徒の状況を反映した授業を実践しています。その一つとして近い将来の自立のために、一人暮らしを例にとり、「住居」という観点を中心としてそれを取り巻く環境を関連させながら授業を展開しています。実際、一人暮らしを生徒たちに想定させ、物件の選定に始まり快適な生活をおくるまでの間に考えられる衣食住・家庭経済・消費生活・健康管理等のさまざまな内容をある時はグループでディスカッションをしたり、個人でインターネットを利用して調査したりするというさまざまな形態をとりながら授業を進めています。

生徒たちはどのように学んでいるか

生徒が家庭や学校で家庭生活の技術を身につけていないということが実際の家庭科の授業においてわかることがあります。もちろん、個人差が大きいので、一概に結論づけることはできませんが、ここではいくつかの学校であった実習のエピソードなどを紹介したいと思います。

被服の授業において基本となる並縫いや、まつり縫いができなかったり、調理実習では、包丁を使っての野菜の皮むきができないという状況がある一方で、逆に、「銀杏切り」がうまかったり、並縫いがうまくできたりすると、周りから「女の子ぉ～」とはやし立てられたりもします。また、ほうれん草を茹でるときには根元を切らないで茹でるように言っておいても、茹でる前に切ってしまってバラバラになってしまうとか、乾物のわかめの吸水膨潤が分からずに茹でて鍋からあふれさせてしまうなどという話もよくあります。家でチャーハンを作るときには「適当な具、野菜を適当に見つくろって」と説明をした場合、それでは困ってしまうと言うので「ピーマン、タマネギ、人参……」というように具体的に示さないと作ることができないという状況もあります。その他にも実習を終え、教室の掃除をするときでも「掃除機がなければできません」と言われることなどもあります。家庭では掃除機を使うことが多く、掃除機以外で掃除をすることが少ないためではないかと考えられます。これらのことからもわかるように家庭で身につける技術もさることながら日常生活をしていく上でさまざまなことについて判断力や応用力がなくなりつつあるということもわかります。

でも、生徒たちは実技科目が好きで楽しんで学習していることが多く、調理実習を中心に教科として好かれていると思います。その他、受験から離れていることである程度自由がきき、時代の流れをいち早く取り入れ、日常生活に直結しているため、身近に感じていることも好かれる理由の一つではないかと思います。

家庭科教育の今後

現場の教師の立場から

家庭科という教科を学ぶ中で、私たちは目の前にある問題、生きていくために解決することが必要な課題を解く力を身につけていって欲しいと考えています。生きていくためには、単に与えられたものだけを使っているわけにもいきませんし、何でも買えばいいということにもなりません。生きていくために必要な知識を身につけることも必要ですし、その知識を現実の必要に応じて使う技術・考える能力も必要です。そして、何よりも知識をもっているだけではなく、生活していく上で何が必要か、どうしていったらいいかという判断力が必要になってきているのだと考えています。

確かに今は、おなかが減ったら外食をすればいいし、コンビニで何かを買って食べればよいのかもしれません。衣服も既製品がたくさん売られていますし、綻びたら繕うよりも買い直した方が楽で素敵なものが手に入るでしょう。しかし、こうした社会がいつまでも続くかどうかはわかりません。今は若くてもいずれ高齢になって、一人暮らしになったとき、今と同じような気楽な消費生活、外部に頼った生活が可能かどうかはわかりません。いつも買えばいいというだけではなく、自分の家の庭で作ったものを食べてみる、調理器具をうまく使って簡単な料理を自分で作ってみる。それによって、ある場面で自分が取りうる選択肢の幅を広げ、自分自身で選べることができるようにしていきたいと思っています。炊飯器が壊れたら文化鍋を使ってご飯が炊けるようになってほしいし、ちょっとおなかがすいたとき、冷蔵庫の中の残り物を使って簡単な食事が作れるようになって欲しいと考えています。

私たちは将来、生徒たちが問題に直面したときに、学んでおいてよかったなあと思ってくれるようなことを教えていきたいと思いますし、またそうしたことを学んでいって欲しいと考えています。

家庭と学校

家庭の技術をなぜ学校で教えないといけないのかと考える方もいるでしょう。私としても、基本的な掃除の仕方、ボタン付け、野菜の皮むきのようなことは、家庭の中でごく普通に生活していく中で親から伝えられるものだろうとも思いますが、子どもはそうしたことに興味を持たないし、親も子どもと一緒にするということがないので、伝わらないのでしょう。また、親の中には、そうした家庭生活の基礎も学校で教えて欲しいと考えている方々もいるのです。確かに、今では核家族がほとんどになり、おばあちゃんやおじいちゃんから昔のことを学ぶ機会はまれになりました。母子家庭や父子家庭も多く、「家庭」といったときの最小単位は二人になっているのです。ですから、家庭での学びといっても現実には難しいことも多いということも事実で、その分、学校での教育が必要になってきているわけです。

どんな技術が必要か

家庭科で何を教えるかは、やはり時代の流れとともに変わってきています。最初に述べたように、家庭科は時代を先取りしている面があります。すでにパソコンなどの情報機器を利用する技術は家庭科にとって必須のものになりました。その理由として単にパソコンは従来の使い方だけに留まらず、インターネットの利用が大きな比重を占めるようになってきたからです。実際、ここ数年間にわたるパソコンの急激な機能の向上と価格の低下及び通信環境の整備によって多くの家庭に普及し、今までは興味を示すことのなかった人達まで興味・関心を持ち、パソコンを利用しています。従来、パソコンは特別なものと考えられてきましたが、今では既に家庭に普及している家電製品と同様になってきています。しかし、普及する速度が早く、家庭で利用する場合、さまざまな問題が含まれています。その一つとして最も大きなものがインターネットの利用方法です。実際、インターネット上にある膨大な情報はすべて正しいとは限らず、その上有害な情報まで含まれています。インターネットは情報を手軽に入手できますが、その情報が確かなものなのか、そうでないものかをしっかり判断し、取捨選択できる能力が必要になってきました。家庭生活においてインターネット等を利用して情報を収集し、その情報をどう活用して生活を豊かにしていくかということも家庭科で学ぶ必要が出てきました。このインターネットの活用と同様に家庭科は時代や社会、生活の変化に応じて自分の生き方を選び、自分の生活を自分で維持するための方法を身につけ、実践するための力を伸ばすための教科だと私は考えています。

男と女

家庭科が男女共修になってもう10年近くになります。男だから、女だからというのではなく、人が生活していく長い人生のいろいろな場面で必要になるさまざまな知識や技術について、学ぶチャンスが広がったということは非常に良いことだと考えています。それまでは、男には体験できない、女ではやらせてもらえないこともあったのですが、それがなくなっていろいろなことをするチャンスを与えられたわけです。そこから何を学び取るかは各人の自由なわけですが、実際、私の教え子の中でも、将来の夢として保育や看護に携わりたいと考えている男子生徒もいるくらいです。これもごく自然なことであると私は感じています。

家庭科のこれから

私の実感としても、もう資源を使い放題の高度経済成長というのはなく、そうした経済発展を前提とした「豊かな消費生活」はこれからは不可能でしょう。私たちが高齢者になって、一人で生活することになったとき、そこで使える家庭科の知識を身につけておくことは非常に重要なことであると考えています。また、そうした知識は若いうちから学んでおくことが大切ではないかとも考えます。若い時代に学んで若い時代に役立てて、そしてそれを家庭に活かして、高齢になっても自立して生活ができる、そうした生活の中で活かされる「家庭科教育」こそが必要と考えています。

パート3

〈家の中〉を支援する技術

10章

人の行動を支援する技術

中島秀之

本当の「情報化」とは

現在、「情報化」と称して、これまで人間が行なってきたさまざまな活動をコンピュータなどの情報処理機器に肩代わりさせることが盛んに行なわれています。しかし、その結果、私たちの生活が便利になったとは必ずしも言えません。

たとえば、私の子ども時代には、電車に乗ろうと思えば、駅に行き、駅員さんに「どこそこに行きたい」と言えば、親切に乗る列車やホーム、切符の値段まで教えてくれたものでした。しかし情報化によってどうなったかというと、まず自分で路線図を見て、どこまで行くかを確かめ、それから値段表を見ていくらかを確かめ、コインや紙幣を器械に入れて切符を買わなければいけないという、大変面倒くさい世界になっています（図1～4）。要するに、コンピュータが入ってきて情報処理ができる

図1　古き良き時代

図2　間違った情報化（1）

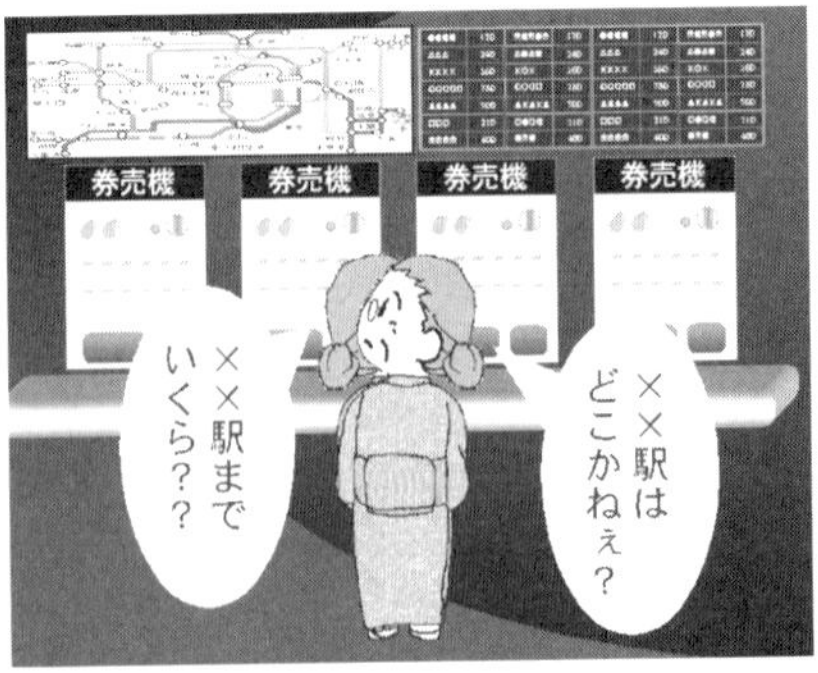

図3　間違った情報化（2）

図4　間違った情報化（3）

ようになり、その結果人間の生活は不便になっているのではないかと思うのです。

もっと、人間中心の情報処理に考え方を改めるべきなのです。人間の得意なことを「情報化」するのではなく、人間の不得意なことを支援するシステムを構築すべきなのです。

ここでは、このような発想に立って、私たちの考えるサイバーアシスト・プロジェクトを紹介しつつ、情報技術によって、私たちの生活がどう変わっていくだろうかということについて考えてみたいと思います。

サイバーアシストの物語

ロルフ・イエンセンは、『物語を売れ』のなかで、人間社会は農耕社会に始まり、工業社会、情報社会と進んできて、これからは物語（あるいは、ドリーム）社会になるのだと言っています。マーケティングの世界では、これからは、売るのは商品のみではなく、それに付随する物語なのだということを主張しています。

図5　サイバーアシストの物語

たとえば、最近では野菜を買いに行くと、農家の人の顔写真が貼ってあって、「これは私が作りました」というメッセージが添えられていたりします。作った人の物語がネギやトマトとセットになって売られています。それによって野菜の味が良くなるわけではないのですが、そういう物語に対して、少し高めのお金を払ってでも買っていくところが、今後のマーケティングの焦点となるのではないかというのです。

私がここで述べたいのは、情報技術の研究もまさにそういうものではないかということです。情報技術の進歩によって、私たちの生活にどういう物語を、付加価値としてつけられるかということを考えていきたいと思っているわけです。

たとえば、先ほど駅の切符販売機にとまどうおばあさんの例を出しましたが、図5のようになれば少しは便利ではないでしょうか。ここでおばあさんが手に持っているのは、水戸黄門の印篭のようなデバイスで、これを掲げて「頭が高い」と言って歩くと、世の中のコンピュータがみんな自分のために動いてくれるという、イメージです。

図６　サイバーナビゲーション

未来の駅には切符売り場はありません。改札のゲートはあっても、今のＪＲ東日本のＳＵＩＣＡのように一定箇所にタッチしなくてはいけないとか、そういうことはなく、単にデバイス、この図では黄門の印籠を持って通ればよいのです。もっと将来にはゲートもなくなるでしょう。テクノロジーとしては、裏にさまざまな情報機器があって支援をしているわけですが、ユーザとしては、たとえば自分のデバイスに対して、「今日はおじいさんの墓参りに行く」ということだけを告げれば、過去のいろいろな事例からの学習によって、おじいさんのお墓がどこにあるかということをデバイスの側が知っています。そこで駅に行くと、どの駅まで行くのか、遠くだったら特急、近くだったら普通列車がよい、ということも全部デバイスが知っていて、駅の環境と自動的に通信し、ダイヤも調べて、近くのスピーカーから、次の列車はどのホームから出ますということを言ってくれるし、足元には矢印が出て、個人的にガイドしてくれるというようなことができるのではないか、そういう仕組みを作っていきたいと考えています（図６）。

このような技術のアプリケーションとしてはいろいろ考えられ

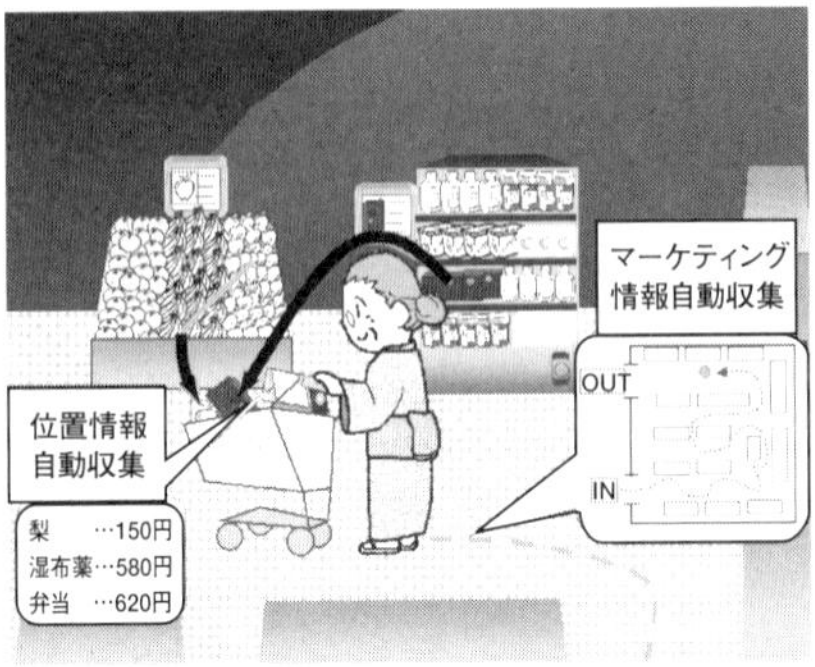

図7　サイバーマート

ます。今でも車のカーナビはだいぶ流行っていますが、車だけでなく人もナビゲーションし、そしてマーケットでも、さまざまな支援をします。たとえば品物の説明をしてくれたり、カゴに入れてマーケットの出口を通れば、そのまま自動精算できます。図7の右の方に示されていますが、店の側からいうと、人びとがどういう経路で、いつ、何を買っていったかというデータが取れますから、棚の陳列の工夫など、いろいろと役立てることができます。それから、本書のテーマの家庭内ということでいうと、同じ水戸黄門の印篭が、家の中のいろいろな機器のコントローラ、リモコンに使えるというわけです。照明に向けてボタンを押せばライトがつくし、あるいはボタンを押さなくても、人が入れば自動的にライトがつくかもしれません。エアコンは、その人に適正な温度を知っていて、部屋を冷やしたり暖めたり、最適になるようにしてくれます。印籠をテレビの方に向ければ、好みのチャンネルの画面が出てくるという、そんな感じのことができます（図8）。

　現在、家電の統合制御ということを考えています。個々の家電を別々にコントロールするのではなく、自分のしたいことを自分

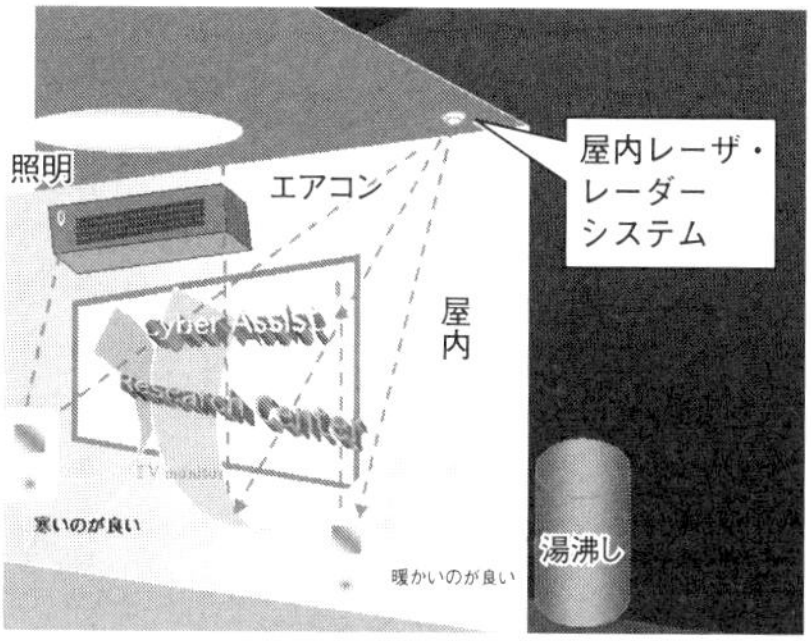

図８　ユニバーサルなリモコンとしてのマイボタン

専用のデバイス（マイボタンというニックネームで呼んでいます）に告げれば、そのデバイスが機器を統合的にコントロールしてくれるのです。たとえば「陳建民風の麻婆豆腐が作りたい」とマイボタンに向かって言えば、麻婆豆腐の作り方の番組を検索し、それをテレビに映し（もしその番組が未来のものなら録画予約をし）、テレビ局のウェブページから材料のデータを探索し、冷蔵庫の中身と比較し、足りない物があればユーザに教えてくれる（さらに、希望があれば近くのマーケットに注文する）というようなシナリオです。

二つのアプローチ

これはインフォメーション・テクノロジー、ＩＴということから考えると、いわゆる分散環境を作っていくということです。従来は、基本的には、計算センターでのいわゆる集中型のサポートが多かったのですが、これからはいろいろな意味で広く分散されたサポート環境を作っていきたいのです。映画『２００１年宇宙

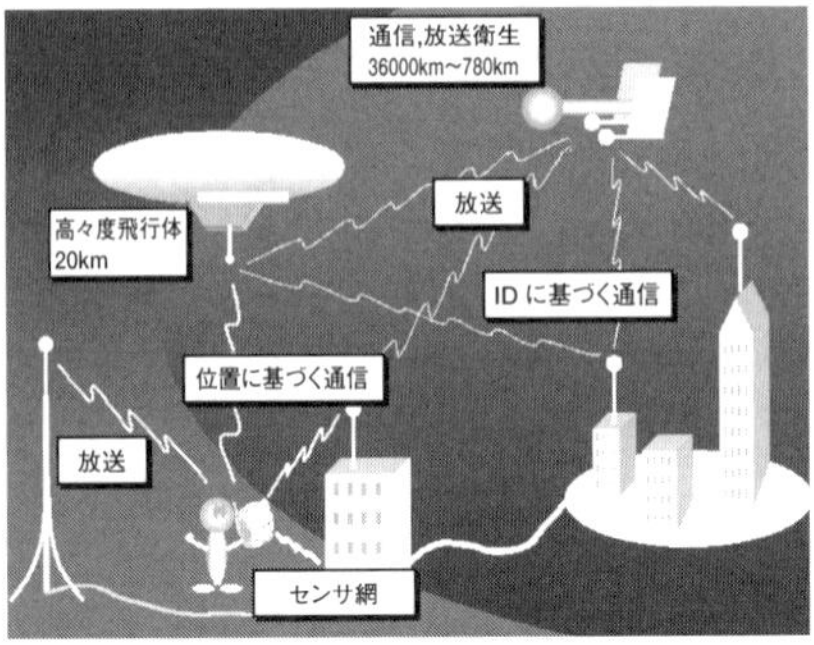

図9　人間支援インフラ

の旅』に出てくる宇宙船「ディスカバリー」をご記憶の方も多いでしょう。「ハル（HAL）」というコンピュータが制御をしていて、宇宙船の乗組員にとってみれば、宇宙船の全体がサポート環境であり、どこに行ってもコンピュータがサポートしてくれましたが、いわばその大きい版を考えているわけです。宇宙船を街に広げたようなものを作っていきたいということです。

それを支援するインフラは図9のように、インターネット網、放送、通信衛星、高高度飛行体（NASAの他、欧州や日本でも計画している、2万メートルぐらいの成層圏に浮いている通信中継飛行体）等々、いろいろなものを組み合わせて通信を確保します。今の通信システム、電話番号やインターネットのIPアドレスなど、世界中のマシンをユニークに同定できる番号、IDによって通信していますが、私たちはこうしたIDを使わない、位置に基づく通信を考えています。サービスを受けるのにいちいち自分のIDを示さなくても、その場所にいれば、サービスを受けられるような通信形態というのを考えていきたいと思っています。

情報とプライバシー

インターネットは時間と距離を超越する技術です。どこにいても世界中の情報がアクセス可能です。これに対し、位置に基づく通信は、位置を知った上でサービスを提供する技術です。そのため、ユーザの状況を把握して、いろいろきめ細かに対応できるということになります。

さらに、宛先としてIDを使わない通信はプライバシーの保護にも有利な技術です。インターネットに接続された情報家電が家庭に入ってきて、自分の家の冷蔵庫からビールがなくなったら酒屋が勝手に届けに来る、こうなったら、プライバシーはありません。世界中に接続しているインターネットを家電に入れるというのはそういうことです。今のインターネットのテクノロジーの延長線上で考えると、どうしてもそうなってしまいます。やはり、酒屋へは自分で注文した方が良いと思います。

自分のIDを示すのではなく、位置でサービスを受けるようにしたいと思っているのは、利便性の他に、こういうプライバシーの問題も絡んでいます。屋外では匿名でサービスを受けたい機会がたくさんあります。たとえば、タクシーに乗ってどこそこの銀行に行けと言ったのが誰かは、わからない方がいいわけです。

IDを出さなくても通信したり、サービスを受ける手段を作っていくことが、プライバシーを確実に守ることになるかどうかはまだよくわからないところもありますが、少なくともその方向に、選択肢が一つ増えるということは言えるわけです。位置だけでサービスを受けるということがどれくらい可能かを、追求したいと思っています。

また、ＩＤを用いた通信では不便な場面もあります。たとえば電子的に名刺交換をするということを考えると、今のテクノロジーでは、相手のメールアドレスを知っているか、携帯電話番号を知っているかでないと通信できません。ＰＤＡの赤外線ポートを使う方法もありますが、数十センチという近距離でないと使えません。会議のテーブルで正面の席に座っている人と電子的に名刺交換したいと思ったら、相手のいる位置を指示することで通信ができれば便利だと思うわけです。

情報・シンボルのグラウンディング

私たちの目指す研究テーマにサイバーアシストという名前を付けました。余談ですが、最近「サイバー」ということばが予想以上に氾濫して、困っています。これは、まだ辞書には載っていない単語です。語感がよいので広く使われていますが、ほとんどの人はインターネットの世界という意味で使っているようです。けれども、このことばはもともとサイバネティクスから来ていて、これは制御の学問のことです。デジタルな世界だけではなく、物理的な世界、つまり私たちが住む実世界も扱う学問なのです。私たちはコンピュータの世界と人間の世界を両方つなぐ世界で人間をアシストするという意味で、「サイバーアシスト」という言葉を使っています（図10）。

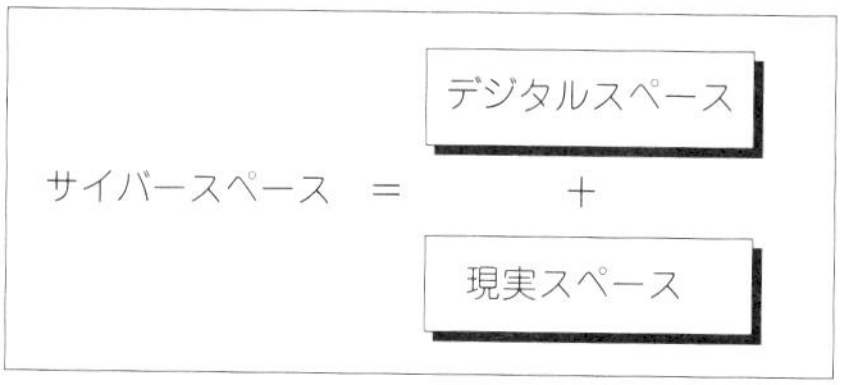

図10　サイバーアシスト

認知科学や人工知能の分野では、以前から、コンピュータはシンボルを扱うけれども、それが、私たち人間の知っている実世界にグラウンディングしていない、つまり基礎づけられていない、という批判がありました。私たちは、まさにこの「グラウンディング」のための技術群を研究して行きたいと考えています。完全自動のグラウンディングはまだ相当先のこと（あるいは永久に不可能）でしょうが、まず、街中にいろいろな補助機器を置くことによって、このグラウンディングを可能にしていきたいと思っています。たとえば、カメラでシーンを自動認識する方法がいろいろなところで研究されていますが、カメラだけで完全に認識するにはまだいろいろな困難が伴います。そこで、たとえば、机に「私は机です」と発信しているタグをつけておけば、そういう自動認識の補助になります。

　こういう補助は、情報と人を結ぶタグ、情報とものを結びつけるタグの役割を果たします（図11）。それによってコンピュータと人間が周辺の世界の認識を共有することができます。この共有を基にして指示を与えることを考えると、その場の状況に依存した簡潔な指示が可能になります。理想的な状況では「これ」や「それ」といった音声による指示も可能でしょう。ボタンがたくさんあってそこから選択するとか、あるいはキーボードを打たなくては

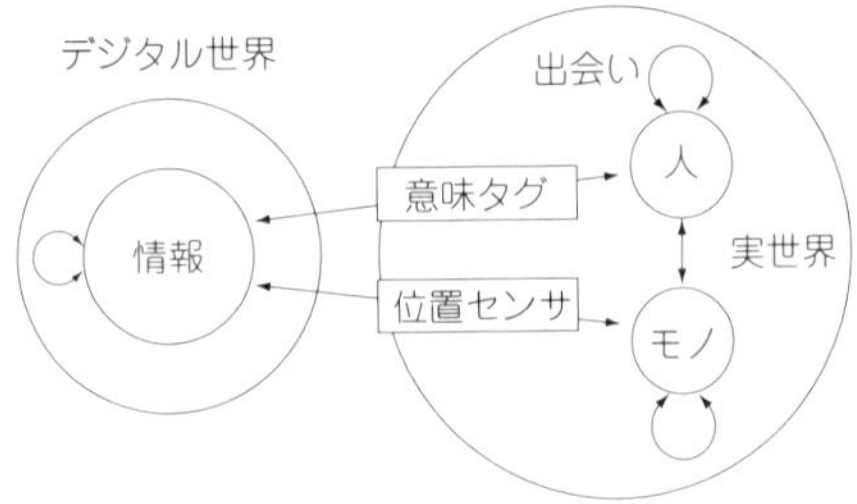

図11　情報インフラにもとづくグラウンディング

いけないというような面倒な操作がありません。学習機能があり、ネットワークに繋がっていて、情報家電などいろいろなものと連携することを前提としています。またエンターテイメントや社会コミュニティに参加する手段ともなります。長尾確氏は、これからのユーザインタフェースを表1のようにまとめています。

私たちは前記のようなグラウンディングに基づくインタフェースとして、「マイボタン」というものを考えています。名前が示すとおり、ボタン1つのインターフェースです。たとえば明かりをコントロールしようと思えば、電灯に向かってこのボタンを押せばコントロールできるし、テレビに向かってボタンを押せばテレビが点きます。どのチャンネルを見るのかということは、このマイボタンが学習していて、この人は何曜日、何時からは何を見ているということを知っているので、ボタン1個でテレビがコントロールできます（表2）。先程述べた黄門の印篭は、実はこういうものとして実現するつもりなのです。見かけはシンプルですが、技術的には音声入出力、画像処理など、いろいろなことを入れなければいけません。また、このマイボタンという携帯デバイスだけで全部の処理ができるわけではありません。現在の技

表1　これからのユーザインタフェース

▌音声入出力
▌面倒な操作がない
▌教えると学習
▌能動的なネットワーク端末
▌情報家電との連携
▌癒しとエンターテイメント
▌社会・コミュニティに参加するための手段

長尾確@MACC2001

術では、高速のＣＰＵを搭載すれば電池寿命が短くなります。複雑な処理は環境と通信することにより、環境側の処理にまかせる方が良い場合も多いのです。たとえば、音声理解も、今やっと大きなコンピュータでできるようになってきたところで、こういう携帯端末では難しいですから、聞いた音声をそのまま、たとえば天井裏にあるコンピュータに送って処理し、また結果をマイボタンに返す、というようなことを考えています。そういう意味では、各々の情報処理機器が単独に処理するのではなくて、環境に埋め込まれたさまざまな情報処理機器と一緒になってやるというのが前提です（表3）。現在のように、ＰＤＡを持って、携帯電話を持って、時計を持って、時にはカメラを持って、クレジットカードもプリペイドカードも持たなくてはならず、家に帰ればさまざまなリモコンが山になっているということはなくなり、マイボタン1個に全部にまとめてしまえばいいではないかという話です（表4）。

マイボタンを落としてしまったらどうするかですが、環境といろいろな情報をシェアしているということを考えているので、環境内にバックアップを持っておくのが良いのではないかと考えています。落としたものを悪用されないためには、ボタンのところに指紋認証装置が付いていて、本人

表 2　マイボタン

- 個人専用デバイス
  - Digital amulet／電子印籠
- ボタン 1 個
  - **今、ここで、私が**欲しいことを
- 究極の単純インターフェースか？
  - 知的アシスト
  - 状況の共有

表 3　マイボタンの仕様

- 通信機能
- 計算機能
- 少数の操作ボタン
- 音声入出力
- 画像入出力？

表 4　マイボタンの用途

- 携帯端末
- 携帯電話・無線機
- 時計
- レコーダ
- カメラ
- リモコン
  - テレビ、エアコン、ドア
- クレジットカード、プリペイドカード

の指紋でないと動かないというようなことも考えられます。

シングルボタン・インタフェースの問題点

インタフェースの観点からは、1個のボタンできちんとインタフェースがとれるのかというのは、なかなか難しい問題です。本当に1個がいいのか、あるいは3個がいいのかということは、認知科学的に研究すべき点です。もう一つの問題は、アフォーダンスです。すなわち、ユーザは、今ボタンを押すとこの機械は何をしてくれるのかということがきちんとわからなくてはいけないという問題があります。

第一のアフォーダンスについては、まず、ボタンを押す状況、たとえば、部屋で天井の方を向けてボタンを押す、あるいはテレビの方を向けてボタンを押すということで、多少ともアフォーダンスを作り出せるのではないかと思っています。ビデオの操作をするときにリモコンをテレビに向けてしまうということが良く言われますが、そのような場合にもビデオのコマンドとして解釈できれば良いわけです。曖昧なときには、「何々していいですか?」と音声で確認したり、あるいはボタンの形が変わるとか、ボタンの表面が変わるとか、そういう形のアフォーダンスが作れないかということを考えていきたいと思っています。

第二の、認知的にボタン1個がいいのかどうかです。ちょっと話が飛びますが、例として飛行機の

操縦を考えてみたいと思います。操縦の自動化のレベルとして、

・行き先の空港を指示するだけ
・高度、速度、方位の指示をする
・操縦桿、ラダー、スロットル、プロペラピッチの自動操縦
・点火タイミング、燃料流量等の自動制御

などが考えられます。右側ほど人間に近いインタフェース、左に行くほど機械に近いインタフェースです。昔の飛行機、たとえばライト兄弟が飛んでいた頃は、エンジンの点火タイミングとか、燃料の流量、そういうものまで全部人間がコントロールしていました。それがだんだん改良され、今では自動操縦装置がついていて、方向や高さを維持してくれます。もっと高度になると、まだ実現はされていませんが、たとえば「今からニューヨークに行く」と言えば勝手に飛んでいってくれるということも考えられます。世の中の流れは、どんどん自動化に向かっているわけですが、本当に完全自動化が良いインタフェースでしょうか。実は人間のエラーに対してどのくらい頑健かを考えると、完全自動化は一番ひどいことになりかねないのです。なぜなら、行き先の空港を間違って指示したら、ほかのところに飛んでいってしまうわけです。それに対して、人間が操縦棹を操っていれば、もし間違えても、一時的には変な方向に行きますが、直せばいいわけです。そういう意味で、間違いに対する許容度、

あるいはフィードバックの可能性は、多分左側に行くほど高いでしょう。人間が楽をするという意味では右ほどいいという軸になっていて、最適値は、多分このどこかの真ん中にあるのではないかと考えています。

もう一つ別の例をあげましょう。私はワールドタイムという、ボタンが4つついている時計を持っているのですが、これは何か操作しようと思ってもマニュアルがないとできません。モード設定のボタンと操作のボタンがあるのですが、それぞれ複数あるために、結局いまどういうモードにいるかがわからなくなってしまうのです。では、モードボタンをやめて機能の数だけボタンがあればいいかというと、それもまた多すぎて大変です。多分ボタン2つがよくて、1個のボタンは必ずモード切り替えだけに使い、もう1個のボタンは操作に使うというようにすれば、少しはわかりやすいかもしれないと思われます。

インターネットのウェブ上で100万項目を整理するという場合はどうでしょうか。イエス・ノーの2分岐でいくと、ウェブのページを20段クリックしなければ自分の行きたいところに行かれません。1画面で選択させるとなればその1ページに100万項目が並んでいるということになって、これもダメです。その中間くらい、たぶん10分岐で6段くらいだと思いますが、それくらいがよいわけです。つまり、簡単なインタフェースの要件は、次のようにまとめられるでしょう。

・選択肢（ボタンの数）は少ない方がよい

・選択の深さは浅い方がよい
・認知的最適値があるはず

ボタンが1つというのは、多分極端な側に振れていますから、たぶん最適値ではないでしょう。現実的な解はボタンが2〜3個なのではないかと思っています。なにより、人間中心の情報処理でなければなりませんから、そのために、どこまで「黄門の印籠」を簡潔に、あるいは複雑にすべきかは、大きな研究テーマです。

ボタンを0にするという選択肢もありえるわけですが、やはり人が最終的決断をするということと、完全自動ではなくて、人間のコントロールのもとにやるということが大切なポイントだと思われます。

人間中心の情報処理

最近MITなどでウェアラブル・コンピュータということが提唱されていますが、それに引っかけて、私たちはアン・アウェアラブル（un-awareable）環境という呼び方はどうかと思っています。要するに、そこにあると気づかなくても、コンピュータのパワーが使えるようにしていきたいのです。現在のコンピュータは、デバイスをセットアップし、ネットワークに接続し、マウスやキーボードで操作して、仕事の過程やアウトプットまでをいちいち指示しなければなりません。しかしアン・アウェアラブルな環境では、さまざまな通信がどういう手段で繋がっているのか、また携帯電話、無線LAN、光通信かなどの違いもまったく意識することなしに、シームレスに利用することができます。そして、肝心なことは、人間の得意なことは人間がやり、人間に不得意なことをコンピュータがサポートしてくれるという協調体制です。人間のできることを情報化するのではなく、人間のできないことを実現するのが正しいと思っています。

では、人間は何が不得意でしょうか。突飛に思われるかも知れませんが、たとえば、「テレパシー」はどうでしょうか。他人と直接的に思考や感覚を共有する能力です。昔から夢物語やSFによく登場する概念ですが、残念ながら人間はテレパシーを持っていません。多分。しかし、情報処理の助けがあれば、ある意味でテレパシーが実現できるのではないでしょうか。テレパシーとはすなわち、遠く距離を隔てて通信しあうことですが、ここでは遠隔的な集団思考、意志決定のツールとしてのカーナビと電子政府を例にして考えてみましょう。

第一世代のカーナビは、単に現在位置の地図とルートが表示されるだけでした。

第二世代は混雑情報をダウンロードして、混雑した道を避けるようにルーティングしてくれる機能が入っています。これは、今そういうカーナビを持っている人が少ないからうまくいきますが、全員がこの機能を車に付けたら、混雑している道には誰も行かなくなって、それ以外の道が混雑するということになるでしょう。実際、現状では、第二世代のカーナビを持った人が混雑した道を避けることによって、それ以外の人がその道を早く走れる恩恵に浴しているという人もいます。

しかし、全体的な情報に基づくルート設定が可能になれば上記のような矛盾は避けられます。カーナビは各車の現在位置と、入力された目的地情報を持っているわけですから、これを全部集めてネゴシエーションできれば、すべての車に準最適なルートを決められる可能性があります。つまり、全体的な意志決定です。これはカーナビだけではなくて、たとえば、ディズニーランドにいったら、人気のアトラクションで2時間、3時間待ちの状態を避けるなど、いろいろな目的に使えます。

同様の考え方はバスやタクシーなどの公共交通機関にも適用できます。バスは固定路線を固定ダイヤで走るのではなく、客の求めに応じて自由自在にルートを選ぶことができれば、より効率良く人を運ぶことができるでしょう。タクシーも予備配車や乗り会いなど、今より効率の良い運行が可能になるでしょう。

次に電子政府です。現在一般に想定されている電子政府というのは、住民票がインターネットで入手できるとか税金がオンラインで支払えるとかいう、今まで政府が紙でやってきたことを電子化しようというものです。しかしここで考えたいのはそうではなくて、情報処理の応用により初めて可能になる政府の形態のことです。たとえば、直接民主主義は現状ではできていませんが、それは仮に1万人が集まったら会議にならないからです。しかしコンピュータがサポートすることによって、オンラインで1万人あるいは百万人が会議を行なうことが可能になるかもしれません。議論を適切にまとめ、画面に対立点や未解決問題を示してくれれば、人はそれを引用しながら自分の立場を述べればよいのです。家庭からの議会参加も可能かもしれません。

海外の研究動向

最後に、世界でも同じ方向のことを考えている人たちが大勢いますので、その話を少ししましょう。そもそも「ユビキタスコンピューティング」という概念はゼロックスのマークワイザーによって１９９０年頃に提唱された概念です。コンピュータがユビキタスに存在（遍在）し、人間を助けてくれるという世界像です。

ＩＢＭのコマーシャルに、怪しい人が品物をどんどんポケットに入れて店を出ようとしたら警備員が寄ってきて「レシートお忘れですよ」と言うのがありました。要するに、レジを通らなくても買い物ができるというわけです。品物にＲＦＩＤタグが付いていてそれを自動認識します。でも、本人認証の方はどうしているのでしょうか？　買物したお店で、誰が何を買ったのか全部電子的に記録されるのはあまり気持ちの良いものではありません。

ヒューレット・パッカードの研究者たちが考えている、クール・タウンというデモ・ビデオもありますので、概要をお話ししてみましょう。

ビデオ

クールタウンと呼ばれる街があります。今、ヒューレット・パッカードの中央研究所の研究員やエンジニア達が描いている街の未来像です。そこでは、あらゆる人やものがウェブを通じてワイヤレスで繋がっています。人や場所、ものでさえもが、どれもサイトを持つようになり、ビーコンによってそれぞれのアドレスが発信されます。あなたが誰であれ、どこにいて、どういう状況にあるのかを把握した、スマートな情報機器が人びとをつなぎます。そしてやがて、人びとが必要としているサービスが提供されるようになるのです。いつでも。どこでも。必要なときに。

【車を運転しながら】

カールソン　「ボイスメール再生。」

車　「メッセージ1」「やあこちらはデイブ」

カールソン　「ストップ。削除。」

車　「メッセージ2」「カールソンさん、ご予約の件ですが、」

カールソン　「ストップ、削除。」

車　「メッセージ3」「テディ、午後の予約が正午に変わった。連絡をくれ。」

車　「警告。故障発生。緊急修理が必要です。」

カールソン　「参ったな。間に合わないぞ。」

車　「アラミダを右折してください。北に1マイル進みバーシングで左折。そのまま2マイル進むと一番近いサービスステーションです。」
スタンド「いらっしゃいませ」
カールソン「どうも」
スタンド「テディ・カールソンさんですね？」
カールソン「あー、そうですが」
スタンド「ITSが知らせてくれました。サインをお願いします。これで手続きは完了。」
カールソン「はぁー！　さすがだな！　あぁ、そうだ。タクシーを呼んでくれ。」
と言っている間にタクシーが現われて
「カールソンさん？　ITSがお迎えのタクシーをご用意しました。」
カールソン「あぁ、今100万ドルほど必要なんだが……今度はそう言ってみようかな。」
クールダウンのテクノロジーはビジネススタイルも変えるでしょう。

【携帯電話で】
「もしもし。もうすぐプレゼンが始まるの。編集は終わったんだけど、それでもまだ20ページもあるのよ。」
「セキュリティサーブの私のフォルダに修正のメモを作ったわ。最新版はあがってる？」
話している目の前をリンカーンナビゲータが通りかかる
「あら、マーシー。リンカーンナビゲータってこの資料ぴったりじゃない。」
車に携帯電話を向けて
「すぐにURLを送るわ。あなた運がいいわ。今私たちの前にグラディスがプレゼンをやってるの。資料もきっちり調べてね。」
プレゼン会場に到着して、資料を画面に呼び出す
「みなさんおはようございます。前置きはなしで始めたいと思います。それではさっそくご説明いたしましょう。」

クールダウンのテクノロジーを使えば、勉強も楽しくなります。

【女の子が腕時計のようになったコンピュータを使って勉強中】
「ミルクはー、」（ミルクにコンピュータをかざすと、画面に文字が）「レチェ」
「あ、コンピュータ。コンピュータは、」（デスクトップにかざすと）「こんぷたーと。コンプタドール。本は、」（本にかざして）「りぶろ。ランプは」（ランプにかざして）「ランパーラ。」……

以下まだまだビデオは続くのですが、このあたりで切り上げます。
最後のシーンは、ある物の名前を別の言語でなんというのか調べるのにも、キーボードから辞書を呼ぶのではなく、名前を調べたいもののところにデバイスを持っていくことによってわかるというものです。また、始めの方でＩＴＳが車を呼んだりしていますが、本人が直接指示を出さなくても裏でいろいろな通信が起こって、情報交換がなされているという世界です。他にも倒れたらすぐ救急車が来るというような例も紹介されています。

このクールタウンの話では、何でも機器が先回りしてやってしまって、人間の主体性はどこにあるのか、あれこれ迷ったり苦労したりする人間の「楽しみ」「生き甲斐」はどうなるのか、という疑問もあると思います。

ただ、テクノロジーは、それ自体が問題なのではなく、それをどう使いこなすかという問題ではないでしょうか。たとえば電卓を使っていると計算できなくなるとか、ワープロのせいで字が書けなくなったと言われています。しかし、たとえそうだとしても、それはそれでよいのではないでしょうか。今ソロバンができないからといって頭が悪いという人はいないわけですし、そういう意味で、別のところで技能を発揮し生き甲斐を見つけていくということが可能になるとも言えるのではないでしょうか。あまり面白くない単純頭脳労働、ネガティブな感情を持ちながらやらなくてはいけない仕事はコンピュータにやらせて、もっとポジティブにしたいことをすればいいのではないかと思っているわけです。

このような、至る所に、さりげなく埋め込まれた形で、ユーザは移動しながらいつでもどこでも使える、空気のようなコンピュータ環境が、いまいろいろなところで追求されています。ＭＩＴのオキシゲン・プロジェクトも、そのような研究の一環ですが、そこでは、そのアプローチと目標が次のようにまとめられています。

【目標】

・共同作業のための知識利用・自動化
・そのための発話・視覚によるインタフェース
・そのためのソフトウェア・ネットワーク
・そのための知的空間・携帯デバイス

【アプローチ】

・pervasive（どこにでも存在）
・embedded（実世界の状況を感知、実世界に影響）
・nomadic（ユーザも計算も必要に応じて移動）
・eternal（非停止）

ちなみにＭＩＴのオキシゲンを始めた人達は、知的ブルドーザ作業、つまり知的な力仕事はコンピュータに肩代わりさせて、人間はそうではないことをやりましょうということを言っています。なぜこういう環境を作りたいのかというと、人間の協同作業のための知識の利用の自動化をしたいのです。要するに、目標は、人間とコンピュータのインタフェースではなく、人間と人間のインタフェースのためにコンピュータ環境を使うということです。そのために発話や視覚のインタフェースやデバイスなど、いろいろなものが必要になるということです。ですから目標の一番上には、人と人との関係があるというのが、これらの研究に共通してみられる思想ではないかと思っています。

私の話をまとめたいと思います。ここで追求されているのは、

・人と人の協調の支援
・今まで人がやってきたことを自動化、あるいは情報化するのではない
・機器の間ではいろいろな通信が起こっているが、人間と機器とのインタフェース、あるいは通信は、極小にする

このような世界が作れればよいのではないかと思って研究を始めたところです。
最後に、もう一度だけ強調しておきたいのですが、こういう環境を提案することによって物語を作りはしますが、それを買うかどうかはユーザの側の選択であるということは、言うまでもありません。

11章

人にやさしい製品を作る

渡辺治雄

私の勤務する会社の研究所の一つに家庭科学研究所があります。

家庭科学研究所の前身は、昭和11年（1936年）に設立された洗濯科学研究所です。この研究所では、清潔文化に貢献しようという目的で洗濯方法の研究を行ない、洗濯板とタライによる石鹸、洗剤を使った洗濯方法について、洗濯講習会を通じて全国的に普及・啓発活動を実施していました。その後、時代の変化とともに、昭和32年（1957年）に家庭科学研究所と名前を変えて、生活全般を対象とした生活科学を研究する研究所となり、現在に至っています。

家庭科学研究所の機能は、大きく三つあります。生活科学研究、品質評価研究、情報調査発信活動です。生活科学研究というのは、技術の革新に加えて社会環境の変化や生活の実態の変化、あるいは生活の中のいろいろなニーズの変化をとらえ、新しい生活の提案をしていこうという機能です。品質評価は、消費者視点、生活者視点で商品の機能、使用性、あるいは環境への適合性を評価し、またそのための評価法の開発をしていこうという機能で、一部、品質保証的な機能も持っています。商品の使用実態調査を行なったり消費者からのクレームや問い合わせを分析し、商品の改善、使用上の注意・警告表示の改善も行なっています。情報調査発信活動は、製品の効果的な使い方、新しい使い方、生活のいろいろな工夫や新しい提案情報を作成し、インターネットや印刷物、生活情報誌などのマスコミを通じて情報発信するというコミュニケーション活動を実施し、そこで得られた情報を社内に流していくという機能を持っています（2003.7.1より生活者行動研究所に変更）。

日用品開発における行動観察法

近年、家電業界や、あるいは住宅設備業界では、ユーザビリティとかユニバーサルデザインという言葉で、使いやすさ・わかりやすさの研究がずいぶんなされてきており、商品自体も変わってきています。この流れは、日用品にも及んできており、私たちの研究所でも、こういう視点に立った研究を進めてきておりますので、ご紹介したいと思います。

使いやすさなど、ユーザビリティに関する研究を行ない、生活者が気づいていないニーズや不具合を把握して、生活の向上や新しい生活につながる商品の提案をしていこうとしているわけですが、この流れは、今や、世界的になろうとしています。たとえば、アメリカの日用品業界誌では、「成熟して、沈滞していると考えられている日用品市場にこそ、革新的な考え方が必要である」とし、この

「革新的な考え方」の一つとして文化人類学的手法を挙げています。これは生活者の行動や生活そのものを観察し、そこから新しい製品の可能性を探ろうというものである、としています（Matises 2001）。また、新聞情報によればプロクター&ギャンブル社が新しい調査方法として生活観察を始めたとの情報も伝えられています。世界5カ国の80家庭の中にビデオを持ち込んで撮影するというもので、この手法により他社に先駆けた、優位性を持つ商品の手がかりを得ようとしています（The Wall Street Journal 2001）。

私たちも、生活者の暮らしぶりや、その中での製品の使われ方を具体的に知るために、ビデオや写真を活用した観察をしようとしています。観察に当たっては、二つの側面から見るようにしています。一方は不具合とか使い方が難しい、面倒だという側面で、もう一方は、製品の使われ方を含め生活者の日常行動への驚きとか面白い、不思議だという側面です。今まで気づかなかった不具合や新しいニーズを探るために、こういう二つの見方をしようとしています。

容器の使いやすさ

はじめに商品の使いやすさについてです。例として、取っ手付きの液体用ボトル型容器の研究がありますので、紹介したいと思います（当麻 2000）。容器の使いやすさを見るために、実際に容器を使用しているところをビデオに撮り、分析しました。

①　②　③

図1　取っ手付き容器に見られる不具合点

取っ手付き容器は、取っ手が小さいと、①小指が外に出てしまい、全部の指を使ってにぎることができません。また、②容器が重いと、容器の底を台に乗せて傾け液を注ぐ様子が見られます。さらに、③内容物を注ぐときに体が傾いてしまう状況も出てきます。

手の大きさに関しては、人間生活工学研究センターが主体となって、日本中の3万4000人のデータを集めた人体計測データがありますが（人間生活工学研究センター 1997）、そこに載っているのは指一本一本の太さのデータで、取っ手を握るときのように指を合わせた大きさのデータは出ていません。実は、指を合わせたときの大きさは、指一本一本の合計にはならないのです（図2）。

実際、計測しましたところ、曲げた状態では一本ずつの合計に対し、1・03倍ぐらいの大きさになることがわかりました（図3）。

実際に、このような手の大きさの女性に容器を使ってもらいますと取っ手の大きさとしては、だいたい7センチ以上あると、持ちやすさの評価がかなりよくなってくることがわかりました（図4）。

次に容器から内容液を注ぐ状況を見ていきます。容器を持って内容液を注ぐときには取っ手を中心として容器を回転させることになります。図5は手

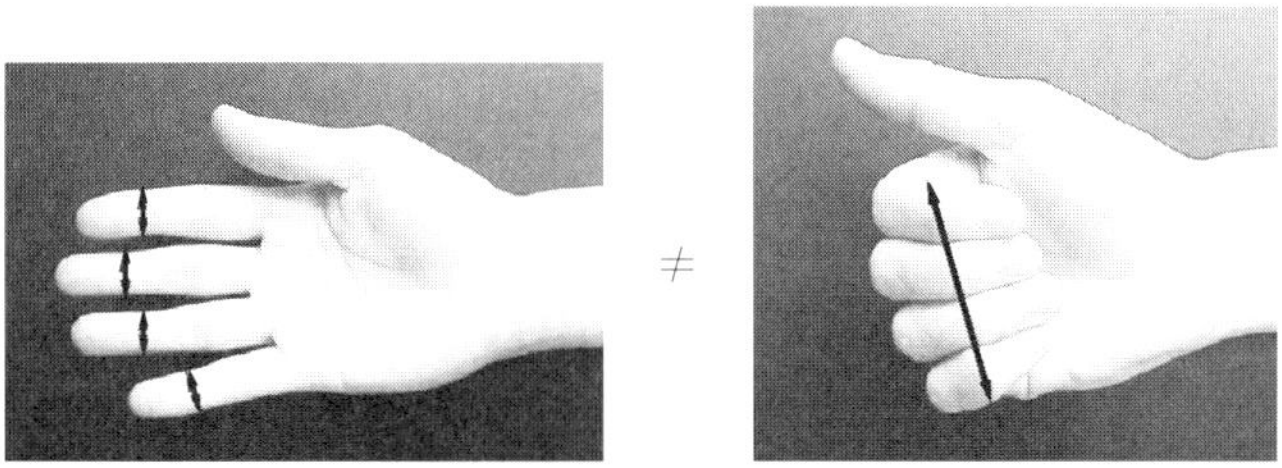

・指を伸ばした時と曲げた時は遠位関節幅の合計が異なる
・日本人の人体計測データが使えない
・実測の必要性あり

図 2　人の手指の大きさ

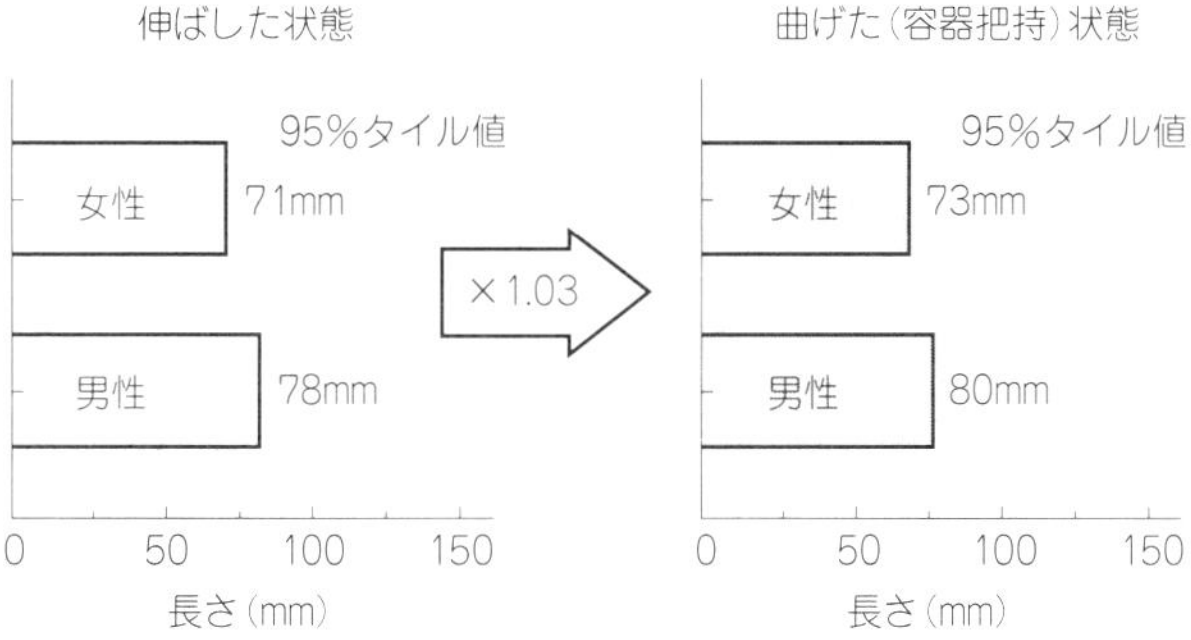

日本人の人体計測データ（社）人間生活工学研究センター（1997）

図 3　容器を持つときの予想指寸法

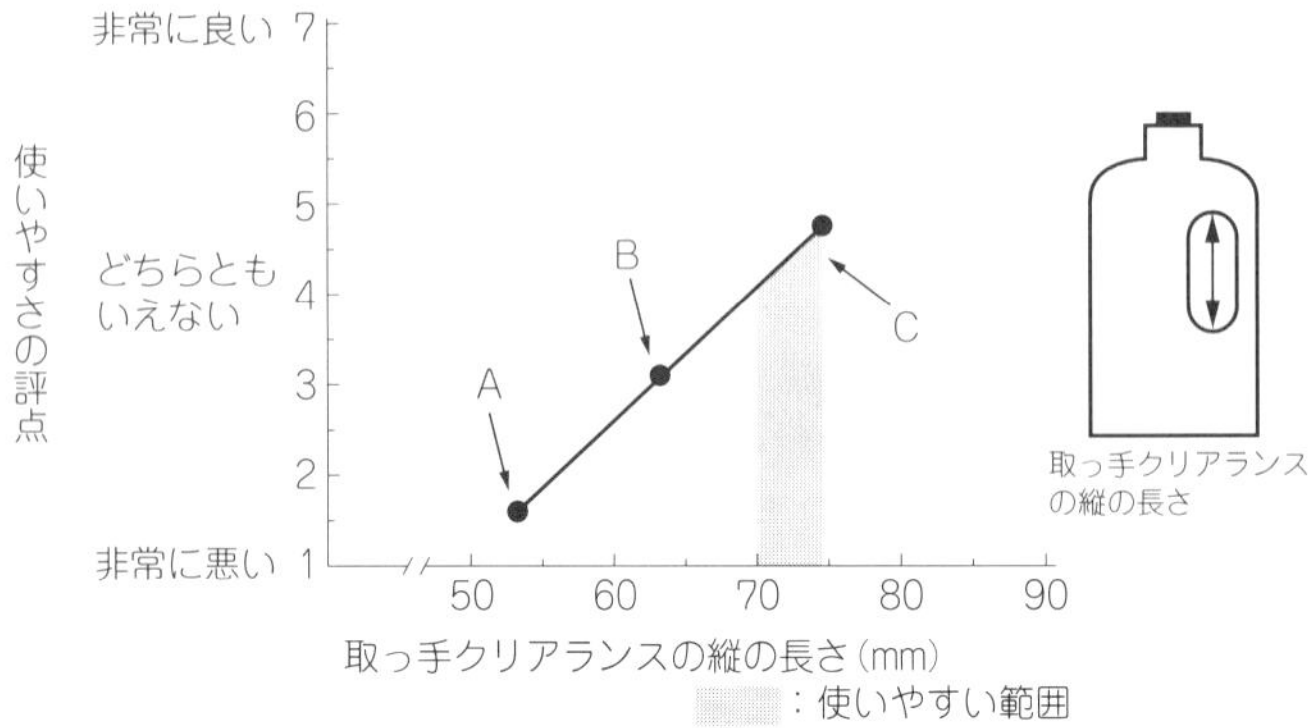

図 4　取っ手の把持のしやすさ

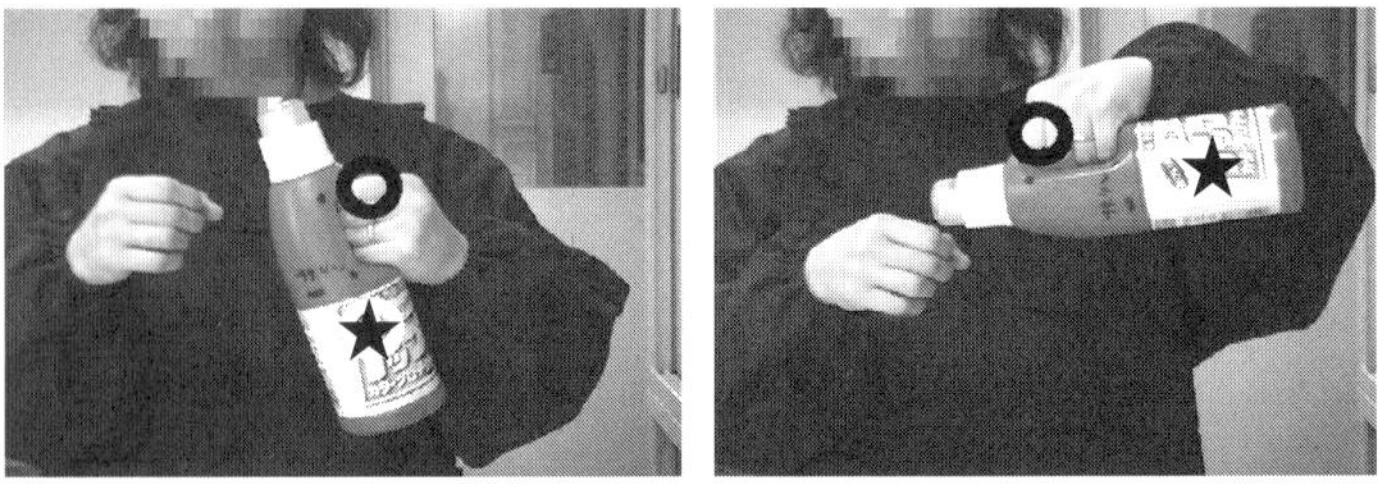

図 5　容器の回転中心と重心の関係（取っ手が小さく手がやっと入る場合）
O：回転中心　　★：重心

図 6　容器の回転中心と重心の関係（取っ手が大きく手に余裕がある場合）
O：回転中心　　★：重心

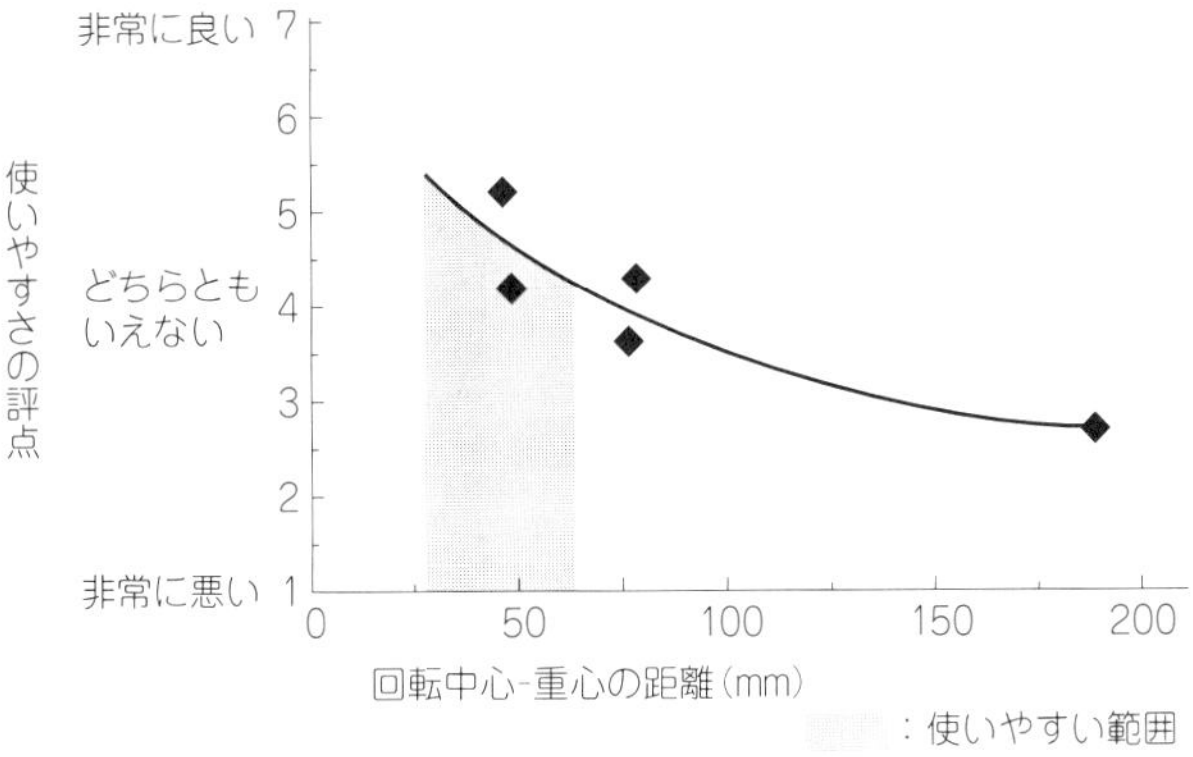

図7　回転中心－重心の距離と注ぎやすさ

がやっと取っ手に入っている状況ですが、その時の回転がどうなるかを見ると、容器は人差し指近くを中心として回転しています。一方、図6は取っ手が大きいため手に余裕があります。この場合回転中心は薬指と小指周辺になります。図を見ますと、容器の回転中心と重心との距離が短い方が回転させやすいことが予想されます。図5と図6では容器の大きさが違いますので直接は比べられませんが、容器の大きさが同じと想定すれば図6の方が回転中心と重心距離が近いため、より回転させやすくなることになります。

私たちが扱っている商品の容量は、だいたい600～800ミリリットルの容器が中心ですが、その場合は回転中心と重心の距離が5センチ以下だと、かなり使いやすいということがわかります（図7）。

さて次は、液を注ぐときの角度の問題です。単に容器を持ったときの容器の状態（把持角度）と注いでいるときの角度（計量角度）の差を「注ぎ角度」とします（図8）。

この「注ぎ角度」が大きすぎるとなかなか液が出てこな

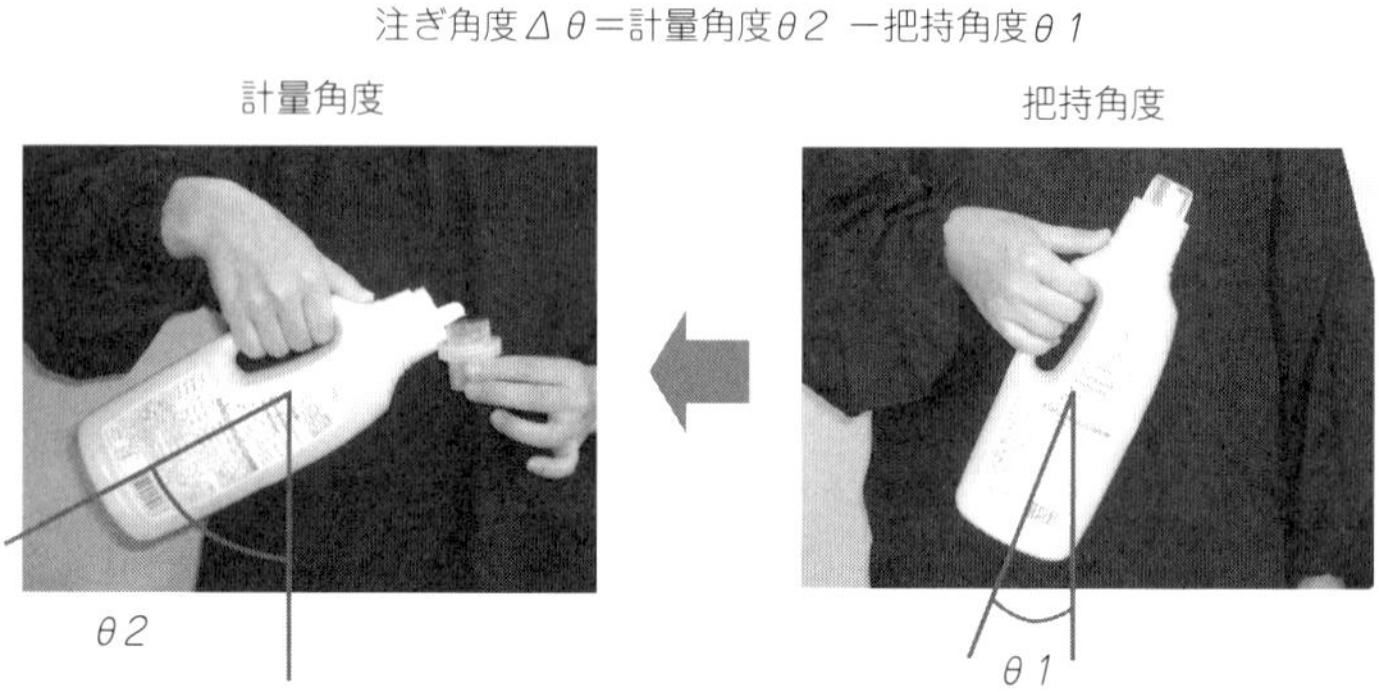

図 8 注ぎ角度の計算法

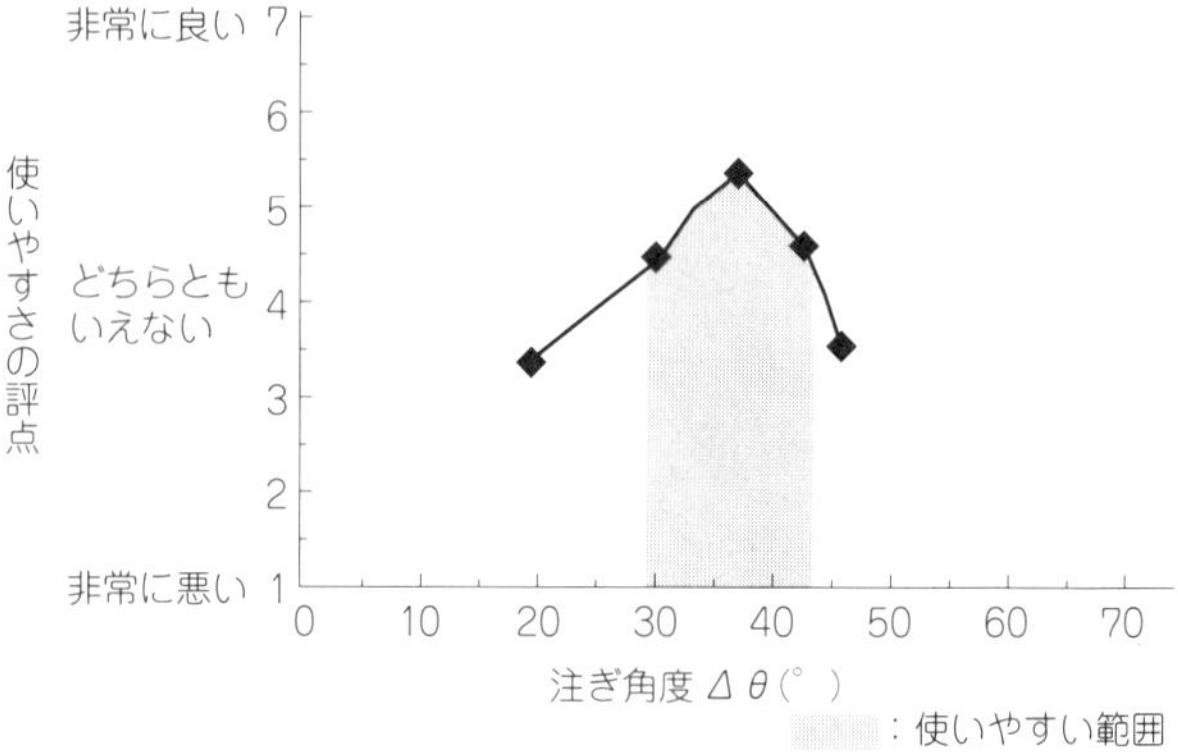

図 9 注ぎ角度と注ぎやすさ

1. 取っ手のクリアランスは第 2 指から第 5 指の 4 本の指が入る長さ以上
2. 回転中心と容器重心の間の距離は短いほど注ぎやすく、筋負担感も少ない
3. 注ぎ角が適しているとこぼすことなくうまく注げる。

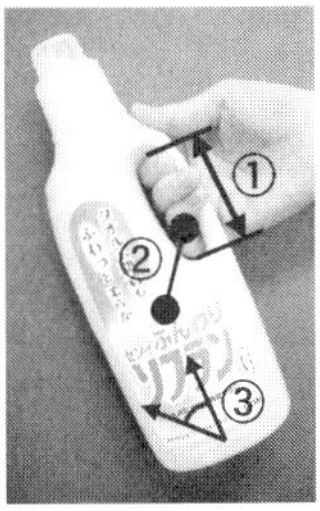

図10　使いやすい容器の設計ポイントと容器デザイン例

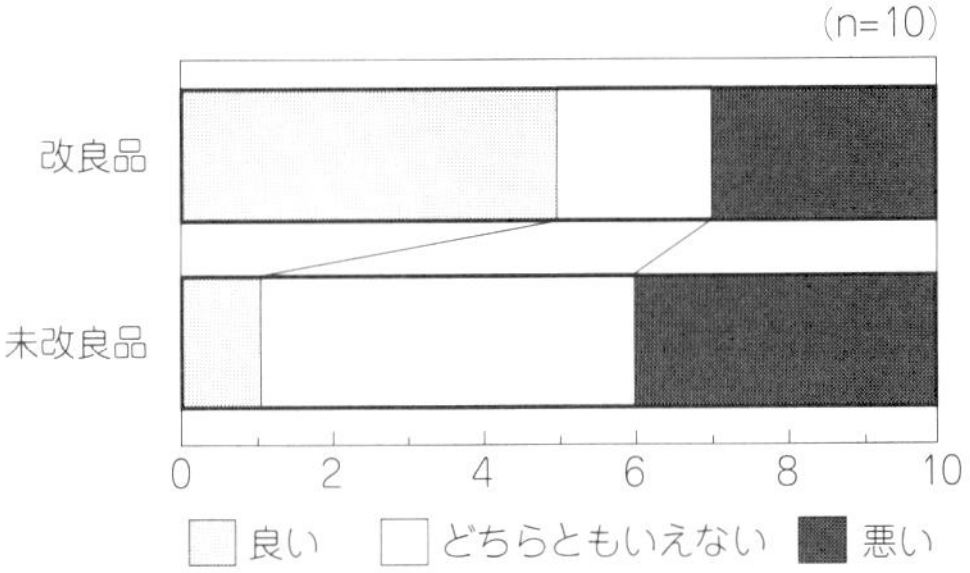

図11　使いやすさの評価

いので、いらいらしてしまいます。逆に、この「注ぎ角度」が小さすぎると容器を持っただけで液が出てきてしまうので、こぼしてしまいます。最適の注ぎ角は、40度前後ということが分かりました(図9)。

以上のような研究をもとにした使いやすい液体洗剤容器の設計ポイントと、これらのポイントに配慮した容器デザインの例を図10に示しました。図に示した容器を実際に人に使用してもらい評価したところ、改良前の商品に比べて使いやすさの評価がかなりあがっていることが分かりました(図11)。

高齢者をモデルとした使いやすさの検討

次に、高齢者の方を用いての使いやすさに関する商品評価のお話しをしたいと思います。

高齢者は、視力や筋力が低下する、手先の難しい作業が困難になる、また認知の面では使い方がわかりにくくなったり、想像がしにくくなる、といった特性が出てきます(鴻巣・渡辺・小松原 2001)。高齢者はこのように機能が低下してきますので、商品の使いやすさを研究する上で、商品の不具合点が現われやすいため、非常によい評価者になります(表1)。

高齢者の方に色々な商品(日用品)を実際に使ってもらいましたところ、次のようなことが分かってきました。やはり、表1に挙げたような特徴が現われてきたといえると思います。

表1　高齢者の身体特性と製品の関係

部位	高齢者の身体特性	当社製品との関連作業
視力	視力低下、白内障、視野狭窄	・表示
関節	関節の可動域狭まる	・家事作業
筋力	腕〜手の筋力低下は緩慢で加齢と必ずしも一致せず	・フタの開閉 ・ポンプを押す ・把持
手先	皮膚感覚の低下、手指の振戦の報告あり	・軽量 ・詰め替え ・シートめくり
認知	新しいこと、多くの情報処理は不得手 使い方が分からない、想像できない	・操作方法／使用手順

↓

製品に直接関わる身体特性の低下が端的に現われている
→ 使いやすさを研究する上で高齢者は最適モデルである

（1）視力――見えない、読めない

商品の裏面に書いてある、使用方法や注意書きなどの表示は、字が小さすぎて読めない。

特にこちらから指示しない限り、裏面の標示を見ることはなかった。

また、開封位置などの表示があっても、その表示に気づくことは希であった。

（2）筋力、指先作業――作業ができない、やりにくい

フィルム状のものを手で切ったり、歯ブラシ容器を開けるときのように接着されたフィルムどうしを剥がすなど指先を使う作業が困難なケースが多かった。

（3）認知

①使い方が分からない、想像できない

新しい形状の容器は、見ただけでは使い方がよく分からないという理由で敬遠してしまう。また、

使用を試みるものの、どうやって使って良いか分からず使用を中止してしまうケースが多々見られた。

②同じ間違いを繰り返してしまう

経験のない容器の開封では、一度つまずくと同じ間違いを何度も繰り返してしまうことも見られた。

歯ミガキ剤容器の事例

ここで、一つの事例を紹介します。この歯ミガキ剤容器は、キャップ部分がフィルムで封緘してあります（図12）。

この商品は、高齢者での評価により不具合点が明らかになり、改良されました。旧品は、フィルム部にミシン目がついているのですが、位置を示す表示などがまったくありませんでした。この場合、どこから開けたらよいかわからないため、高齢者の方は図13に示すように、①まず手でフィルム表面を触ります。どこかにミシン目があるのではないかということを期待しているわけです。触っただけではよく分からないので、②キャップ部を回そうとしますが、このようにチューブの蓋を見ると回そうとするのも高齢者の一つの傾向といえます。これもうまくいきませんので、③今度はフィルム部分を爪でひっかいて、やっと見つけます。そして開けようとするのですが、設計者の意図とは逆

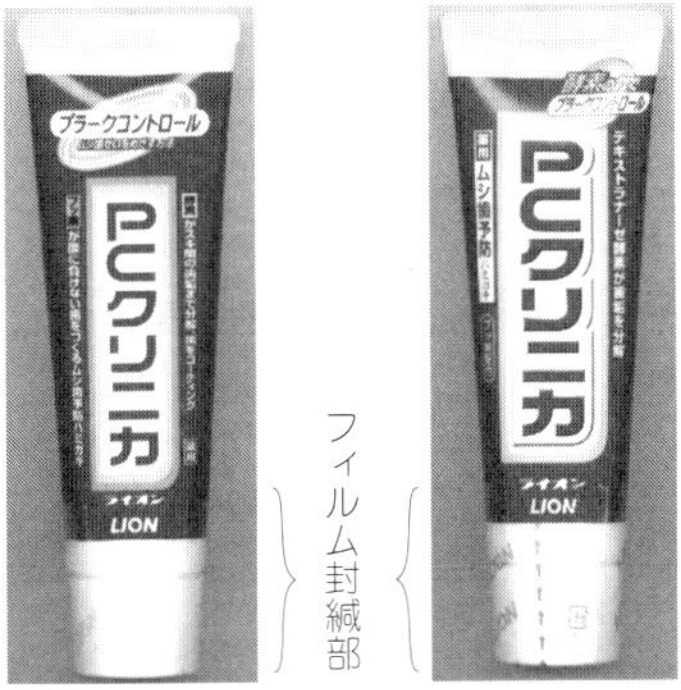

図12　歯ミガキ剤開封方法の改善例

の方向で開けてしまいます。

これに対し、改良された現行の商品には開け口に印が付けてあります。すぐ見つけて、上から下に引っ張って終わりです。実に簡単な作業になりました。

高齢者が、なぜこのようなつまずきをおこすのか、どのように回避したらよいのかというのが課題ですが、高齢者がいろいろ問題を起こすのは、高齢によるものか、その方が積んできた経験によるものなのかということも、まだよくわかりません。高齢者の方にとっては、まったく使ったことがないので、使えないということもあるでしょう。ユニバーサルデザインを考えたときには、それまでの経験というファクターもふまえて、その上で使いやすさ、わかりやすさを配慮することが重要なのではないかと考えています。

最後に、こういう研究をして製品が使いやすくなる反面、スキルを学ぶという面では、どんどん機会を失っていくという側面もあります。昔の古い液体容器なら、それなりの注ぐスキルを私たちは持っていたわけです。便利な製品の出現に

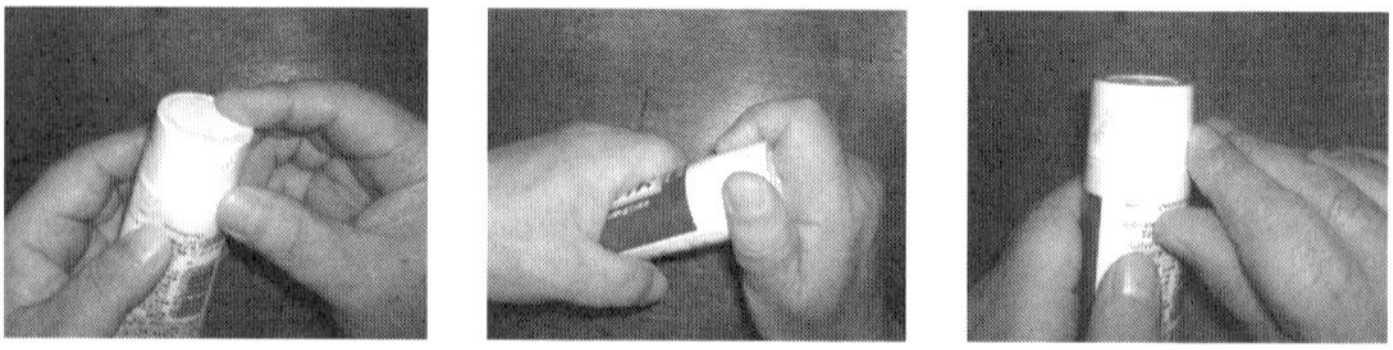

図13 歯ミガキ剤の口元のフィルムを取り除くのは結構難しい

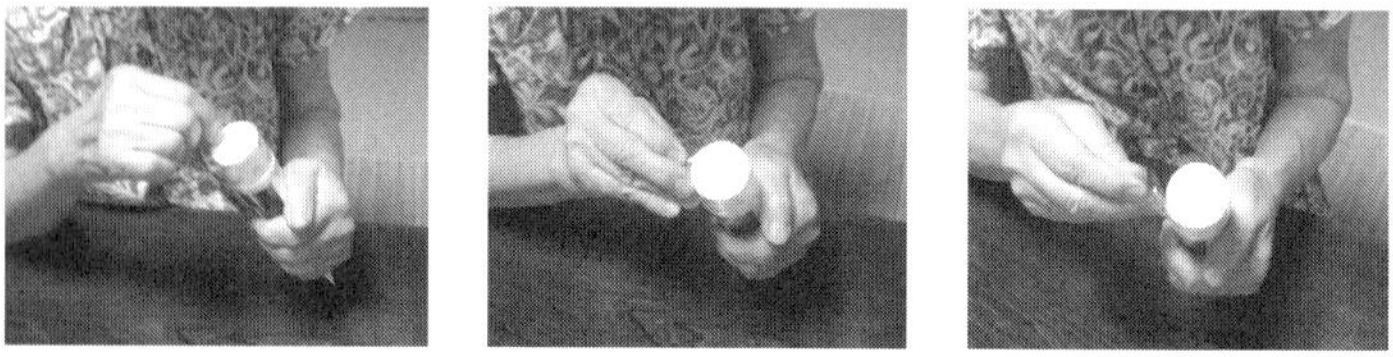

図14 開封口が明示された製品であれば直ぐ開けられる

よって、スキルを身につける前に機会が奪われてしまっているのも確かです。生活の便利さと、我々の学習とのバランスの問題も考えなければならないことを、指摘しておきたいと思います。

家事場面の行動観察

不具合や面倒、難しいといった内容に関してはこのくらいにしまして、驚きとか面白さ等に関し、家庭内の行動観察から見ていきたいと思います。

(1) 洗濯の例

まず最初に洗濯の行動から見ていきます。図15は、洗濯物を洗濯機に入れる前に特に汚れている部分を洗っている（洗濯の前処理をしている）ところです。白い靴下なのですが、相当に汚れています。洗剤をつけて、ブラシでこすっています。この方は腰が痛むので、洗濯機の

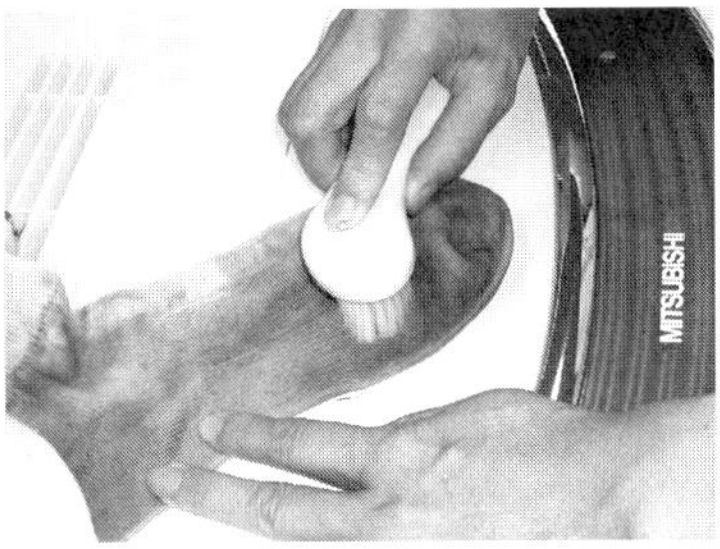

図15 洗濯機上でソックスの洗濯前処理洗い

高さがちょうど良いということで、その上で洗っているところですが、洗濯機の上が汚れるので嫌だ、といっています。洗面台でやるケースなどもよく見られますが、平らでないのでやりにくかったり、高さが合わなかったりで、困るという意見もよく出てきます。

次は洗濯終了後の行動です（図16）。この方は洗濯機から洗濯物を取り出す時に、洗濯物の絡みをほどいて、拡げる（振りさばく）作業をしてしまいます。普通この作業は、洗濯物を干すときに行なわれることが多いのですが、洗濯物を入れるカゴが小さいため、このカゴに絡んだ洗濯物を一度に入れてしまうと、その後の作業がやりにくくなってしまうので、洗濯物をカゴに入れる前にこのような行動がなされるわけです。

図17は、洗濯後、洗濯物を種類や干しやすさなどを考慮して分けている（仕分けをしている）ところです。ちゃぶ台の上で洗濯物の仕分けをします。高齢者の方は、この様子を見て「ちゃぶ台の上に洗濯物を乗せるなどとはとんでもないこと」と、小言をおっしゃいます。

さらに図18では、ちゃぶ台ではなく、洗濯物を床に投げ出して仕分け等、次の作業を行ないます。合理的と言えば合理的なのですが、洗

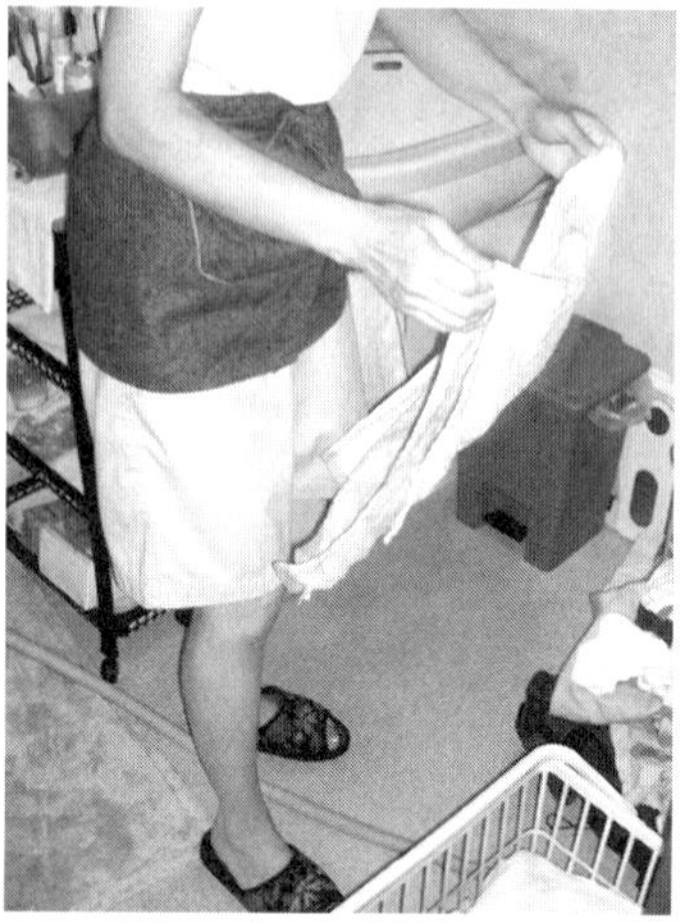

図16　洗濯籠が小さいので、洗濯機から出すときに振りさばく

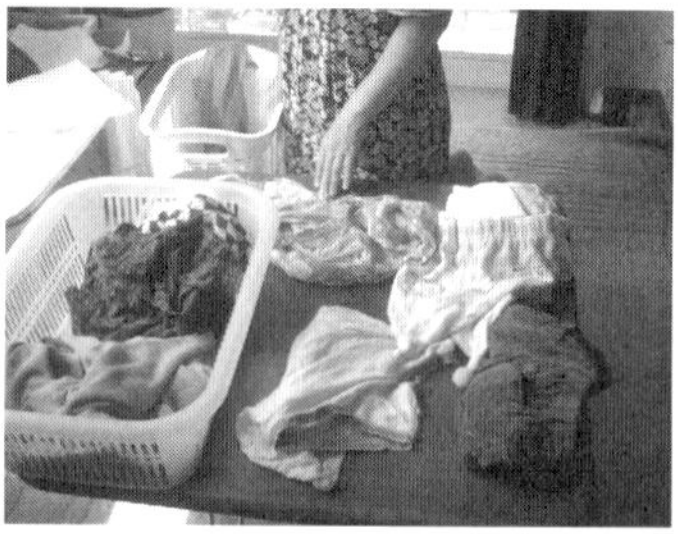

図17　ちゃぶ台上での洗濯物の仕分け

図18　床での洗濯物の仕分け

図19　タオルによる下着の目隠し

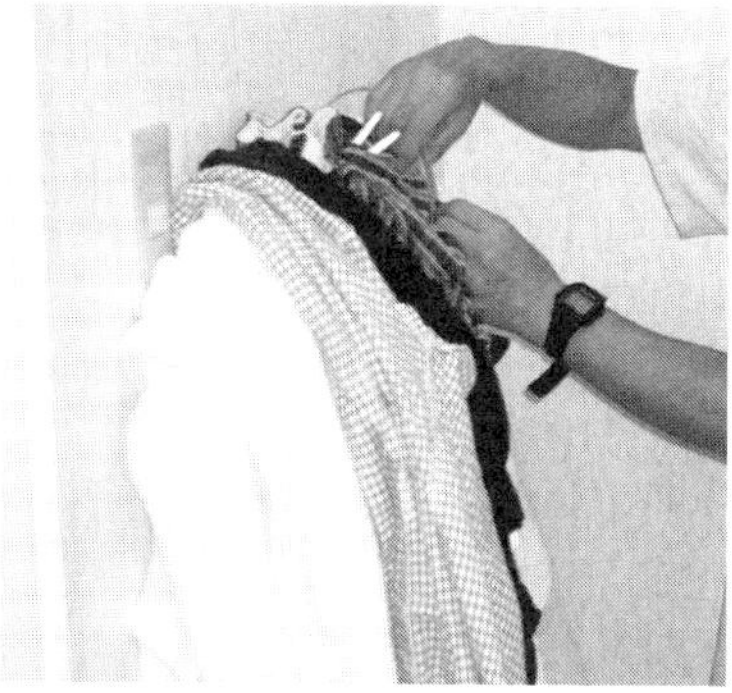

図20　若い男性の一人住まいの部屋干し

図21　ハンガーを２つずつ使用して干し早く乾かす

濯物が汚れないか心配になります。若い共稼ぎの主婦には結構多いようです。もちろん、高齢者の方にすれば、「もってのほか」となります。

次は、洗濯物を干す場面です。この方は、タオル類を図19のように四角く干しています。何のためなのかとても不思議だったのですが、実はこの四角く干したタオルは、その中に女性物の下着を干すための目隠しとしていることが分かりました。

図20はマンションの一人住まいの若い男性です。壁部分に物干し具を立てかけて、そこに洗濯物を干しています。乾いた物がそのままになっていますので、干しているというより、重ねているとか、乗せているという状況です。マンション内が乾燥しているためか、この状況でも洗濯物は乾くし、カビが生えてくることもなく何ら問題はないようです。ただ、自分のお気に入りの服などは、別の場所でハンガーに掛けてきちんと干しています。

図21は、北陸地方の冬の状況です。部屋干しをしていますが、ハンガー二つ分に一つのトレーナを干しています。こうしない

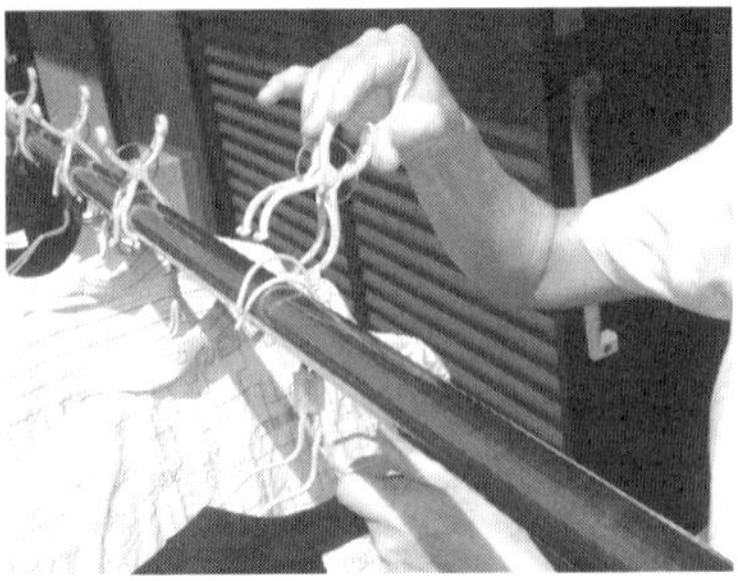

図22　早く乾かすため洗濯物の間隔を開けて止める

と、部屋の中ですから、なかなか乾かないのです。

図22では、天気の良い日に、ベランダで洗濯物を干しているのですが、洗濯物が風で寄って乾きが遅くならないよう、物干しにかけたハンガーを洗濯バサミで固定しています。

（2）歯磨きの例

次に、歯磨き行動を見てみたいと思います。一般の人の歯磨き行動と、歯科衛生士の行動を比較してみました。二者の間には、かなり大きな違いがみられました（小嶋・市橋・渋谷・森田他 2001）。

一般の方の典型的な磨き方は、歯ブラシの動きが大きいこと、磨いている場所が、右・左と頻繁に行き来することが分かります。このとき、右と左は何度も磨いているのですが、それ以外の、歯の裏側などはあまり磨いていないということが観察されました。しかし、本人は全部磨いたつもりでいることも分かりました（図23）。

一方、歯科衛生士の磨き方は、まず、①右側の上の奥歯、次に、②少し手前側、さらに、③もう少し手前、④今度は右の下側の奥歯、というように、口の中をいくつかのブロックに分けて、そのブ

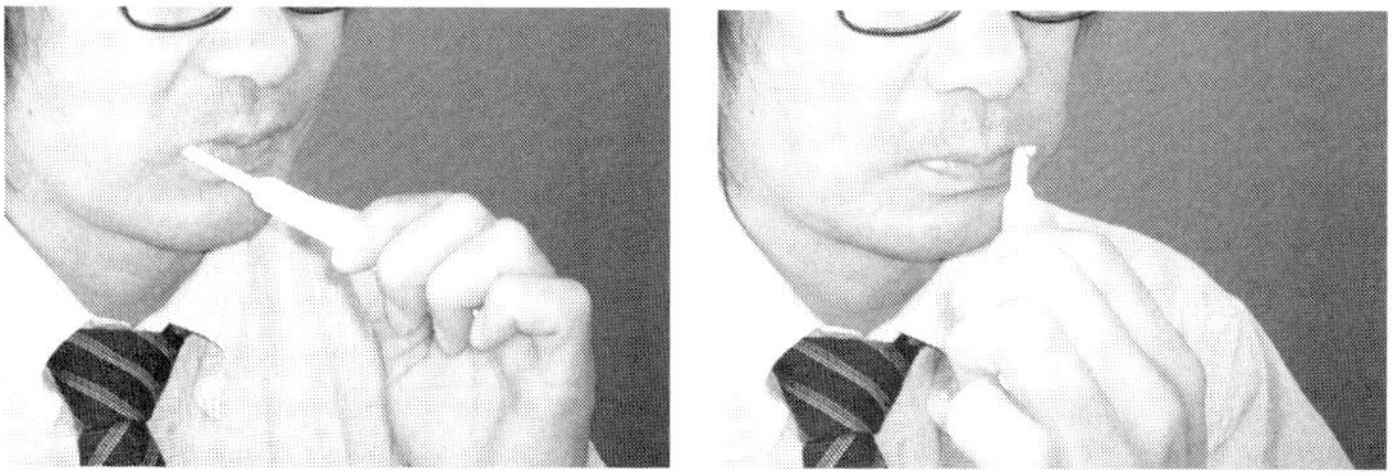

図23　一般生活者の歯磨き——歯ブラシの動き大、右と左を何度も往復。

ロックごとに磨き上げ、最終的に全部磨くというやり方です。そして歯ブラシの動きが小さいことが特徴です。また、奥歯の内側を磨くとき⑤には、口を大きく開けます。このようにしないと、うまく奥までは磨けません。これも衛生士の典型的な磨き方です。このようにして全部磨くというのが、衛生士の磨き方になります（図24）。

行動観察から得られるもの

家庭内の行動には、実際に見てみないとわからないものがあります。女性は、下着を干すとき人の目を気にしてタオルの中に隠して干したりしますが、ほかにも、いろいろな気配りをしながら行動しています。また、テーブルの上や床で洗濯物の仕分けをするなど環境に応じて、やりやすい行動をとります。年齢によって行動や意識の違いが出てきます。高齢者がとる行動や意識は、その年齢の特性として違いが出るのか、それとも人生の歴史を背負ってきているがゆえの行動や意識なのか、非常に難しいところではないかと考えています。経験の中で行動は変わります。新米・ベテランの差、プロ・一般の差などがあります。行動観察に

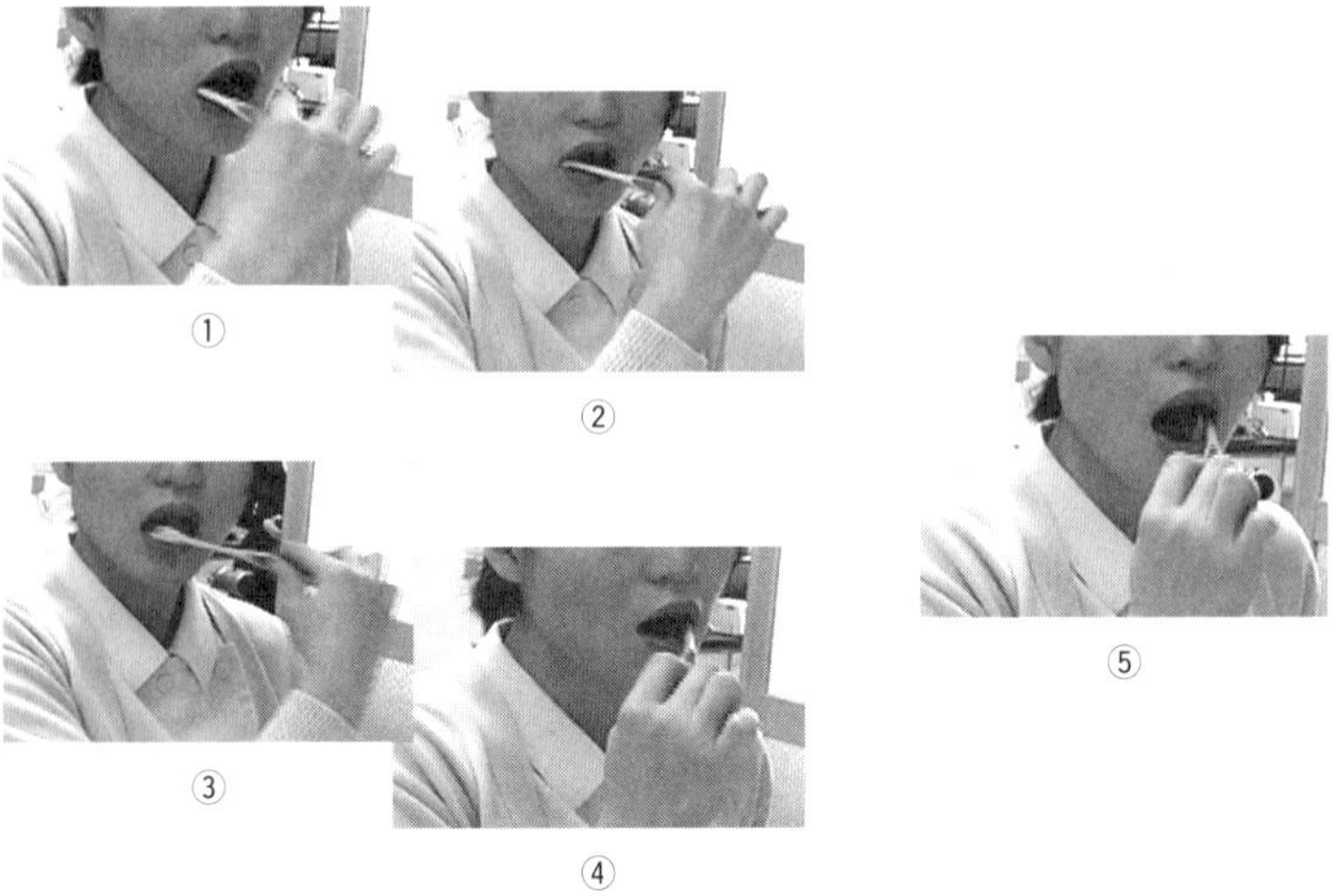

図24　歯科衛生士の歯磨き行動

よって、表には現われにくい意識や行動を知りたいと考えています。

　そこに見られる共通点や違いを探し出し、人間本来の特性と合わせていくことにより、商品の不具合や使いにくさを見いだしその解決策、予防策を考えたり、改良のヒントが得られないだろうかと考えているわけです。同時に、家庭内で人びとはいったい何を考え、何を感じながら行動しているのか、何をしたいのかということを知ることにより、そこから共感・同感すること、驚くようなこと、面白いこと、不思議なことなど新しい発見を得ることにより、潜在的なニーズを探っていきたいと思っています。

12章

思い出工学

野島久雄

『地球家族』という本があります。これは、1994年の国際家族年をきっかけとして作られた写真集で、国連からの後援も受けているものです。これは、世界各地の30カ国から一家ずつ、平均的な生活・家が選ばれて、その家の中にあるものを全部家の前に運び出して、そこに住んでいる家族をいっしょに写真で撮ったものです。それぞれの国の家の中にどんなものがあり、そこにどんな人がいて、どういう暮らしをしているかということが写真と文章で生き生きと示されています。この本を見ていると、本当に家族というのは多様なものであって、いろいろなものを持ち、いろいろなものを使って、いろいろな生活をしているということがよくわかります。

これらの家族、家、家具、生活の品々……、それらは、今生きている私たちにとって重要なものですが、それだけでなく、私たちの過去、私たちが通りすぎてしまった過去である「思い出」を構成する重要なものです。私たちが生活していくときに、「思い出」が非常に重要な役割をしているという話をしたいと思います。

思い出の話というと、「いや、野島君も歳を取ったね。思い出の研究をするようになったのか」などと言われますが、これからお話する通り、思い出は単に過去に閉じた話ではなく、私たちの今、そして未来にとって重要な情報なのだということをいいたいのです。

ポストカプセル郵便と思い出コミュニケーション

ご存じの方も多いと思いますが、2001年の元旦に、「ポストカプセル郵便」というものが配達されました（図1）。これは、1985年のつくば科学万博のときに、郵政省が受け付けて、16年後の21世紀の最初の年である2001年に配達しますと約束したもので、いわば時を越えた郵便配達です。

郵政省の調べでは、1985年の科学万博の時にポストカプセル2001として投函されたのは328万通ありました。そのうち配達されたのは303・3万通で、25万通ほどが配られませんでした。宛先不明のほかにも、きっといろいろな理由で受け取りたくなかったというのもあるはずで、また、この手紙が届いたがゆえの修羅場もいろいろとあったのではないかと思われます。私が個人的に興味を持つのは本当はそちらの方ですが、今のところはそれは表に出てきていません。このポストカプセルはさまざまなところで波紋を広げました。

私の知り合いがその年の正月に受け取った例をご紹介します（図2）。右の「はづきさんへはづき

ポストカプセル郵便
20世紀の私から、
21世紀のあなたへ。
POST CAPSULE 2001
この「科学万博ポストカプセル2001」〜21世紀のあなたに届ける夢の郵便〜は、
昭和60年に開催された国際科学技術博覧会を記念して差し出されたものです。
郵便局

図1　ポストカプセル郵便

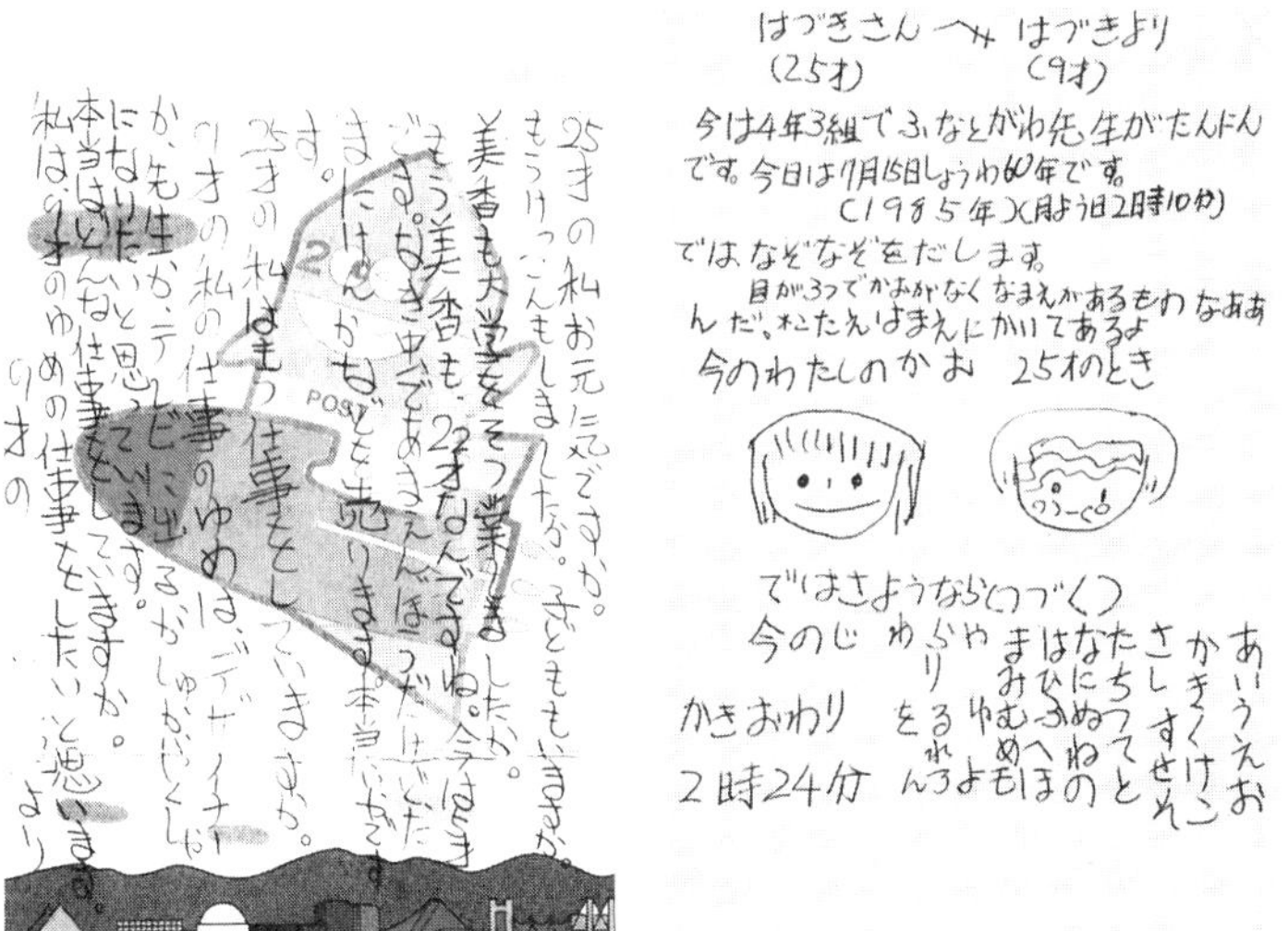

25才の私お元気ですか。
もうけっこんもしましたか。
はづきさん へ はづきより
(25才) (9才)
今は4年3組でふなとがわ先生がたんにんです。今日は7月15日しょうわ60年です。
(1985年)(月よう日2時10分)
ではなぞなぞをだします。
目が3つでかみがなくなまえがあるものなあんだ。こたえはまえにかいてあるよ
今のわたしのかお 25才のとき
ではさようなら(つづく)
かきおわり
2時24分

図2　9歳のわたしから25歳の私へ

より」というのは、9歳の葉月さんが25歳の自分に向けた手紙です。どうやらこれは授業中に先生に言われて書かされたようで、五十音図などを書いたりしていますが。ここには、9歳の私から見た25歳の私がしわしわしわに描かれています。9歳から見てみると、25歳は非常に年寄りなのだということがよくわかります。

左は別の人が書いたもので、「25才の私お元気ですか」と、問いかけています。

「もうけっこんしましたか。……仕事をしていますか。9才の私の仕事のゆめは、デザイナーか先生かテレビに出るかしゅかやくしゃになりたいと思っています」。

いかにも子どもの希望という感じですが、どれも実現せずに、彼女は今、研究者になっています。

さらに感動的なのは、別の機会に私たちがインタビューをした一人が持ってきてくれたハガキです。

「ヨシトくん、ケンくん、16年後、このハガキを書いたことを覚えていますか?」

お母さんから、その当時3歳の息子、5歳だった息子に送った手紙です。このハガキを見せてくれたときに、5歳だった方の彼が「実は最近、母親との関係がちょっと悪いんだ」と言いました。仲がちょっと悪いんだそうなんですが、今年の正月に届いたこの葉書を見ていろいろと思ったらしく、あまり詳しくは語ってくれませんでしたけれども、そういうことを話してくれました。早世した子どもから送られてきた手紙、もうすぐ病気で死ぬことがわかっている親が小さな娘に送った手紙、わかれてしまった恋人から送られてきた手紙。さらに感動的な話を読みたければ、文春新書から本が出ています（文藝春秋編『21世紀への手紙』2001）。

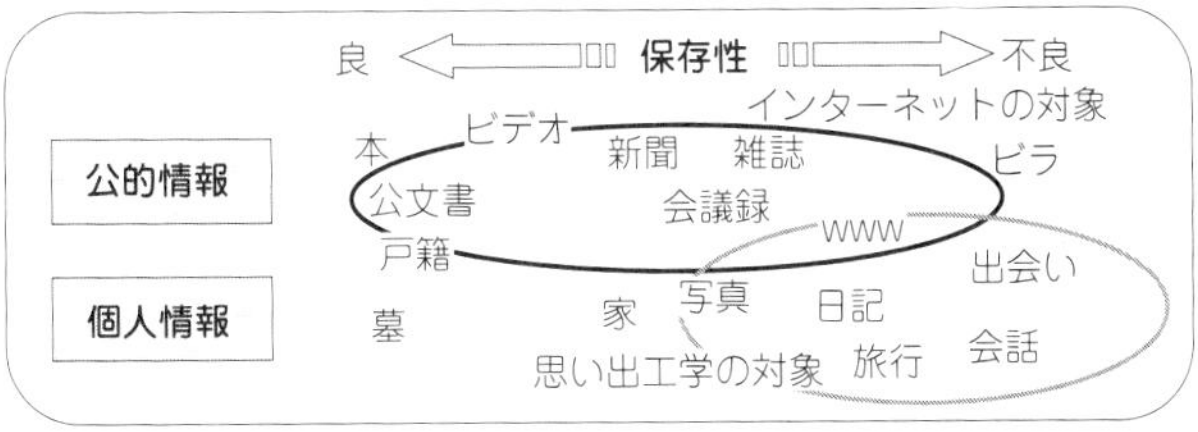

図3　思い出工学が対象とする情報

コンテンツとしての思い出の定義

「思い出」は、私たちにとって非常に重要なコンテンツだと考えています。「思い出」といっても、「昔はよかったなぁ」という過去を振り返るだけが思い出ではありません。私がここで思い出と呼んでいるのは、むしろ基本的には、個人の情報のことです。すなわち、個人に属し、個人が管理し、個人が楽しむ情報コンテンツ（および事物）を、ここでは「思い出」と定義します。

したがって「思い出」は、過去の情報に限らず、未来に向けた計画、情報、ものの管理も含みます。あなた自身が管理しないと誰も管理してくれない、あなた自身が保存しなければ誰も保存してくれない、あなた自身にとって貴重な無二のデータセットなのです。

私たちのまわりにはたくさんの情報があります。大きくわけると、私以外が作り出す膨大な情報、たとえば、新聞やテレビ、本などの情報や広告、広報など、他の人が作り出して私たちに渡してくれる公的な情報があります。もう一つは、私自身が作り出す日記、手紙、写真、などに関する私的な情報です。インターネットなどの進歩、情報保存のための図書館、博物館、資料館などの公的な情報保存のためのインフラのおかげで公的な情報の保存はだいぶ便利になってきました。しかしながら、私的な情報に関してはまだちゃんとした保存をする仕組みができていません。私が思い出工学の対象と考えているのは、図の右下の部分です。この情報は、私が記録し私が保存しなくては誰も保存してくれないものなのです。

思い出管理の社会的ニーズ

梅棹忠夫さんの情報整理に関する本を手始めとして（梅棹 1966, 1969）、『整理学』（加藤 1983）、袋ファイルによる情報の整理の提案（山根 1986）、時間順に並べることによる情報廃棄を提案した『超整理法』（野口 1993）、迷ったら捨てろと言う『「捨てる！」技術』（辰巳 2000）のように、整理学の本が、数年に一回ぐらいの割合でブームになっています。そういうことが必要であると認識されているし、重要なのでしょう。「思い出」も整理し管理する必要があります。

思い出は何でも保存したいところですが、家に大きな蔵でもあればともかく、普通の人はたぶんそんなことはできないでしょう。最近、昭和時代がブームだそうで、いろいろなつかしいもの、思い出のものが取り上げられるようになってきました（串間 1996, 1998, 2001）。振り返ってみると、私たちが子どもの頃当然のようにもっていたおもちゃ、本、遊びのルールなどの知識が今の子どもから失われているということに気づきます。だからこそ、そうしたものをもう一度振り返りたいという気持が生まれるのでしょう。

その逆に、そうしたものが捨てられないという悩みもあります。高齢化社会が到来し、連れあいが亡くなったときの遺品の整理の話がかなり重大な問題だということが、いろいろな本、話を聞いてみてもわかります。「本当は旦那のこのくだらないもの（書籍、釣りの道具など）がなくなればさっぱりするのにねぇ。しかし捨てられないねぇ」ということもあるわけです。

また、子どもが夏休みの工作で、牛乳箱で非常に大きな塔を作ったとしましょう。これを保存しておこうとすれば、かなりの場所が必要になります。しばらくは保存しておいてもいずれはじゃまになって捨てることになります。何のために保存するのかがハッキリしていないと、なかなか保存するわけにはいきません。自分の子どもが将来大彫刻家にでもなるということがわかっていれば（そんなつもりがあるならば）、実物のままとっておくのがよいのかもしれませんが、普通はそんなことはしません。写真に撮って実物は捨ててしまうというのが、よくある方法です。

しかし写真に撮ったからといって問題が解決したわけではありません。みなさんは写真をどのように管理しているでしょうか。最近の家庭では、あまりアルバムは使われていないそうです。私の母親の世代は、戦災もあって自分の写真は本当に数えるほどしかありません。1冊のアルバムに大切に貼っています。しかしその後私たちは膨大な写真を撮るようになりました。ナカバヤシというメーカーからフエルアルバムという文字通り台紙を増やせて厚くすることができるアルバムが発売されたのは、1968年のことだったそうです。それまではアルバムは厚紙の表紙でできていて決まった枚数の台紙しかなかったのです。それが、台紙を買い足せばいくらでも厚いアルバムを作ることができるようになった。それだけ、家庭で扱う写真の量が増えたということなのでしょう。

私の子どもの頃は、家には母親が管理している写真のアルバムが一冊あって、そこに私の生まれたときの写真、3歳の時の写真、5歳の時の写真があり、大きくなるまで数ページですんでいました。それが今の子どもは、膨大な量の写真があります。フエルアルバムでもとても追いつきません。

今、わたしの家では、写真は現像したときにもらったミニアルバム（というのでしょうか、36枚程度の写真が入る冊子ですね）に入れたまま、場合によっては写真屋さんからの袋に入ったまま、引き出しに放り込まれたきりです。

これらの写真をどうしたらよいのでしょうか？

ニューヨークのテロや神戸の震災、そして戦争のように、大切なものが一瞬のうちになくなることもあります。そのとき、私たちはなにを失うのでしょうか。そして、また、私たちはどういうふうに思い出すのでしょうか。技術はそれをどのように支援できるのでしょうか。

こういう問題の他にも、今日では、自分の思い出を公表し、自分のことを知ってもらいたいというニーズが高まっています。昔なら、無名の人は無名のまま埋もれていたでしょうし、それで特に不満もなかったのでしょう。でも、今はいろいろな人が自分史を書いて自費出版したり、インターネット上で公開しています。自分の思い出を、他の人に知ってもらいたい、共有したいと考える人たちが増えています。これを可能にしたのは、パソコンなどによる印刷技術の進歩で自費出版も容易になったこと、インターネットなどの進歩によって個人の情報が簡単に世界に向けて公開可能になったということがあるのは言うまでもありません。

思い出管理の技術的可能性と思い出の危機

「思い出工学」という分野は別に確立されているわけではなく、何年か前から私が言い始めているに過ぎません。ここでは、なぜそれが「工学」なのかについての話を少ししてみたいと思います。

一つには、以上に例をあげたように、思い出の整理・管理への社会的ニーズが高まっているからです。

もう一つは、それが単に社会にとって/個人にとって重要だというだけではなく、ようやく思い出の工学的管理が、技術的に可能な時代になってきたということです。すなわち、昔なら、一生懸命、質の悪い黄色い紙のスクラップブックに新聞等を切り抜いて貼ったりしたものですが、今やそんなことをしなくても、先ほど述べたように、公開情報の多くはインターネット上にあります。また、私たちが書いているものも、多少ともデジタル化されていていているものがずいぶん多くなりました。もはや私たちはパソコンを使わずに手書きで文章を書くことはめったにありません。写真はデジカメですし、ビデオはデジタルビデオ、音楽もＭＰ３です。パソコンは膨大な量の情報を処理できます。このように、工学的に扱える基盤が生まれてきたのです。

ところが、こういう技術の発展が、逆に思い出の危機ともなっています。

私は今マッキントッシュを使っていますが、5年後にアップルがあるかどうかは確かではありません。ハードディスクの中のデータをCD-ROMに焼いて残していますが、このCD-ROMが5年後も読めるかどうかも、実はよくわからないのです。今から10年前に、私はNECのPC98の一太郎で書いた文書を、5インチのフロッピーディスクに入れていました。今その箱が3箱ぐらいありますが、もう読めないのです。読むハードウェアがないからです。いや、ないわけではなくて、どこそこに行けば、そして今なら、読めるということはわかっているのですが、わざわざそこまでして10年前の文書（日記であったり家計簿であったりしますが）を取り出すかというと、そこまではしないわけです。

そういうことを考えてみると、たとえばパソコンに入っている子どもの写真が、5年後、10年後にコンピュータが変わり、メディアの主流が変わったときに、それをまだ見られるかどうかは、確かではありません。つまり、現在の情報保存技術、情報メディアは信頼できないのです。1995年に日経サイエンスに掲載された論文によると、だいたい電子メディアの寿命は3年だそうです（Rothenberg 1995）。3年経つと違う世代のメディアに変わってしまいます。そうすると10年というのは3世代です。3世代前のメディアを利用しなければならないということを考えると、それは非常に困難でしょう。ですから今の電子メディアには、危険があるわけです。

今私たちが注目しているのは写真です。私の考えでは、家族写真は危機状態にあります。どういうことかというと、たとえば私の子どもの頃の写真だったら、実家に帰ると母親の部屋の押入のあのあたりにある、あのちょっと薄汚れたのがアルバムだと知っています。特に今見たいとは思わないけれども、あるのはわかるし、見る気になれば見られるわけです。ところがたとえば、今小学校5年生の私の子どもの、ここ5年間ぐらいの写真はどこにあるかというと、私のパソコンの中にあるわけです。だから、子どもと実家に行ったときに娘に「お父さん、お父さんが子どもだった頃の写真見せて」といわれたら、母親の部屋に行って、押入から引き出して「これだよ」と見せればいいのですが、娘があと5年ぐらい経ったときに「お父さん、私の子どもの頃の写真は？」「あれはマックを捨てたときになくなっちゃったよ」という可能性がないわけではないのです。それは極端かもしれませんが、今、私の娘は自分の写真のほとんどを見ることができません。たくさんありすぎて、それが父親のパソコンのどこに、ディレクトリ構造のどこに位置付いているかがわからないからです。

これは実はかなり深刻な問題なのではないでしょうか。あと30年くらいたって、わたしたちの子どもが親になったころ、「おかあさん、おかあさんの子どもの頃の写真を見せて！」とその子どもから言われた人たちが、自分の写真を持っていないということが起こるかも知れないのです。

それではまずいでしょう。そこをどうにかすることを考える責任が工学の側にはあると考えています。だからこそ、思い出工学なのです。

思い出コミュニケーション

思い出工学の発想には、思い出をコミュニケーションという観点から見る、ということもあります。思い出をきっかけとしたコミュニケーションには、非常に面白いものがあるのではないかと思って、専修大学の山下清美さんといっしょに思い出コミュニケーションの研究を進めています（山下・野島 2001, 2002a, b）。

思い出を振り返ることは非常に重要です。一体自分がどんなものであって、今どういうことを考えているか、自分が何なのか、何になりたいと思っていたのか、そういうことを折に触れて振り返るためには、思い出はきわめてよい手がかりです。しかし、ただ自分で思い出すだけでなく、思い出を聞いてもらえる相手がいるということは、やはり非常に重要なことだと思います。その人にとって、実際に思い出を語る場があるということが大切なのです。だから、よく、周りの人が「自分の話を聞いてくれない」とこぼすお年寄りがおられますが、これは非常にまずいことです。思い出話を聞いてくれるというのは、他者から認められているということのいい証になるのです（黒川 2003）。

また、思い出は、他人とシェアできるものであって、家族や友人と共有することに意義があります。それから思い出があることによって、過去の自分・現在の自分・未来の自分が、一つにつながっているということを感じ取ることができるということもあります。さらに、思い出というのは人間関係やコミュニケーションを活発にする側面があります。

このように思い出のさまざまな機能のなかでも、コミュニケーションは非常に重要です。

思い出のインタビュー

そこで私たちは「思い出」を研究するために、さまざまな方々にインタビューして、話を聴いています。それは私たちにとってとても楽しいのですが、インタビューを受ける方々も、話すのはとても楽しい経験らしいのです。それで、終わって、私たちは「楽しい、いい話を聞かせてくれてありがとうございました」というし、相手は相手で「こんな話ができて楽しかったです。これでバイト代もらっていいいんですか?」いうことで、お互いたいへん充実感があります。

このインタビューは、「大切な写真を持ってきてください。それはなぜ大切なんですか? どのようにして保存していますか?」というものです。まだインタビューした人の数は少ないのですが、今後増やしていく予定です。

この結果わかってきたことですが、大切な写真というのは、単にその写真そのものが大切なのではなく、やはり、そこに写っている人との関係がその一枚に凝縮されているということが大切なのです。だから、たぶん他人が見ればどうということのない、二人が肩を組んで写っている写真だったりします。しかしこの二人は、高校時代、辛い陸上部をずっと一緒にやってきて、みんなが受験勉強をしている時一緒に最後の大会に出て、その最後の大会が終わったときに撮った写真なのです。その写真からは、そういう思い出が出てくるわけです。

また別の写真にはこういうのがあります。とある学校の校舎の前で、何人かの人が写っている写真です。これは、その校舎が取り壊されることになり、その直前に、この校舎の前でみんなで写真を撮ろうということになったのです。これだけならば、単なる記念写真ですが、この写真を見せてくれた人はついでに次のような話を語ってくれました。

その校舎には高1の階段と高2の階段があり、高2の階段はちょっと暗い感じの緑色に塗ってあり、みんな「グリーン階段」呼んでいたのです。そして、バレンタインデーに女子生徒が意中の人を呼び出すときは、そのグリーン階段なのです。「グリーン階段に来て」と言うのが常識だったのです。一見したところ、この写真は単なる校舎の前の集合写真にすぎませんが、そこには「グリーン階段」があり、女の子が男の子を呼び出して告白するという、そういう思い出の場所なのです。それぞれの写真には、このような話が付いています。写真そのものよりは、そこから何が語られるかということが、非常に重要なのです。

私たちがインタビューした人たちは主に大学生でしたが、思ったよりも多くの人が写真をいつも身につけていました。私たちが行なった予備調査によれば、大学生のほぼ半数くらいが写真を（過去、あるいは現在の少なくとも一時期）常時身につけていたことがあるということがわかっています。もちろん、今回のインタビューした人たちはランダムサンプルではなく、私たちの呼び掛けに応じてき

・手帖の見開きに、カラーコピーした写真を貼る。
・切手、入場券、プリクラなどを重ねる。

写真1　手帳の見開きに貼られた写真

てくれた希望者です。見せたい写真、語りたい写真を持っているからこそその人が来たということには注意しないといけませんが、このごろの大学生くらいの若い人たちは、写真を鞄の中に入れて携帯している人がずいぶんいます。おそらく、中学高校ぐらいの時にプリクラの洗礼を受けていて、写真を写したり、それをあげたりするというコミュニケーションが日常化しているということも、一つの理由だと思われます。

しかし私たちが、携帯している写真を「どういうときに使っていますか?」と聞くと、「話題がとぎれたときに見せる」とか、あるいは先ほどの「グリーン階段」の人は、スケジュール帳に貼っていました。毎年新しいスケジュール帳を買うと、その最初の見開きのところに、自分の好きな写真を貼るのです。一年間経つ間にプリクラを貼ったり、あるいはコンサートの入場券なども貼ったりして、だんだんそれが充実していきます（写真1）。

また、最近は写真をカラーコピーして、それを貼っています。なぜカラーコピーをするかというと、カラーコピーの方が安いからです。それに、焼き増しを頼むと仕上がりまでに数日かかるので、それが嫌なのです。いい写真があるとそれを借りて、カラーコピーでとり、それを適当に切り貼りして、スケジュール帳に貼っているのです。そうすると、「あさって映画を観にどこそこに集まろう」という段になって、彼女が手帳を出すと、ド派手ですから目に留まります。「それ、なぁに？」「実はこれはねー」と、話をする機会ができるわけです。なかなかよくできているシステムです（写真1）。

また、たとえば「高校のときにね、すっごい面白い先生がいてね」というような話をしたときに、その先生の写真があるかないかで、だいぶ話の展開が違うわけです。そういう機能もあります。手帳ばかりでなく、写真2のようなミニアルバムを持っている人もいますし、イベントごとにコンパクトなパッケージを作るということもあります（写真3）。

やはり、気軽に持ち運べて、簡単に編集できて、あまり量が多くないほうがいいのです。よくあることですが、子どもが産まれた家庭に行って、「うちの子のビデオ見てください。はい、これ」といってスタートしたら2時間終わらないというのではやはり困ってしまいます。ある程度のコンパクトな量に押さえたいのです。それから、自分が人に語りたいような思い出というのは、ひとまとまりにしておきたいものです。「なんか面白そう」という、きっかけを与えてくれるようなものです。

・一般的なミニアルバム。
・気に入った写真を好きな順序で入れる。
・短いコメントが入ることもある。

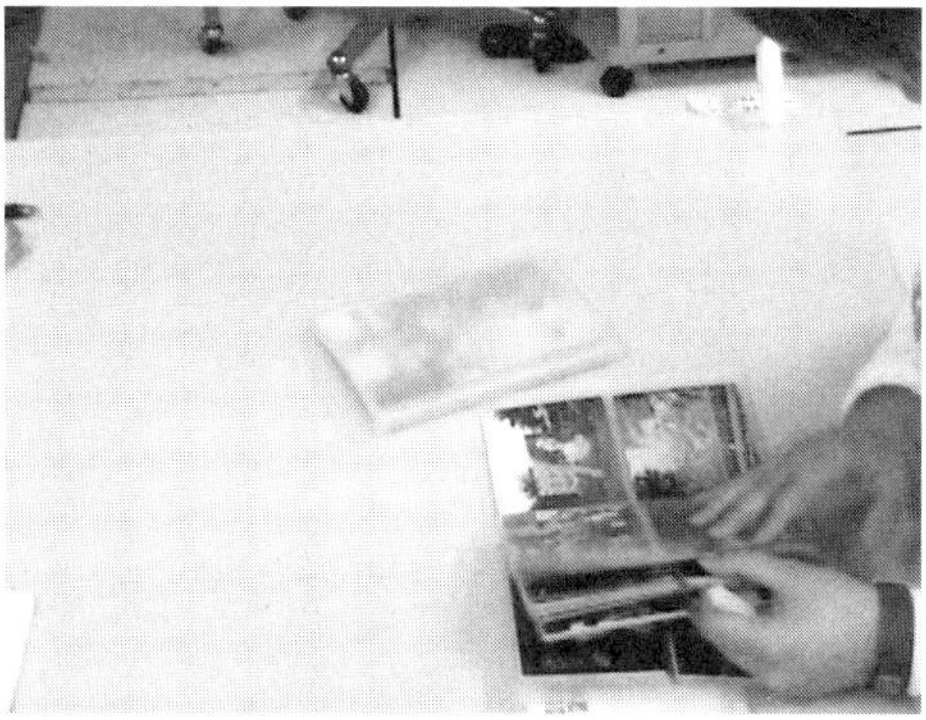

写真2　ミニアルバム

・ノートに写真を貼る。
・写真の形や配置は自由。
・コメント、シールなども加える。
・イベントひとつで一冊。

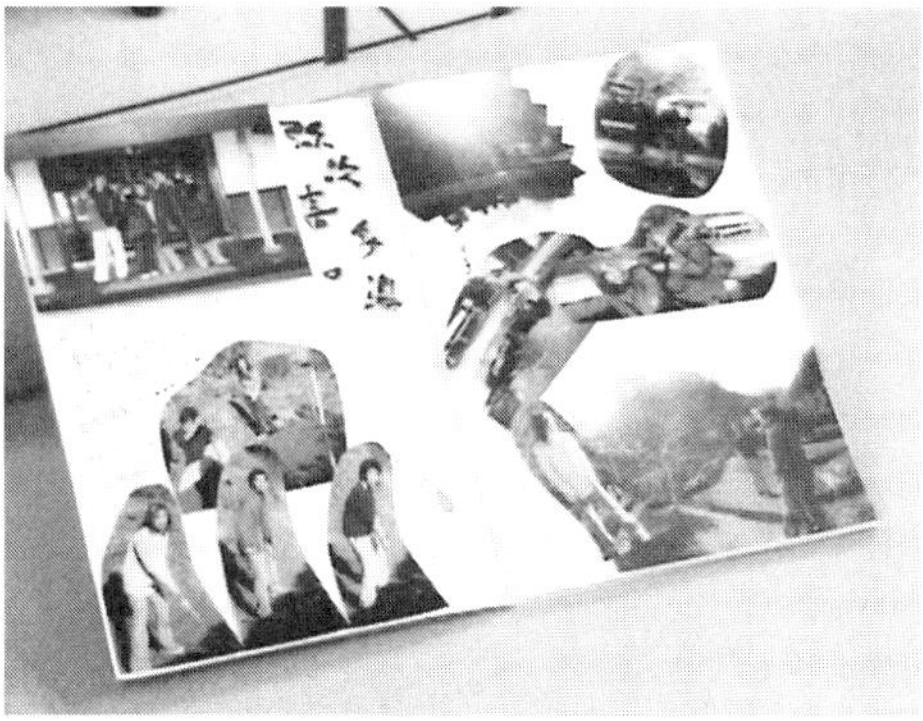

写真3　イベントをパッケージ化

思い出コミュニケーションを支援する

思い出をまとめる作業はけっして個人的な営みではない、という点は重要です。工学的な思い出ツールを考えるときに、コミュニケーションしながら編集できるようなものがあるといいでしょう（写真4）。何度も何度もさりげなく表示されることによって、「あー、あそこ面白かったね、もう一度行きたいね」などと言えるものがあるといいだろうなと考えて、今作ろうとしています。

また、一見したところは単なる携帯型の情報端末やカメラ付の携帯電話の上に乗った写真のビューアーでも、たとえば、3年前に行った温泉で撮った写真が出てきて「あぁ、あれよかったね」ということ、それに関連する写真が出てくるとか、あるいは、子どもの友達の写真が出ていて、「あぁ、この人があなたの新しい友だちなの？」とか「最近、あなたの彼、どうしてるのかね」。たとえばそういう会話ができるような、コミュニケーションを活性化させるようなことがツールができれば非常に面白いのではないかと考えています。

私たちは、そのような思い出を核としたコミュニケーションの場面に対応するコミュニケーション支援のための工学的なツールが必要だと考えていて、そのためのシステムの検討を進めているところです（図4）。

もちろん、思い出工学の対象はコミュニケーションだけではありません。思い出のような「個人に

・家庭などで、家族が一緒にアルバムの編集作業を行なうツールを開発中。
・編集作業そのものがコミュニケーションを引き出す。

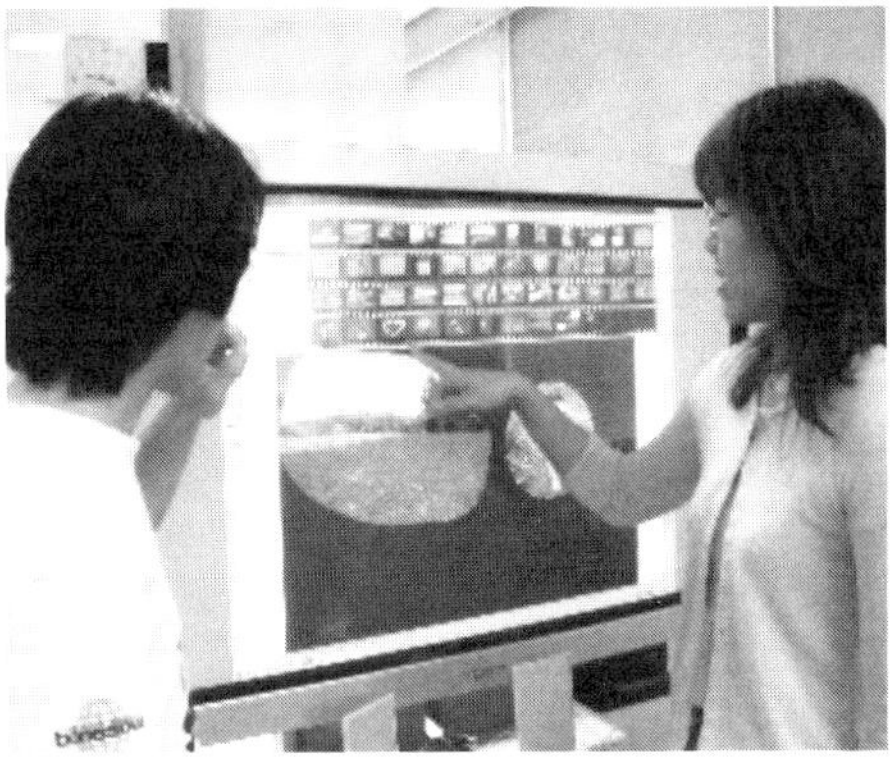

写真 4　コミュニケーションを引き出す思い出編集ツール

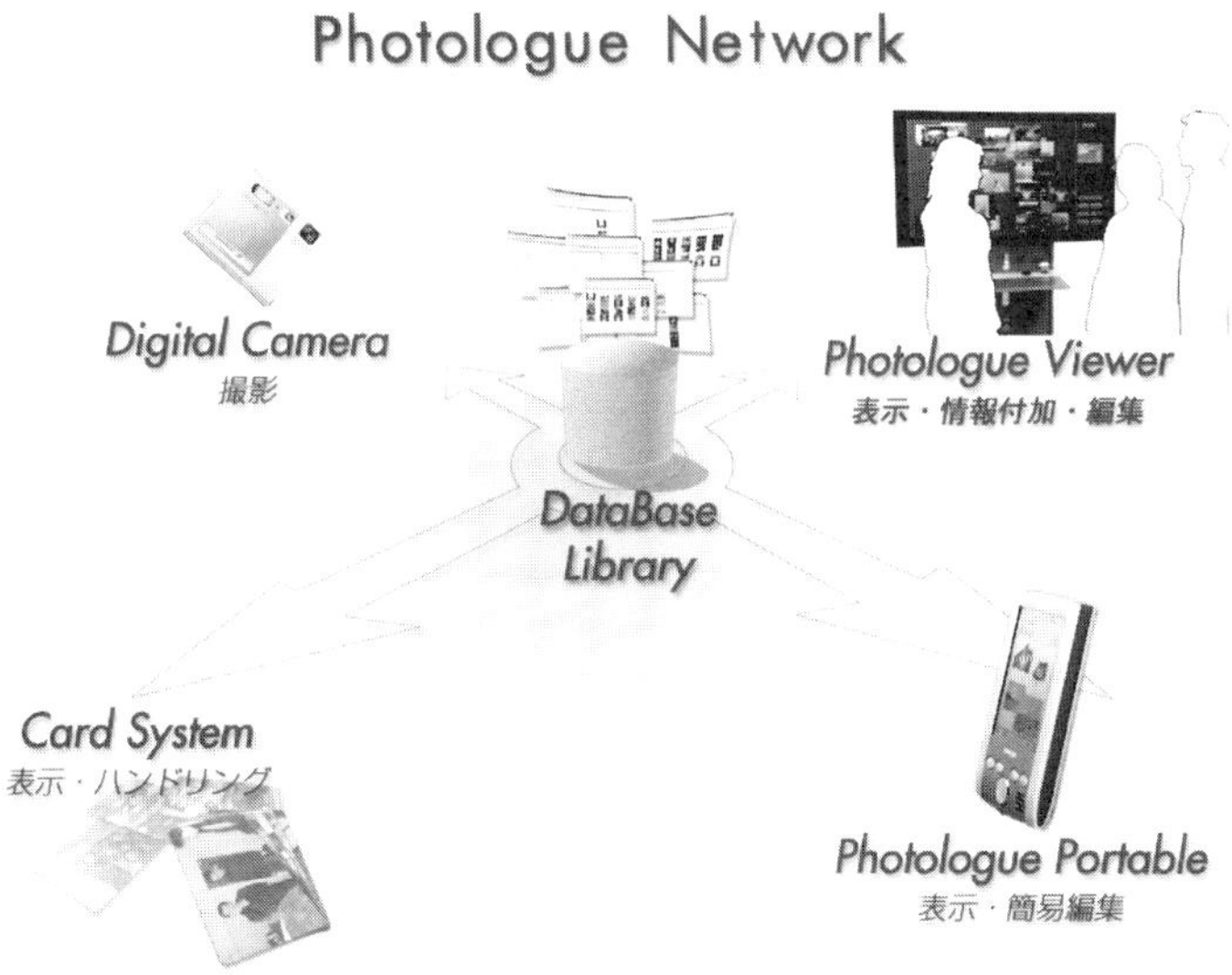

図 4　思い出コミュニケーションの支援環境

属していて、しかし個人に閉じたものではない情報」をうまく取り扱う仕組みが今必要だろうし、それをこれから考えていかなくてはいけないだろうと思うのです。思い出をどのように守り、育て、そしてそこからコミュニケーションや人間関係、知識、技術をどのように結び付けて展開していくか。これが思い出工学の対象となるものだと考えています。家庭内での情報、あるいは個人の思い出情報を支援するための、情報技術を開発していく必要があるでしょう。そのためには、工学の力ももちろん必要ですし、心理学や社会学の助力も必要です。その意味では認知科学がもっとも中心的な役割を果たしうる分野であると考えることができるのではないでしょうか。

13章

技術が目指す「未来の家」

北端美紀

はじめに

人が家に帰ってくると、ただいまという声を認識してドアが開く。部屋に入ると照明は自動的に点灯する。防犯システムは、侵入者を検知し、写真をとり警報ベルを鳴らし、自動的に警察に電話までして家の安全を守ってくれる。家のなかでは、家事を代行してくれるお手伝いロボットが働き、住人は、自動空調《エアコン》が効いた快適な部屋の中で、大きな画面にうつる遠隔地の出来事（遠隔授業や中継放送）を見たり、相手の顔が見えるテレビ電話や、どこでも・どこにでもつながる電話（携帯・国際電話）でたくさんの人と気ままにやり取りしたりしている。

これは、現在の家庭の話ではありません。実は、百年前の人たちが未来の家庭生活をイメージしたものの中から、いくつかをピックアップしてまとめたものです（横田 1994）。百年前の人びとが夢のように思い描いていた世界は、技術の急速な進展・普及にともなって、この十数年の間に現実のものとなりつつあります。ここで起こった変化は、ただ単に家庭の中の電化が進んだということにとどまりません。携帯電話が私たちのコミュニケーションのあり方を大きく変えたように、未来の家庭において前述のような家庭生活へのさまざまなシステムの導入が進むと、私たちの家庭の在り方、家族メンバー間の関係は変わっていくことでしょう。

この章では、主として1990年以前の家電の開発と普及が家庭のあり方をどのように変えてきたか、1990年代以降の家電製品・ホームオートメーションなどの研究開発動向を手がかりにして、それらがどのような家庭イメージを想定して進められてきたのかを検討し、今後の家庭を支援するシステムの研究・開発の流れについて考えていきたいと思います。

この分野における技術の進歩はきわめて急速で、ここで行なう展望もあっという間に古びてしまうかもしれません。しかしながら、21世紀の最初の時点において、家庭を対象としてどのような研究開発が進められ、どのような技術的な取り組みがなされているのかを知ることは重要だと思います。いくつかの先進的な取り組みを取り上げながら、家庭に関わる技術的な支援はどうなっているのか、また、今後どうあるべきなのか、どのような観点に基づいて考えたらよいのかについて述べていきましょう。

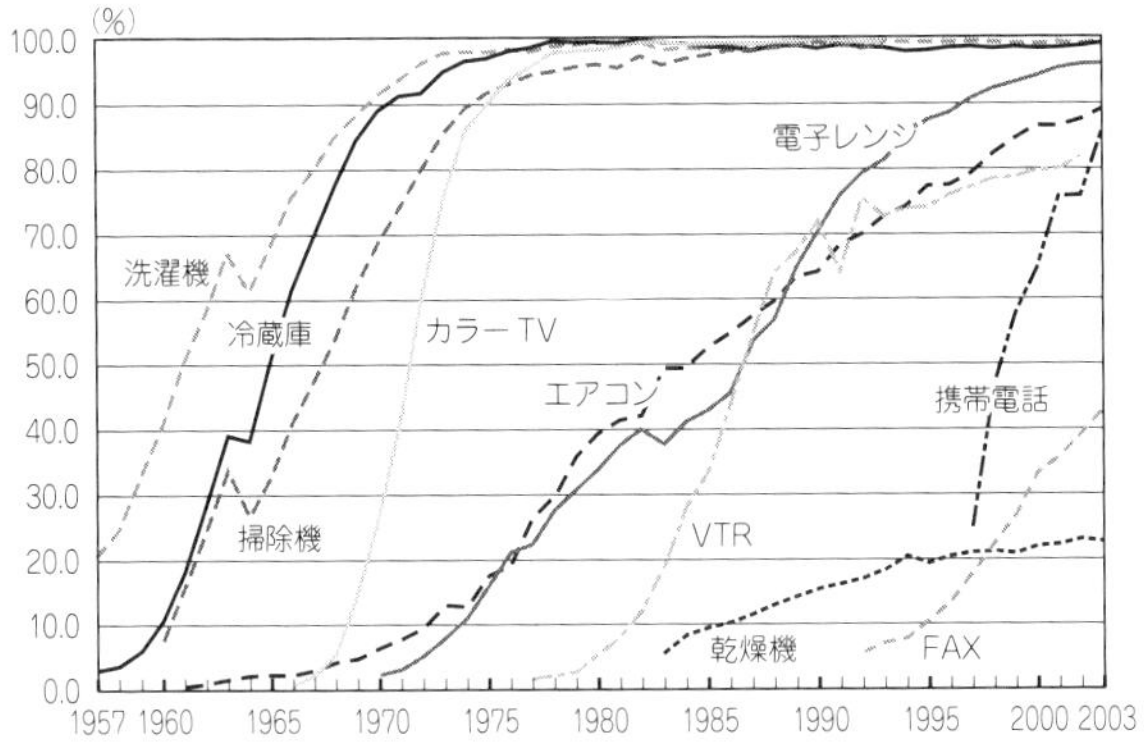

携帯電話は総務省通信利用動向調査より（前年度末データ）
その他は内閣府消費動向調査より

図1　家電製品の普及率の推移（全世帯）

社会・生活スタイル・家族の変化と家電

あらためて言うまでもなく、1960年代、そしてそれに引き続く高度経済成長の時代の中で、電気炊飯器、電気洗濯機、掃除機などの家電製品はほとんどすべての家庭に普及し（図1参照）、それらは私たちの家庭生活を大きく変えてしまいました（梅棹 1989）。道具の導入は私たちの生活のあり方を変えます。また、その逆に、私たちの家庭生活の変化が、新しいタイプの家電製品の開発と普及をもたらすということもあります。たとえば電話の子機の普及は、住宅環境の変化にともない子ども部屋や個室が増えてきたこと（上野 2002）、個室で自分の時間を過ごす家族のメンバーが増えてきたということと無関係ではないでしょう。

ここでは、社会の変化と共に家族の形態や生活スタイルが変わってきており、家庭生活の変化と共に家庭をサポートする電化製品（家電）も変わってきていることについて述べます。

核家族化の中での主婦の役割

戦後の日本では核家族化が進み、現在では核家族が最も一般的な家族形態となっています（世帯総数の58・4％）（総務省 2000）。１９８０年代以前の核家族では、仕事（夫）と家事（妻）の役割分担が明確でした。本書の梅棹による章で述べられているように、妻は専業主婦として毎日家で家事・子育てを行ない、夫はサラリーマンとして外で働くというのが標準的なものであると考えられていました。ごく「普通の家庭」とは、働く夫が仕事の疲れを取り、安らぐための場所であり、その場所を維持管理するのが専業主婦の役割だったのです。そのような「普通の家庭」において１９６０年代以降、家事を支援するための家電が普及するようになり、家事労働の中に占める主婦の役割の重要性は相対的に低下することになります（梅棹 1989）。

しかしながら、主婦の役割は家事をすることだけではありません。家庭内の情報センタとしての役割があります。家庭内には、家族間の情報の伝達や関係の維持のために必要なさまざまな情報があふれています。たとえば、家族の様子・予定や家族の記録などの情報把握、献立や買い物・お出かけの予定などの判断・決定、離れて住む家族（祖父母など）との連絡、家庭内の物や家自体の管理、ご近所づきあいを通した地域情報の収集などです。このような多種多様な情報処理は、これまであまり重視されてはいませんでしたが、専業主婦がこなしてきた家事の一部であり、常時家にいることによって処理できたものも多いのです。

家族の個人化に伴う家電製品の変容

1980年代以降、女性就業者の増加や高学歴化にともない、子どもや家庭のこと以外に自分のやりたいことを明確にもち自分の時間を欲している女性が増えています。1998年の調査では、妻の充実させたい時間ランキングの一位は「自分のプライベートな時間」で、十年間で6・3％増えています（博報堂生活総合研究所 1998）。家族の形態としては、核家族が最も一般的ですが、核家族のなかでも特に共働き家族が増えてきました。さらに、子どもは塾やクラブ活動などのため帰りが遅く、また家にいても自分の部屋で電話をしたりゲームやテレビ、音楽を聞いたりと家族が時間や空間を共有することが減ってきています。近年、このように個人の世界を大切にし、個人の楽しみや目的を優先させる人が増え、「個人化の時代」と呼ばれることもあります。また、高齢化と共に一人で暮らす単独世帯が増えてきました。そして、電話やテレビなどの電化製品も家族で使う家電から個人が使う「個電」へと変わってきているといわれています。近年では、家にいないことを前提とした電化製品のタイマー機能や出先からのコントロール機能（電話やインタネットなどによる）など、時間と空間を超えた操作機能の利便性を追求する方向に発展しつつあります。

家電製品の変化から見る家族の変化

家庭の変化に伴い必要な機能を備えるべく発展してきた電化製品ですが、それと共に家庭や家族も変化してきています。ここでは、これまで電化製品の普及が家庭にどのような影響を及ぼしてきたのかをみてみましょう。

(1) 主婦の家庭への関わりの低下

洗濯機や食器洗い機、炊飯器、電子レンジなど、家事に関わる人の手間を減らしてくれる家電の発達により、家の中の家事労働の絶対量が減っていることには誰しも異論がないでしょう。そのことにより、家庭で家事を担ってきた主婦が自由に使える時間が増えてきました。もちろん、この空いた時間を家庭への新たな関わり(梅棹のいう「擬装労働としての家事」(梅棹 1959)、子育て・教育など)に向けることもあるでしょうが、共働きかどうかにかかわらず、家事が女性のものであるという意識は年をおって少なくなりつつあることを考えあわせると(平成15年国民生活白書 2003)、女性が家庭に縛り付けられていた時代は終わりつつあるといえるでしょう。

(2) 時間・空間の共有の減少

エアコン、テレビ、電話などの家電は近年広く普及し、今ではこれらの機器は、一家に一台から一家に複数台、さらには個人ごとに複数台所有するのが普通になっています。実際、1999年の調査によると、二人以上の一般世帯では三台以上所有する家庭が多く、エアコン（33・5％）・カラーテレビ（38・3％）では、三台以上所有する家庭が一台または二台所有の家庭より多い結果となっています（総務省 1999）。そのおかげで、個々人は他の家族に気兼ねなく好きな番組を見ることができるようになり、友人との電話なども自由にできるようになりました。そして、テレビを見るために、または快適な空調を求めて家族が居間に集まるということが減りました。これは、家族が空間や時間を共にすることが減少したということに他なりません。さらに、家電の普及による個室で過ごす時間の増加に加え、共働き世帯が増え、平成11年度全国家庭児童調査においては、家庭養育上に問題があると答えた中で内容別に見ると、最も多かったのは「親（保護者）と子の接触時間が不足している」でした。特に、この項目では共働きと片働きでの差が多く、共働き家族の親が子どもとの接触時間の不足を強く感じていることがわかります（厚生労働省 1999）。

（3）コミュニケーションの変化

20世紀後半に大きく変わったものの一つは、コミュニケーションのための環境でしょう。電話の普及が私たちの人間関係のあり方を大きく変えたことは明らかです（吉見他 1992）。しかし、とりわけ1990年代以降に普及している携帯電話が家族関係にどのような影響を与えていくかについては、まだ結論が出ていない状況です。

携帯電話の普及によって、電話は一家に一台という家庭単位のものから、個人単位のものとなりました。外部からの連絡は直接個人につながり、また、個人も家族外との気軽なコミュニケーションチャネルを手にしたのです。これは、一見、家族外とのコミュニケーションを増やすことによって家庭を解体する方向に働くように思えますが、携帯電話を持つ理由として、他の家族メンバーとのつながりを維持できるためであるとする人も多いようです（佐久間他 1999）。

（4）家族の個人化

家族メンバーがそれぞれ異なる目的を持ち、異なる外部の人と活動をすることが生活の中心となっていくにつれて、一緒にいること、一緒に家事をすること、または同じ道具を共通に使うことによって相手の状況をなんとなく知る、ということが減ってきました。また社会の変化や女性の高学歴化・社会進出により家にずっと誰か家族の一人がいていろいろなことを知っているということが減り、さらに子どもたちの塾通いなどにより、それぞれの家族の時間が合わなくなってきています。つまり、家族メンバーが一緒にいる時間と場所が減り、家族の個人化が進みつつあるのです。また、核家族化と高齢化が進み、高齢者の独居も増えています（世帯総数に対して、核家族58・4％、65歳以上の単独世帯20・2％、65歳以上の夫婦世帯26・4％）（総務省 2000）。

何が変わってきているのか

1960年代から広まった核家族化の進行による変化は、世帯が分割され家庭の構成員が少数になっていくというだけではありません。核家族化の進行に加え若者の親世帯からの離脱、父親の単身赴任、高齢者の独居などの形で独居者（単独世帯）が増え、同じ場所に暮らして同じ体験を持つという意味での家族のイメージは、失われつつあります。家族メンバーの物理的な場所が離れるというだけではありません。同じ家に住んでいたとしても、その家のメンバーが同じ空間・同じ時間を共にし、同じ体験をするということ自体が困難になりつつあるというデータもあります。NHKの2000年の国民生活時間調査によると、家族それぞれの起床在宅率が50％を越えるのは、20時、21時のみです（日本放送出版協会 2000）。家にいて起きているからといって、一緒にいるとは限らないのです。実際には、これよりさらに少ない時間しか一緒に過ごしていないのではないでしょうか。

それでは、家庭は解体過程にあり、本質的にはその役割を終えて必要がないものになりつつあると考えて良いのでしょうか（梅棹 1989／上野 2002）。調査によれば、最近ではむしろ逆に、家族や家庭を癒される場所と見る考え方や、家族とつながっていたい、大事にしたいという考え方も増えてきています。実際、1998年の博報堂の調査によると（博報堂生活総合研究所 1998）、「意識して家族の絆を強めるようなことをするほうが良い」と答えた人は十年前に比べて増えています。また、2002年の国民生活に関する世論調査によると、「充実感を感じる時間」のトップは家族団欒のとき（44・7％）となっています（内閣府 2002）。

このような家庭の変化を踏まえた上で、近年の情報技術や家電製品の進歩は、このような家族のあり方とどう関わり、家庭をどのような方向に導こうとしているかを見ていきたいと思います。

家庭をターゲットにした最近の取り組み事例

オフィスにおける情報化の進展は著しいですが、それに見合う家庭の情報化はいまだ達成されていないのが現状です。しかし、携帯電話のようにもともとはビジネス用途の利用を目的として開発・販売され、利用コストが低下するとともに、若い世代まで爆発的に普及することになった例もあります。それは結果として、（若者だけに限りませんが）友だち関係のあり方を変えたり、家族をダイレクトに結ぶ役割を果たしたりしました。一方、親が子どもの交友関係を掌握しにくくなるというような、副次的な効果を持つことにもなりました（内閣府 2000）。

現在、「未来の家庭」をイメージした研究や商品開発は、さまざまな方向から検討されています。そこにはいったいどのような取り組みがあり、そしてそれは、私たちの家庭のあり方にどのような影響を及ぼすのでしょうか。

事　例

既に述べたように、未来の家のイメージは百年前からいろいろと考えられてきました。しかしながら、この未来の家のイメージが現実的なものとして考えられ、実際にデモルームなどが作られるようになったのは、コンピュータ技術、とりわけネットワーク技術の進展が著しい１９９０年代以降のことです。図2には、家庭の情報化・家事の支援・家族間コミュニケーションの支援などについてのさまざまな取り組みがなされている中でも、代表的なものと思われるものを示してみました。注目されるのは、以下のものです。

・家族メンバー間のさりげないコミュニケーションの支援

独居高齢者の増加と常時接続の広帯域ネットワークの普及に伴い、離れて暮らす家族（特にお年より）の様子を自然に感じることができる、つながっている感じがすることをサポートし、コミュニケーションの活発化と健康状態の把握を目的とした商品・研究コンセプトがいくつか提案されています。たとえば、象印マホービンの見守りホットライン／NTTのファミリープランター／ジョージア工科大学ファミリーポートレートなどがあります（渡邊・伊東 2003／Mynatt, et al. 2003）。離れて暮す家族の様子や離れているときの家の中の様子を明示的に知らせるためのセキュリティシステムや、介護・健康管理や健康アドバイスのための情報機器、インターネット上のコンテンツの研究開発も増えてきました。

・電化・情報化を進めた未来の家のイメージの提示

また、技術的には実現が間近であろう未来の家のモデルを提供しているものとしては、電子情報技術産業協会（JEITA）ハウスや松下のeHIIハウスなどがあります。

- TRON　電脳住宅　1989
〈http://tron.um.u-tokyo.ac.jp/TRON/proj95/ HOUSE.html〉
  - トータルなホームオートメーション

- 松下電器産業　eHII　1995
〈http://matsushita.co.jp/corp/news/official.data/data.dir/jn010111-1/jn010111-1.html〉
  - E暮らし：家電コントローラ・健康チェッカー・エコネット端末・ペットロボット・暮らし情報サーバ・見守りサービス
  - Eサービス：外出先での家電操作・電子ショッピング・電子公共サービス・遠隔診療・映画や音楽サービス

- JEITA「今すぐ手に入る未来」　1999
〈http://www.eclipse-jp.com/jeita/index2.html〉
  - トータルなホームオートメーション：宅内機器コントロール（宅外から・宅内）・音声認識・家電オートメーション・ロボットメッセンジャー・セキュリティ・教育サポート・省エネ・健康・見守りホットライン

- マイクロソフト　EasyLiving　2000
〈http://research.microsoft.com/easyliving/〉
  - 賢い環境・物や人の場所がわかってそれに応じたサービスを提供

- ジョージア工科大学　Aware　Home　2000
〈http://www.awarehome.gatech.edu/〉
  - ファミリーポートレイト（コミュニケーション）・記憶補助・インタフェース（ジェスチャーペンダント）
  - 人のいる位置や何が起きたかに対応したサポート

- SANYOホームズ　2002
〈http://www.sanyohomes.co.jp/it/index.html〉
  - 防犯・省エネ・アメニティ（健康管理・音声認識エージェント・癒しアイテム）・ホームコントローラ

- 東芝　Feminity　2002
〈http://feminity.toshiba.co.jp/feminity/content/index.html〉
  - 食材管理・レシピ配送・ランドリーサービス・ワンタッチインターネット・省エネモニタ・家電機器メンテナンス・生活トラブルサポート・ドア／センサ・位置情報サービス・生活センサ（離れた家族の安否）

図2　技術による家庭内支援に関する最近の取り組み：事例

ＪＥＩＴＡハウスでは、足りなくなった食料の自動発注やレシピの提案など情報収集・判断をサポートするシステムや、宅配の受け取りや掃除・洗濯・炊事・散水などの家事の全自動化と、家電の遠隔操作などのホームオートメーションに向けた取り組み、家族のコミュニケーションの対象や仲介者としてのペットロボット、健康やセキュリティのモニタリングと管理、e-ラーニングなど、幅広い取り組みが行なわれています。また、家庭で誰でも簡単に使えるようにと、音声やタッチパネルなどさまざまな入力方法の研究もなされています。

東芝、日立製作所や三菱電機、三洋ホームズ、ソニーなどさまざまなメーカで、情報家電や家庭をターゲットとした家事をサポートするためのサービスの開発／提供を行なっています。

・賢い部屋による気を利かせたサービス

現在研究段階の、さらに先を見たものとしては、マイクロソフトのEasyLivingやジョージア工科大学のAwareHomeにおけるSmartFloorなどのように、家や部屋が家人の様子（どこにいるか、何をしているかなど）をわかって、適切な状態・情報を提供してくれるという賢い部屋の実現を目指した研究があります。実際にどういうことをするのかといえば、例えば、人のいない部屋の電気は消したり、インターフォンや電話が自分のいる部屋に自動的に転送されたり、玄関を出るときに忘れ物を教えてくれたり、「右のライトを少し弱く」などの言葉で簡単に家庭内の電化製品が制御できたりとさまざまな応用が考えられます。これらの技術はまだ研究段階にあり、大掛かりな設備・費用を必要としますからすぐ家庭に導入できるものではありませんが、今後、センサー・タグ類の進歩によって一般化していくと考えられます。

・ロボットによる家庭の支援

本章冒頭の「百年前の夢」の中でまだ十分に実現されていないものの一つが、家庭内で利用する家事ロボットです。ロボットに関する研究も1990年代以降、大きく進んでいます。家事をすべてこなす賢いロボットはまだ商用化されてはいませんが、名前を呼ぶと反応するもの、二足歩行するもの、自動掃除機ロボット、パトロールロボット、ペットロボットなどの研究がすすめられています。例えば、NECのパペロ（NEC 2003）やソニーのAIBO（SONY 2003）、ATRのロボビー（ATR 2003）など、家庭用のペットロボットやコミュニケーションロボット、癒しロボットの研究がすすめられています。家電ロボットとしては、日本でも自走掃除ロボットが売り出され、更なる高機能化のため、松下電器産業や日立製作所などで研究・開発が進められています。老人介護のためのロボット、高齢者との会話をするコミュニケーションロボットなどの研究も進められつつあります。ロボットが、家事を行なう実用的なものとして家庭に入っていくのか、あるいは、ペットのような非実用的なコンパニオンロボットとして家庭に入っていくのかは、まだ明らかではないようです。

以上に述べたように、多くの大学、研究機関、家電メーカ、電力会社や通信会社、住宅販売会社、コンピュータ会社が未来の家庭をイメージした研究・開発に取り組んでおり、セキュリティ、省エネ、家電制御・自動化、癒し、健康、コミュニケーション、教育など幅広く労働・情報家事をサポートする技術と、音声入力や携帯電話などを用いた統合的な操作方法など、インタフェースの研究が行なわれています。

技術的な観点からの特徴

以上のような取り組みの背後にある技術的な特徴としては、ネットワークによる時間・空間の自由度の拡大と、センシング技術と認識技術による日常生活・家事のユーザ適応的な情報支援が挙げられます。

（1）時間・空間の自由度の拡大

まず一つ目として、決まった時間に決まった場所にいないとできなかったことをいつでもどこでも可能とするような、時間と空間の自由度を高くするための技術があります。

古くからあるものですが、炊飯器やビデオデッキのタイマー機能などもその一つです。近年は、ADSLや光ファイバーなど家につながる常時接続広帯域ネットワークと、携帯電話のような個人が持ち歩くネットワークの普及により、離れた家族とのコミュニケーションや家から離れた場所での家庭内情報の操作などがメインとなってきました。例えば、情報家電といわれるような家電製品は、ネットワークにつながり家電同士の状態情報やインターネット上の情報など、さまざまな情報を活用することができ、外部（家の中でも外でも）からネットワーク経由でその家電の状態を知ったり、操作したりできることを目指しています。実際すでに、外出先から伝言を残せる伝言システム付の冷蔵庫や、外出先から確認できるインターフォンや、携帯電話などにお知らせしてくれるセキュリティーサービスなどの商品がすでに実用化されています。また、サービスとしてはウェブ・ショッピング、電子公共サービス、e-ラーニング、インターネットバンキングなどがすでにかなり使われるようになってきています。コミュニケーションの面では、離れた家族の様子を知ったり、ウェブ・カメラで昼間離れている子どもの様子を見ることなどができる見守りサービスや、離れた家族とのメールや伝言システムなどを用いた情報共有が考えられています。

これらの技術は、個々の家族メンバーを核としての家から切り放す方向に働くものでもあるわけですが、その一方でメンバーが遠く離れてもつながりを維持できたり、これまでなら家族メンバーにはならなかったような人を拡大した家族として受け入れたりすることも可能にしています（Papert 1996）。

（2）日常生活・家事のユーザ適応的な情報支援

もう一つの方向性として、ユーザの状態をいつも見ていることによって、細かい操作・指示をユーザがしなくても自動的に必要と思われるサービスを提供してくれる、ユーザ適応があります。これは、人の行動・様子にあわせてシステムが自動的にいろいろなことをすることによって、人の生活・家事を支援するという技術で、単に機械的な支援ではなく、個々の利用者の状況にあわせてその人が必要としているサービスや情報を適切なタイミングで提供するというものです。たとえば、ユーザが居間に入ると電気がついて、いつも見るテレビの番組が表示されるとか、照明や空調が人と状況に合った状態に調節されて自動的に快適な空間を演出してくれるというようなものが含まれます。また、家庭生活における消耗品（卵・牛乳・ビール・米などの食材やちり紙など）を自動発注したり、レシピの提案など情報収集や判断のサポートをしたり、個人の生活のリズムを観察することによって健康アドバイスをするなどという例もあります。

これまでの機械化・電化と何が違うか

１９９０年代以前の家電は、掃除・洗濯・炊事などのような家庭内労働としての家事（ここでは、「労働家事」とよぶ）の省労力化をすすめてきました。つまり、労働家事の支援・代替を行なってきました。

実際、労働家事の負担はきわめて大きく、家電製品を使わなければすべてを終わらせるのに長い時間がかかります。このことは、洗濯機が主婦労働をいかに軽減したかを考えればすぐにわかるでしょう。しかし、家庭内にある家事は労働家事だけではありません。家庭には、労働家事以上に多くの情報処理を行なう家事が存在しています。ここでその仕事を情報家事とよぶことにします。情報家事とは、家庭内で生じるさまざまな情報収集・情報管理・情報流通（知らせる・思い出させる）・判断・

指示・コミュニケーションを行なうための家事です。

1990年代以降の家電・家庭内支援システムは、家族とのコミュニケーション・買物（吟味・選択）・健康情報・家計（支払い・家計管理）・教育・安全・スケジューリング・情報収集・家の管理（省エネ・物の管理・戸締り・メンテナンス）など、ネットワークを活用して家庭内の情報処理部分の家事を時間と空間に縛られないよう支援しようとしています。そして21世紀の家電・家庭内支援システムは、個人（家族）に適応したサービスを提供、健康アドバイスやコミュニケーションの仲介、自動買い物発注など情報家事の代替を目指していく方向にあります。

どのように分類できるか

技術による家庭内支援に関するさまざまな取り組みを、労働家事を支援する技術／情報家事を支援する技術という側面と、個人内の作業や情報／家族内の作業や情報という側面から分類したのが図3です。

先に述べたように、家事には大きく分けて労働的な家事と情報処理的な家事があります。また、家の中で使われる情報・作業支援技術として、専ら個人が利用し個人の中で閉じた情報を扱い、個人のために提供される技術と、専ら家族で利用し家族の中で共有、または流通する情報を扱い、家族全体のために提供される技術とに大きく分けることもできるでしょう。たとえば、テレビや電話は以前は家族で使う家族内の情報支援機器でしたが、近年は個人が個室で使うことが増え、個人と家族の間に

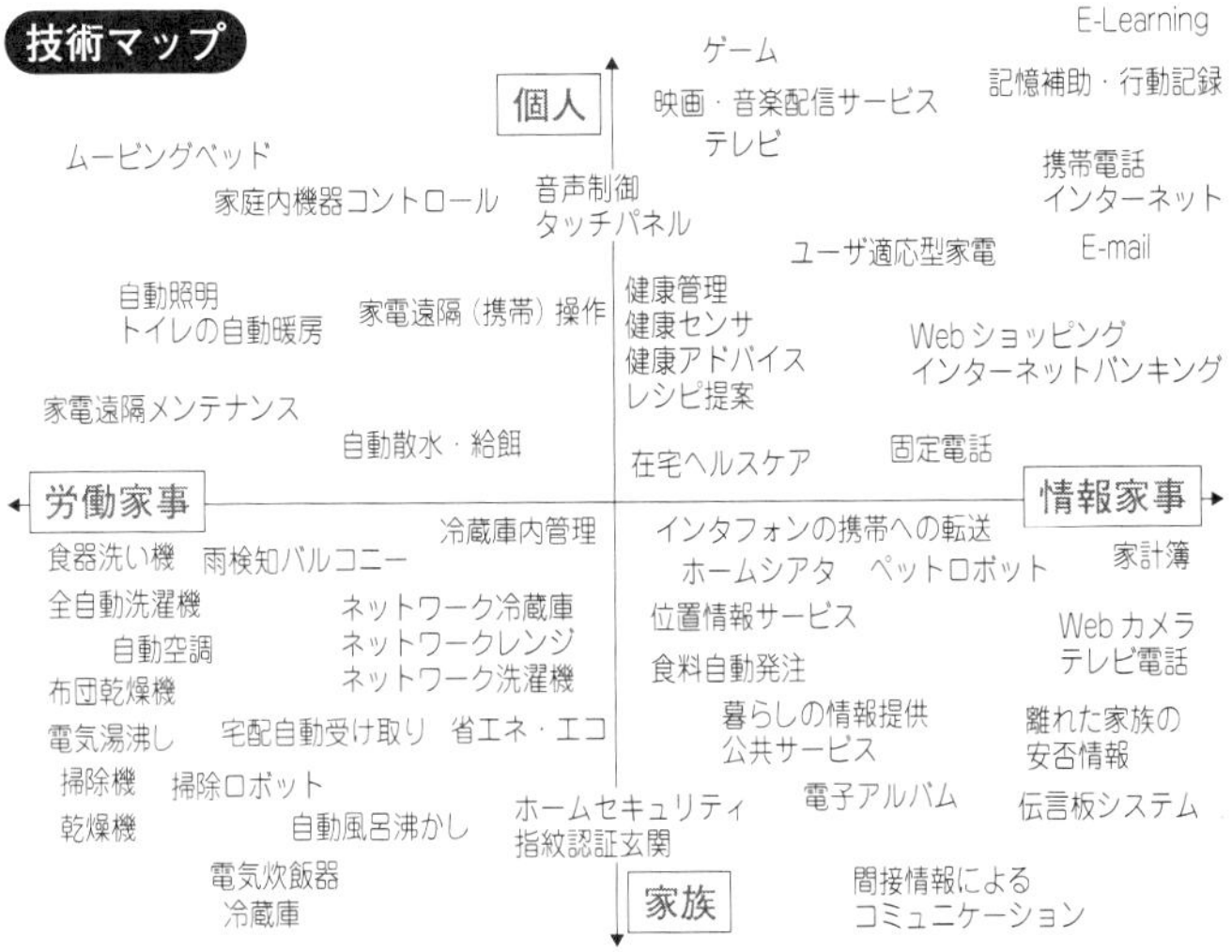

図3　技術による家庭内支援に関する最近の取り組み：個々の技術の分類

（または両方に）位置するようなものであると考えられます。最近の家庭における支援技術の取り組みの全体的な傾向として、労働家事を支援する技術から情報家事を支援する技術へとシフトしてきており、そして個人を支援する技術だけでなく、家族を支援する技術も増えています。

家庭の今後

どういう方向になっていくだろうか

家族の価値観や時間や空間の使い方の個人化は今後も進むでしょうし、単独世帯の増加は少なくとも当分は進むでしょう。つまり、自分自身のやりたいこと、やるべきことを重視するため、同居家族でもいつも一緒にいる、または誰かがずっと家に居るということはなくなっていき、家族内での情報の共有・流通機能が滞ることが考えられます。また、独居世帯が特に高齢者に増えることから、離れて暮らす家族のケアや日常的なコミュニケーションを通しての様子伺いなども必要となってくるでしょう。しかし、家族という形態が必要なくなってきているというわけではありません。実際、携帯電話での通話相手ランキングの上位に家族があげられており、家族とのつながりや家庭でのやすらぎを求めるという考え方も強いのです。

私たちは、これからの家族のあり方の一つとして、一緒にいること・一緒に何かをすることという ような時間と空間の共有を主とした家族関係ではなく、情報の共有、コミュニケーションを基盤とする時間・空間的な拘束のゆるやかな家族関係の構築が必要であると考えています。

家庭におけるコミュニケーション支援

コミュニケーションを基盤とした家族関係の構築を支援する技術として、一緒にいるときのコミュニケーションを支援する技術と、離れているときのコミュニケーションを支援する技術とに大別してみましょう。離れているときのコミュニケーションを支援する技術としては、通信インフラ整備や常時接続、音声・動画像・行動履歴や存在情報などさまざまな情報を媒介とした双方向通信、伝言システムやスケジューラの利便性向上等々、さまざまな取り組みがなされています。一方、一緒にいるときのコミュニケーションを支援する技術というのは、まだあまりありません。

家族の生活時間がずれ、一緒に家にいるのにそれぞれの部屋にいる、または一緒に居間やダイニングに居るのに話題が乏しいなど、家族が家に一緒にいるときのコミュニケーションもまた支援を必要としてきています。一緒にいるときのコミュニケーションを支援する方法としては、
（1）一緒にいないときの情報の共有——今日何をしていたか・どこに行っていたか・またはこれからの予定など
（2）家族で共有する話題提供——子どもの学校のこと・ペットのこと・家族アルバムや思い出の品など
（3）家族で共通の趣味や興味対象の話題提供——テレビのスポーツ観戦・釣りや花見に出かける計画・帰省の計画など
（4）以上のような情報をタイミングよく提示すること
が考えられるでしょう。

どのような話題（情報）が家族のコミュニケーションのきっかけとなりうるのか、またどのようなタイミングでどのような方法で提示されるべきかなどを、今後考えていかなくてはなりません。

おわりに

この章では家庭を対象としたさまざまな情報化・家電化の取り組みについて、簡単に解説してみました。家事を支援する取り組みには長い歴史がありますが、家族間のコミュニケーションの支援、家

の中の情報利用場面の支援は新たなものであり、今後どのような進展を見せるか目がはなせないものがあります。これまでのところ、多くの取り組みが技術主導で進んでいますが、すでに述べたように、今後の家庭のあり方、コミュニケーションのあり方などには、これらの技術が大きく影響を与えていきますから、家の中の認知科学は、こうした技術の進展を良く見極めるとともに、より適切な方向に技術が進むような枠組の提案をしていくことが必要です。

14章 家の中の情報化を考える

原田悦子・野島久雄

価値観もモラルも生き方も個々のレベルにまで細分化された現代にあっては、当事者にならない限り、すべての出来事は遠い世界の他人事でしかなかった……(中略)……

現状肯定の下に行われる開発や発見は、ハードにすり寄った効率をもたらすだけで、システム向上の一助にはなっても、人の精神を救いはしない。通信機器、コンピュータの発達がいい例だろう。携帯電話はどこにあっても個人を閉塞した輪の中にとどめ、一人でこそ得られる発見、会えない時間が育てる人間関係といったものを失わせる。

福井晴敏(『川の深さは』講談社文庫版 2000, pp.141-143)

これは小説の中の一節ですが、電車の中で読んでいて、二つのことが目に飛び込んできて、思わずメモを取ってしまいました。すべてが「個々のレベルにまで細分化された現代」ということばと、それを肯定して作られた機械である携帯電話は「どこにあっても個人を閉塞した輪の中にとどめる」と

表1　ブラウンら（2000）のいう「情報化社会の6Dビジョン」

非マス化 demassfication	非専門化 despecialization
非集中化 decentralization	非仲介化 disintermediation
非国有化 denationalization	非集約化 disaggregation

いう命題です。

ブラウンたちのいわゆるIT革命批判の本（Brown & Duguid 2000）の中で、情報社会が目指す6D（3Dビジョンよりも『上を行く』6D）という話がありますが、その D はすべて「非○○」という意味の dis- / de- の D でした（表1）。つまり、情報こそすべてと考える「情報至上主義」者は、既存の社会の中の政府や企業や組織などが消滅することを「よきこと」としてきていると述べています。確かに、日本でも情報化のメリットはしばしば上記のことばで語られています。いや、実際、現在の情報化社会ではそうなっているではないか、と思われるかもしれませんが、ブラウンたちはそれを「情報化がもたらしたもの」とするのは間違った思い込みであるとしています。つまり、ある新しいシステムを受け入れて変化することができる土壌を持っている、あるいはその変化への動機を既に内部に持っている組織・文化だけが、その情報システムを受け入れ。「変化」してきているのであって、その過程・メカニズム自体に厳然として社会なり組織なりが存在しているのです。すなわち、社会なり組織なりがその中に「ある方向への変化可能性」をもっているからこそシステムを選択しており、そのシステムが「成功」しているわけです（その裏には、多くの「情報化」の試みが実際には「社会、組織」に受け入れられず、消えてなくなったり、あるいは使われないままに遺物として残っていっています）。

裏返せば、このブラウンらのいう6Dという概念の存在は、Dを価値あるものとする「力」が現在の社会や文化、組織の中にすでに存在しており、だからこそ、さらにある種の情報化システムを受け入れた結果として、「その方向へのさらなるシフト」が生じていることを表しているといえます。それらの動きが、この小説の主人公によって、「すべてが個々（の人）のレベルにまで細分化された」状況として認識されているのでしょう。

家、家族のDと情報化、モノ

現代の日本において、この「個々の人のレベルへの細分化」を最も強く感じさせているのは、家、もしくは家庭という「社会組織」ではないでしょうか。たとえば、毎日、毎食家族全員が一緒に食事をすることは今では稀なことになっており、だからこそ「今日は夕食がいるかどうかの連絡」がごく普通の、日々の連絡事項になってきています。[1] また、携帯電話／携帯メイルが個々別々のコミュニケーション・チャンネルを提供しているがために、「家族の互いの交流関係がわからなくなってきた」という批判的言説も多く聞かれます。

小此木（1983）は『家庭のない家族の時代』という著書の中で、ある理想形として語られる家族の形を「ホテル家族」と表現しています。これは、個々の家族構成員が、それぞれ自分が望む生活スケジュールで生活をし、食事も行事もバラバラの生活していながら、「帰る場所、落ち着ける場所」として、家庭を尊重する態度を指しています。つまりホテル家族とは「家庭を何でも思うようなサービスを受けることのできる高級ホテルとみなし、自分達はみんなお客様と思い込んでいる家族」であり、興味深い点は、これらの家族は「家庭は、外で働き、他人と付き合って、くたびれはてた家族が休養し、好き勝手、気ままな暮らしをするところ」として美化し、重視している点です。つまり「外ではない」ところとしての場を尊重し、「お互いのプライバシー」を尊重することによって、「無用な軋轢」もないことを評価しているといいます（pp.36-38）。

小此木はこれらの動きを可能にしたものとして家電製品の存在を挙げていますが、それとは別に、かつての電話や居間のテレビ、最近では各部屋のテレビや携帯電話なども、その時代その時代で「家庭機能を弱める情報機器」として扱われてきました。またコンピュータ未亡人（computer widow）という言葉で揶揄されたように、家庭の中、個人生活の中のコンピュータがしばしば「対人行動を軽視する風潮を作る」と批判の対象になってきたことも忘れられません。ブラウンたちのいう「情報化の6D」には含まれていませんが、多くの人が、「情報化が家庭を弱めた」側面を感じていると言ってもよいでしょう。

もちろん、これも先に述べたとおり、情報化機器あるいは家電製品が直接的にこういった家庭観を作ってきたわけではありません。また、それをいえば、コンビニや「デパ地下のお惣菜屋さん」も「朝出せば夕方受け取れるクリーニング屋さん」も「家庭を個々バラバラにしている」原因になるでしょう。

しかし、ここで一つ考えておきたいのは、いわゆるホーム・ユースと呼ばれる商品、すなわち業務上や社会的な環境（公共空間）の中で使われるのではない各種機器が、家庭用と呼びながら、実は「個々の個人をユーザとして」のみ考えて設計され、普及してきたことです。AV機器しかり、コンピュータしかり、ゲーム機しかり、です。そういった「個人をターゲットにした」多くの情報化機器＝モノが、家庭の中の個人に大量に流れ込み、家族との活動よりも個人単位の活動に重点を置く文化、家族で共有する時間よりも一人で過ごす時間を増加させる要因となったことは、否定できないのではないかと思います。その傾向を最も顕著に表わした例が携帯電話でしょう。

やや余談になりますが、まだ今ほどは携帯電話が普及していなかった数年前、たまたま原田がゼミの場で「最近、夫が携帯電話を買おうかなと言ってる」と話したら、（半分は冗談でですが）「先生、それはヤバイよ」と皆がコーラスのように声を揃えて言ったことに驚きました。当時、まだ自分では携帯電話を持っていなかった私は、その「反射的にヤバイと思う」ことに興味を持って問いただすと、「携帯電話がほしいというのは、自分だけの情報チャンネルが欲しいという要求であり、そこには他の家族（＝奥さん）とは共有したくない情報の流れがあることを意味している（つまり浮気の可能性が高い！）」ということで、なるほど、そういうものか、と感心しました。同時にある学生が「この前、母親が○○のときに携帯貸してって言った」と言い、それには今度は「信じられない！」の大合唱になりました。またもびっくりしつつ、彼／彼女たちにとって携帯電話がいかに「個人化し、プライベイト化した所持品であって、家族とは共有しない情報、私的生活の象徴であること」かを実感した次第です。その後、携帯電話、携帯メイルは驚くほど普及・一般化し、いまではテレビのワイドショーで「自分の恋人／パートナーの携帯電話・メイルを見てもよいか、見たほうがよいか」という話題が取り上げられたりしています。これらの動きは、携帯電話というモノが個人生活の情報化を促進・顕在化し、その結果、家族とは独立した生活を重視し、「これまでとは異なる軋轢」を家族間に産む可能性をもたらした現状を現しているといえましょう。

家の情報化の動き（1）――ホームサーバの可能性と情報管理という問題

その反動からか、ここ数年、しばしば「家庭の情報化」という概念が語られ、その中で家族の関係を重視した情報化のビジョンを作ろう、あるいはそれを目指した製品を提供しようといった言葉を聞くようになりました。これは、もう一つの「社会／組織の消失、個人化の急進」を強く感じさせる領域である、地域社会・コミュニティの消失を懸念する動きが、コンピュータネットワークによる地域の情報化で「なんとか補おう」とする動きがみられるのとも類似しています。

この家庭／家族のための情報化志向として、最もわかりやすい例が携帯電話の広告です。「個別化を助長する」と批判的な目を向けられている携帯電話について、最近のテレビＣＭでは「家族の絆を強める」効能が強調されたメッセージが強く表出されています。バラバラに暮らす家族をつなぐのも携帯電話です、そのためには家族の中の高齢者メンバーやお子様にもどうぞ、ご心配な方向けの機能

表2　家族間でやりとりされる携帯メイルの内容（石坂、未発表）

親とのやり取り	頻度	%	兄弟姉妹とのやり取り	頻度	%
日常の事務的連絡（いつ帰るか、ご飯を食べるかなど）	109	45.6	頼みごと（ビデオ録画、迎え、仕送り）	40	16.7
近況報告	32	13.4	たわいのない世間話	40	16.7
頼みごと（仕送り、生活上のお願い）	31	13.0	日常の事務的連絡（いつ帰るか、ご飯を食べるかなど）	34	14.2
たわいのない世間話	16	6.7	近況報告	11	4.6

注：内容は自由記述をカテゴリーに分類したもの、大学生239名からの回答による。

限定版や使用料限定版もあります、さらにはそんな家族のための家族割引もあります、そんなCMをみるたびに、「携帯電話、名誉挽回に必死かな?!」に見えて、思わずニヤニヤ笑ってしまっています。

しかし、実際に大学生を対象とした調査結果を見ると、家族間でこまめに連絡を取るメディアとして携帯電話が用いられる場合があることも事実です（表2）。親子では「食事コール」「居場所コール」などが中心ですが、兄弟姉妹では悩みや冗談、趣味の情報（「○○で△△発見！」など）も送っているという記述があったりします。それまであまり話さなかった兄弟姉妹が、携帯メイルを使うようになってからはあれこれ「個人的な」話をするようになった、という記述もしばしば見られます。ブラウンらが言うとおり、その組織が本来持っている動機を増幅する形でモノが影響を与えている、つまり、家族の個別化を求める家庭ではその方向での携帯電話の使い方がなされ、逆に家族の結合力を高めるという動因を持つ家庭では相互の連繋を築く方向で用いられることを、最も実感できるシステムではないかと思います。

それとは別に、ホーム・ネットワークという新しい言葉もあちこちで用いられています。この「ホーム」にも上述のホームユースと同じく、オフィス用ではないという意味の場合もありますが、もっと特定的に「家という場所」を指向した場合も多々みられます。その使われ方も多様なのですが、大きく分けて、二種類のことが語られているように思います。一つは、家庭内にあるさまざまな従来型情報機器、特にコンピュータやビデオなどをつないで、「家庭の中で、いつでもどこでも」電子化情報にアクセスできるようにしましょう、という動向です。端的に言えば、情報基地としてのホームサーバ志向のネットワークといえるのではないかと思います。

私自身はこの動きはおもしろい要素を含んでいると思っています。思い出工学（12章参照）という提言も、家庭の中でこうした製品概念につながっていると言えましょう。つまり、これは家族あるいは家庭内のメンバーで共有したい情報とは何かを考え、写真やビデオのアルバムや、一緒に見たい（あるいは見た後で話をしたい）テレビ番組の情報やその録画そのもの、一緒に行なう活動についてのプランや意見交流など、家庭の内外で発生するさまざまな情報を、メンバーが自由に容易にアクセスできるような情報サーバに蓄積していこうという考え方であり、いわば家族のための（あるいは家族としての活動のための）メディアという視点がそこにはあると思われます。確かに、家族を家族という「一まとまりの集団」にしているのは、その歴史を共に形成している情報群であり、それを「よりうまく共有すること」は家族あるいは家というものを支援してくれる強力なツールになると考えられます。

しかしそこには懸念もあります。実はこういった情報蓄積サーバ単独では商品価値（新しいツールとしての魅力）があまり大きくは見えないことから、実際に製品化を考えるときには、多くのホームサーバが「個々人の情報利用ツール」を兼用しようとしており、そのために、情報管理問題が発生してくると考えられるためです。つまり、サーバということになると管理者が必要になり、そして現在の情報技術においては、原則として管理者は「すべての情報にアクセスが可能」になります。家族のそれぞれのメンバーが個別にメイルをやりとりし、ウェブにアクセスしているときに、誰が「すべてをモニターできる」管理者になるべきでしょうか。そのとき、家族メンバーとその「管理者」との間にはどのような権利や義務が発生してくるでしょうか。

もちろん、従来の家庭にも外部との情報のやり取りはあり、その「個人情報保護」的側面と親としての「管理義務」との間で、（とりわけ思春期の子と親の間で）しばしば軋轢が生じています。子どもの部屋に親が立ち入ることは常に「デリケートな問題」として扱われてきましたし、親が子どもにかかってくる電話に「聞き耳を立てる」ことの可否も親子双方にとって問題となっていました。したがって、メディアの形が変わっただけで基本的な問題は変わっていない、という考え方もできるでしょう。

しかし、問題は、従来の「外部とのやり取り」は物理的にさまざまな形態で行なわれ、空間・時間に分散して発生していたために、どんなに熱心な親であっても「すべてを完全に把握する」ことはほぼ不可能であった点です。それだけに、ある程度以上になると、相互に「信頼して」それ以上は立ち入らない、任せるしかない、という暗黙のルールも作りあげられやすかったと思われます。それに対し、電子情報化されたやり取りの場合は、すべてのログを残すことが可能であり、またそれを一覧することもとても簡単です。しかも、それらを「見たことの痕を残さないで」チェックすることができます。少し違う状況に置き換えて考えてみますと、毎日ビデオレンタル屋さんのカウンターの陰に座って、「特定の人が何のビデオを借りていったか」をチェックするのは、かなり大変な、コストがかかる仕事です。よほどのことがなければ、こういう調査をしようとは思わないでしょう。しかし、ビデオ屋さんの貸出データベースで個人の利用者番号を打ち込めば、その人が過去に借りた全ビデオの一覧となってでてきたらどうでしょうか。この人は、S監督が好きなのかな、SF映画が好きなのかなと思っていたら、なんだ女優S・Wが好きだったのね、といったことが一瞬にしてわかります。つまり、情報が身体や物理的存在を伴わなくても存在可能になったことは、情報への体系的なアクセス可能性を大きく向上させており、そのことは人／社会に決して小さくない影響を与えているのです。

実際、上記のようなレンタルビデオ店や図書館、その他にも個人の情報を取得しうる組織団体には、原則として、個人情報の取り扱い規定が決められており、上記のような調査は「組織規定上、コストが大きくなるように」作られています。すなわち、過去のデータベースへのアクセスにはパスワードが必要であったり、特定の検索の仕方はできなかったり、一定期間後は情報を消去したり、といった形で、「物理的な制約がなくなった分を補う」制約が課せられています。これは、公的機関、あるいは他者が人の個人情報に過度に立ち入ってはいけない、という考え方から、法的な措置が取られているわけですね。

しかし、家族あるいは家庭内の問題になると、原則として公権力は（犯罪行為を除き）「家族には不介入」であるだけに、こういった個人の情報、プライバシーという問題をどう考えていくかは、「すべてがその家族に任せられている」状態と言っても過言ではありません。文字通り、「あなた次第」の白紙の状態で、複数の家族構成員の間に情報データの蓄積がぽんと渡された状態になるわけです。何も問題が起こらないわけがない、そんな風にさえ思われます。実際のところ、この「ちょっとした情報特性の変化と、それによる網羅的にアクセス可能な情報量の急激な増大」が家族に、本当にどのような変化をもたらすのかを想像することは難しいことです。よもや、いきなり家の中がジョージ・オーウェルの『１９８４年』の世界になるとは思いませんが、親子や夫婦といった家族の間で、この新しい電子情報という形での「個人情報」をどのように扱うのかについて、なんらかの平衡点に達するまでには、かなりの長い時間を要するのではないか、それまでに多くの「これまでにはなかったトラブル」が発生する可能性があるのではないかと懸念されます。

社会学では、他者と関わる公領域（public sphere）との対比から私事領域（private sphere）が定義されています。これが、いわゆるプライベイトな情報・空間・モノすべてを指す概念ですが、少なくともこれまでは家、あるいは家族というのは最初から私事領域であって、家の中の、あるいは家族の間での私事領域／公領域という概念はなかったと聞いています。しかし、心理学の立場から考えれば家族・家庭というのは、ある意味で個人が最初に出会う社会・集団とも考えられます。この中での公と私をどう考えていくかについては、文化や時代にも大きく影響を受けており、興味深い問題であると思われます。

特に、子どもであれ、高齢者であれ、家族成員の自己責任能力が時間によって変化し、それにつれて私事領域の範囲もまた変化することが、家という場の一つの特徴であるように思います。また「おかあさんが病気の時には、お母さんのお財布をもってお買い物をいってお夕飯を作る」というように、一時的に私事領域を譲渡するといった行動も、家庭内では珍しくないように思います。そういった家の中の「私」の取り扱いはこれまではあまり大きくは問題にならなかったのが、情報化という変化の中でもっと大きな問題になっていく可能性があるかと思います。それだけに、ホームサーバを家族個人の情報についても扱う人工物として作っていく際には、モノのデザインが家族間の「情報の共有のあり方の新しいルール」を必要とするものであることを、十分に理解しておく必要があると思われます。

そして、その問題がより厳しい形で表面化してきているのが、次に紹介する見守りシステムという人工物（モノ）です。

家の情報化の動き（2）――見守りシステムがもたらす力の構造

ホームネットワークのもう一つの流れが、いわゆるユビキタス・コンピューティング[2]とも結びついた動きです。家の中のさまざまなセンサーや家電製品をすべて結びつけ、一つの端末から、あるいは家の外の携帯端末から制御したり、より自然な活動の中で自動的に操作できることのメリットを求めて、さまざまなシステムが提案されています。そういったホームネットワークを基に「家族の絆を強める」システムとして、しばしば提案されてきているのが見守りシステムです（たとえば松下電工の見守りネット[3]）。基本的な考え方は、独居あるいは日中に一人になってしまう高齢者を、遠いところにいても「家族が見守ることができる」システムとして、家の中のさまざまな場所にセンサーをつけて、家族は「いつでも、自分の都合のよいときに、様子を見ることができる」システムとされています。こういった見守りシステムはさまざまな研究団体やメーカーで研究・提案をされています。また「様子をみる」システムは、家についているばかりではなく、人そのものにつけよう、という考え方もあります。従来より徘徊予防のためのＧＰＳシステムなどがありましたが、最近ではもっと通常の、健康な高齢者に対しても同じようなシステムがあるようです。たとえば２００３年夏に「高齢者にとって使いやすい」ことで売り出した携帯電話には、毎日何歩歩いたかという歩数計データと最後にいつ携帯電話を開いて使用したかの使用ログ情報を、「指定した家族に自動的に送る」という機能がもりこまれています。[4] 家族はいつでもどこでも「高齢者の様子を知ることができる」わけで、これも立派な見守りシステムです。

この見守りということばは、一見したところ、家族間の暖かい関係を示すように思われますが、本当にそうなのでしょうか？　緒方ら（2003）では独居高齢者の生活支援システムに関する使いやすさを検討する中で、見守りシステムと緊急通報システムが対照的なコンセプトを持つことを見出し、対比しています（図1）。その作業の中で、見守りシステムの問題点として明らかになったのは、このシステムの導入によって生じる、情報の非対称性です。つまり、見守りシステムを居住者（高齢者）のパーソナルビュー（Norman 1991）から検討すると、（a）居住者の情報は見守り側（情報受信者側＝遠隔地の家族）に伝えられるが、見守り側の情報は居住者には伝えられない、（b）居住者側で、いつ、どのような情報が取得されているかがわからない、（c）居住者側で、情報が家の外に送信されることに関与できない、といった問題があり、その結果として、見守る家族と独居高齢者の間の勢力関係のバランスを崩し、「見守る」側に支配の論理が生じる可能性が考えられるとしています。たとえば、ひとり暮らしの高齢者に対し、別居している家族が、高齢者の行動を制御したり（「○○だから今日は外出しないほうがいい」という）、高齢者の自己決定権を侵害したりする（「この状態ではひとり暮らしはもう無理」と判断するなど）可能性が考えられます。つまり、「温かく見守る」はずのシステム導入が、本人が知らない間にすべての情報を確定的に入手できるという行為によって、家庭内に新しい権力構造を与えることの問題を指摘しているのです。

		緊急通報	見守り
センシング・送信方法	**いつ** センシング時	要求時	常時
	誰を センシング対象者	居住者	居住者
	どこで センシング場所	設置場所 ウェアラブル	日常生活圏 のどこか
	何を センシング情報	意識的な 装置の操作	生活行動 パターン
	どのように計測 計測の可視性	センサ可視 有意識計測	センサ隠匿 無意識計測
	どのように送信 情報の可制御性	意識的な 送信	無意識に 送信
情報経路	**いつ** 情報出力時	トリガー時	要求時
	どのように 情報経路	コールセンター を介して	インターネット サーバを介し
	誰に 情報受信者	サービス業者	居住者以外の サービス享
アクション	**誰の** サービス享受者	居住者	居住者以外
	どのような要求 解決課題	救助に来て 欲しい	状況を 知りたい

注：「意識的な装置の操作」とは、ボタン押下等を意味する。「居住者以外のサービス享受者」とは家族、自治体、施設管理人などを指す。

図1　緊急通報システムと見守りシステムの分類

これまでの同居家族間ではこのような問題はなかったのでしょうか？　もちろん、あります。しかし、先に述べたホームサーバの問題と同様に、電子情報化によって問題のあり方が大きく変わってきているのです。同居家族間での見守りは物理的／身体的な実在を伴っていますので、「見守り見守られている」関係が双方向であり、見守っていると思っている子ども側も、実は親によって見守られているという関係が成り立っていました。また、「今は見守られている」ということを本人がきちんと自覚できる（それゆえに場合によってはそれを制御することもできる）という特性が、「電子的な遠隔見守りシステム」との大きな違いとして存在しています。

私たちの活動の履歴情報が自動的に電子化され、ネットワークとつながった時、本人が気づかないうちにその情報を「そこにはいない」遠隔地の他者に伝えられる、また情報として蓄積されるという、従来の生活活動ではありえなかった状況を作り出していきます。たとえ家族であっても、いえ家族であるからこそ、こういった無意識の情報を意図的に利用可能にすることは、家の中の権力構造を大きく変化させるものであることを、緒方ら（2003）は警告しているのです。これは上述のホームサーバと同じ問題です。しかし、すでにこれらのシステムが製品化され始めていること、その情報としての存在がよりわかりにくい領域を扱っていること、および特にその仕組みがよく理解できない高齢者を主たるターゲットとして「その高齢者を取り巻く人たち」のためにシステムが作られていることから、より問題は深刻であり、急を要する状況にあると思われます。

こういった問題はどこで検討すべき問題なのでしょうか。技術は技術、使い方については使う人が考えるべき、あるいは、とりあえず作れる技術は作ってしまってから、使い方を考えてもらえばよい、という考え方がしばしば聞かれますが、特にこのような「技術自体が新しくてわかりにくく、したがってその問題点が一般の人には気づかれにくい」場合には、これは正しくないと考えます。つまり、個別の人を対象とした場合であっても、一見リスクとは無縁に見える技術であっても、きちんとしたリスク・コミュニケーション[5]が必要なのです。またそれは家族ごとの問題だから、という逃げ口上も同じ理由で問題でしょう。判断をユーザ自身、家族それぞれに委ねるためには、さまざまな使い方とそれに伴う問題点について、それぞれの家族がきちんと議論できるだけの明白な形で表現することが必要なのです。これまでになかったシステムだからこそ、具体的に考えられる問題点、リスクを洗い出して作り手と使い手の間で問題を共有してから、「家の情報化」を進めていくことが必須であると考えています。

家の中の情報化のさまざまな問題とコミュニケーション

実は、この支援システムの使いやすさ研究を進めていく中で、一つおもしろい発見がありました。初期の見守りシステムとして有名なもので、お湯を沸かす電気ポットをセンサーとしたものがあります。お家にいらっしゃる時間が長い高齢者の方は、季節を問わず、一日に数回は、お茶をいれるために電気ポットを使う、そこで、ポットにセンサーと通信システムを組み込んで、「いつお湯を使ったか」を家族に伝え、家族はそれで日々の無事を確認する、というシステムです。現在の見守りシステムに比べるとずっと素朴で、シンプルなシステムですが、情報の非対称性という意味では同じ問題を有しているということができます。

しかし、実際には、それとはちょっと違う使われ方をしているケースがあることが、ある新聞記事からわかりました（朝日新聞 2003）。現在は別居している母子家庭の事例紹介なのですが、ポットを渡された母親の方は、朝起きたときは「おはよう」、夜休む前には「おやすみ」と声をかけながら定期的にポットを押している、という記事でした。すなわち、ポットを押すということがこのご家族においてはコミュニケーションの手段となっていたわけです。これは知らずにポットを押したら娘に伝わっていた、というのとは大きく違います。これは通常の意味でのコミュニケーションとも少し違っているように思われるかもしれませんが、これで相互に「相手の存在を確認できて安心できる」のであれば、これは立派にコミュニケーションだといえましょう。こういった考え方を追及したネットワーク通信システムも提案されてきています（渡辺・伊東 2003）。

すなわち、下手をすれば監視装置になってしまうシステムであっても、それをコミュニケーションに使おうとすれば、そこには対等で有効な形での対話が成立しうることがあることように思われます。そのシステムの仕組みがよくわかっていること、そして「見守らせてあげる」という対象者の認識・意図がそこにあるときには、見守りシステムがコミュニケーションシステムにもなりうるのです。[6]

一方で、図1で挙げられた緊急通報システムが支援システムとしては問題が少ないにもかかわらず、使いにくい、すなわちユーザである単身居住者が実際には「なかなかボタンを押せない」理由の一つも、やはりこのコミュニケーションの問題ではないかと考えています（緒方ら 2003）。実際、緊急通報システムを作動しますと、私事領域すなわちプライベートな情報／空間領域を他者（公領域）に一挙に開放することになるため、それに対する不安感が「押す」行為にブレーキをかける一因なのではないか、実際に押すためには私事領域を開放しても大丈夫という「それ以前からの関係基盤」すなわち、通常状態における緊急連絡先とのコミュニケーションの成立が重要なのではないかという仮説です。ここでも遠隔支援システムが単なる情報伝達経路ではなく、コミュニケーションのシステムとして成立していることの重要性が示唆されていると考えています。

ここで述べているコミュニケーションとは、シャノン - ウィーバー流の工学的な情報伝達モデル、つまりモノとして情報が「あそこからここに移動する」というものではありません。一言で言えば「情報共有」であり、「この人（機関）とは相互に情報を共有し合っているということ」が本質であり、それが他の活動の基盤になると考えてます。近年、さまざまな領域で情報伝達、あるいはコミュニケーションをこういった視点から見直す研究がなされていますが（たとえば岡田 2003）、ここで考えていることもそういった考え方の妥当性を示唆するものであろうと考えています。

このように、電子情報を用いたシステムを家庭内に導入するという「家の中の情報化」を契機として、家族あるいは家庭と情報の関係、情報とコミュニケーションの関係をいろいろと考えさせられています。既に述べたように、電子化情報は、人間が直接知覚できる身体・物理空間から切り離されて存在するために、これまでの身体・物理的な共有のルール、独立のルールでは扱えない問題が急速に表面化してきています。情報だけが独立した形になったとき、家族は、あるいは家という場において は、何の情報をどのように共有したいのか、何は独立尊重されるべきなのか、その関係性やルールは成員の年齢や立場によってどのように変わりうるのか、今、まさに個々の家族に具体的な問題となって突きつけられてきていると言っても過言ではありません。バーチャル Virtual という言葉が「仮想的」であると同時に「本質的な」という意味を持つように、今こそ、家の中における「情報」というものの本質を考えるとき、なのかもしれません。

注

［1］石坂（未発表）によると、大学生の20％弱が親に宛てたメイルで「その日の食事のこと」を伝えるとしている。表2も参照されたい。

［2］人に負担を強いることなく日常生活を支援できるシステムを目指したコンピュータシステムの考え方、ユビキタスの意味は「いつでもどこでも普遍的に」の意味。システムの特徴として、自然なインタフェイス、文脈を認識するアプリケーション、自動的なキャプチャーとアクセスを目指す点が挙げられる（Abowd & Mynatt, 2000）。

［3］参照 http://www.mew.co.jp/mimamori/

［4］参照 http://www.nttdocomo.co.jp/p_s/f/f672i.html

［5］リスクコミュニケーションとは、対象となっているリスクについての情報開示、あるいは情報・意見

を交換する相互作用プロセスをさす。一般には環境問題など公共事業や、手術などの医療行為など、明白なリスクが存在する際の意思決定プロセスの一つとして扱われることが多い。National Research Council（1989）参照。

［6］独居高齢者が怪我、病気、事故など困った状態になった場合に、ボタンを押すとコールセンター等の機関が対応し、救急車の手配や他の機関による駆けつけ、家族などへの連絡を行なうサービス。独居高齢住民への福祉サービスとして地方自治体でも取り入れられている。

付章

家族論・家庭論の現在——ブックガイド

山下清美

ここでは、「家の中の認知科学」について考えていくために役立つと思われる、家族論・家庭論とその周辺に関連する、主として本の紹介をする。また、少しだが、インターネットで得られる情報も挙げておく。ブックガイドとはいっても、網羅的、体系的なものではなく（それは筆者の力量を大幅に超えるものなので）、たまたま見つけたもの、目に留まったものを、順不同に気ままに紹介する、という形にさせていただきたい。

有地亨『家族は変わったか』1993 有斐閣選書

家族の変化について、統計資料や新聞・雑誌などの記事をもとに解説している。人生相談や投書など、具体的な「声」がふんだんに盛り込まれているのが特徴。

湯沢雍彦『データで読む家族問題』2003 NHKブックス

現代家族についてさまざまな角度からとらえたデータを、図表で提示しながら解説を加えたもの。テーマ別にほぼ見開きで読めるようになっているので、便利。

福島瑞穂『あれも家族これも家族』２００１　岩波書店

家族のあり方が多様化していること、これからは家族よりも個人が単位になっていくということをベースにして、子どもの問題、結婚のあり方、高齢化や死の問題などについて、現在の法律がどうなっているか、どこに問題や課題があるか、についてまとめている。

岩上真珠『ライフコースとジェンダーで読む家族』２００３　有斐閣コンパクト

ライフコースとジェンダーの視点から、社会の一員としての自立した個人、つまりシティズンシップに焦点を当てて、現代の家族を位置づけた教科書的な本。なお最後の第8章は、社会学における家族研究史になっている。

信田さよ子『脱常識の家族づくり』２００１　中公新書ラクレ

アダルト・チルドレンやアルコール依存のクライエントに対するカウンセリング経験に基づいて、独自の家族論を展開している。家族に関する常識を問い直し、愛は支配と紙一重であることから、支配関係が発生しない、少し距離間のある家族関係を提案する。

同じ著者の本：**信田さよ子『愛しすぎる家族が壊れるとき』２００３　岩波書店**

匠雅音『核家族から単家族へ』１９９７　丸善ライブラリ

農耕から工業、情報への社会の変化に伴う家族構造の変遷をまとめ、情報化社会における単家族という概念を提唱している。

第1部の第1章と第2章の部分（「単家族」の誕生）は、インターネットでも読むことができる。

http://www.netpro.ne.jp/~takumi-m/c-tankazoku-tan-0.htm

森永卓郎『〈非婚〉のすすめ』1997 講談社現代新書

非婚や少子化に代表される、人々の生き方の多様化、シングル化が、税制や雇用などの経済システムや社会システムにどのような変換をもたらすかを分析し、新しい状況に適応するための発想の転換を呼びかけている。

岡田斗司夫『フロン』2001 海拓社

結婚に幻想を抱いている若い女性に対する実践的アドバイス、という様式をとって、固定観念で縛られた家族観を振り捨て、自由で融通のきく家族（ないしパートナー関係）のあり方を提案する。過激な表現が目に付くが、共同作業で子育てを経験した人たちにとっては、十分共感できる主張である。

伊田広行『シングル単位の恋愛・家族論』1998 世界思想社

家族ではなくシングルを単位とした社会へと、社会構造を変革しよう、という提言。家族を単位とする考え方は、男女二分法に基づくもので、二者間の相互依存と束縛という二者排他性を生む。この二分法から脱却しシングル単位で生きることによって、真に豊かな人間関係（家族、恋愛）が可能になる、としている。

同じ著書の本：**伊田広行『シングル化する日本』２００３　洋泉社新書**

賀茂美則『家族革命前夜』２００３　集英社

アメリカ在住の家族社会学者が、日米はもとより、世界のさまざまな文化における家族のあり方の違いや変化に触れながら、家族が多様化してきている現在、固定した家族観、役割分業観がいかに通用しなくなっているかを説き、大切なのは人間として生活する、という意味で「家族を生きる」ことだ、と結論づける。

正高信男『ケータイを持ったサル』２００３　中公新書

「ひきこもり」や「メル友」依存は現代の日本の若者に特徴的に見られるが、それは、母親による子ども中心主義の家庭が、人と関係をつくれない人間を生み出しているためであると分析する。著者は、主にサルを対象とした比較行動学者だが、コミュニケーション研究や認知心理学実験などの具体的なデータを挙げながら、人間らしさを失いつつある現代人の様相を見事に暴いている。

岩村暢子『変わる家族変わる食卓』２００３　勁草書房

〈食ＤＲＩＶＥ〉という、首都圏の家庭の食卓の実態調査の報告。食卓に関する意識や実態についての質問紙法と、実際の食卓の日記と写真による記録とを突き合わせることにより、意識と実態のずれや矛盾を突くことで、食生活が家庭から崩れている現実を明らかにした。食の実態の衝撃と同時に、マーケティング手法に対する提言としても価値がある。

読売ＡＤリポート ojo2003.9 特集記事で、概要が紹介されている。この記事はインターネットでも読める。

http://adv.yomiuri.co.jp/ojo/02number/200309/09toku1.html

鳥越俊太郎編『子どもの目親の目から見た私の家族』２００１　三省堂

財団法人キリン福祉財団が行っている「キリンファミリー賞」（子どもの目、親の目からみたわが家）への一般応募作品から選ばれた50編を収録したもの。さまざまな問題を抱えた現代家族の、生の姿を垣間見ることができる。

吉永みち子編『〝空洞〟に生きる子どもたち』２０００　赤ちゃんとママ社

家族と親子をテーマにしたふたつのシンポジウムの記録。各シンポジストの話題提供から、その後の討論、シンポジウム後の所感、そしてフロア参加者の感想まで収めてある。

藤原誠『家族手帖』１９９６　講談社出版サービスセンター

男性の視点から見た家族のあり方を模索する。結婚、育児、介護などに直面したさまざまな年代の８名の男性とその家族の事例を紹介するとともに、関連する統計データも挿入している。

奥野卓司『第三の社会』２０００　岩波書店

家族論の本ではないが、情報化社会の将来像を描く中で家族についても論じている。近代以前の家の集合体としての共同体社会は、近代化によって家庭と社会が分離した社会となったが、情報化時代には、企業と家庭の境界がなくなり、両者が融合した第三の社会が出現するとし、個々人が固有のメディアを持つことによって、空間にとらわれないゆるやかなネットワークで結ばれたネットワーク家族を新しい家族像として提示している。

以下は、書名だけ挙げておく。

落合恵美子『近代家族の曲がり角』２０００　角川叢書
同じ著者の本：落合恵美子『２１世紀家族へ』［新版］　１９９７ 有斐閣選書
上野千鶴子『家族を容れるハコ　家族を超えるハコ』２００２　平凡社
同じ著者の本：上野千鶴子『近代家族の成立と終焉』１９９４　岩波書店
山田昌弘『家族のリストラクチュアリング』１９９９　新曜社
同じ著者の本：山田昌弘『家族というリスク』２００１　勁草書房
山田昌弘『パラサイト・シングルの時代』１９９９　ちくま新書
藤原智美『家族を「する」家』２０００　プレジデント社
同じ著者の本：藤原智美『「家をつくる」ということ』１９９７　プレジデント社
藤原智美『「子どもが生きる」ということ』２００３　講談社

三浦展『「家族」と「幸福」の戦後史』１９９９ 講談社現代新書
同じ著者の本：三浦展『マイホームレス・チャイルド』２００１ クラブハウス
柏木惠子『家族心理学』２００３ 東京大学出版会
同じ著者の本：柏木惠子『子どもという価値』２００１ 中公新書
岩月謙司『家族のなかの孤独』１９９８ ミネルヴァ書房
同じ著者の本：岩月謙司『思い残し症候群』２００１ ＮＨＫブックス
岩月謙司『娘は男親のどこを見ているか』２００３ 講談社α新書
亀口憲治『家族のイメージ』２００３ 河出書房新社
速水由紀子『家族卒業』１９９９ 紀伊国屋書店
袖井孝子『変わる家族変わらない絆』２００３ ミネルヴァ書房
芹沢俊介『「新しい家族」のつくり方』２００３ 晶文社
ステファニー・クーンツ／岡村ひとみ訳『家族に何が起きているのか』２００３ 筑摩書房

同じ著者の本：ステファニー・クーンツ／岡村ひとみ訳『家族という神話』１９９８　筑摩書房
マーサ・Ａ・ファインマン／速水葉子、穐田信子訳『家族、積みすぎた方舟』２００３　学陽書房

最後に、インターネット上で読める家族論・ガイドをいくつか紹介する。

ライフスタイルとすまい

http://sumai.judanren.or.jp/lifestyle/index.html

講演＋インタビューシリーズ『ライフスタイルを見る視点』は、すまいに焦点があるが、家族のあり方にも深く関連している。特に第4回（芹沢俊介さん）、第5回（西川祐子さん）、第8回（小泉雅生さん）などは、家族のあり方の変化がすまいにどのような影響を与えたかという観点で、それぞれの持論が展開されている。

Mainichi Interactive 対談・家族を「する」時代（藤原智美、上野千鶴子）

http://www.mainichi.co.jp/life/family/taidan/

「家」に注目した家族論の著作をもつふたりの対談。

ソキウス（野村一夫さんのサイト）社会学ハイパーブックガイド：16　現代家族論

http://archive.honya.co.jp/contents/knomura/reading/group02.html

社会学における家族論のブックガイド。ソキウス（http://www.socius.jp/index.html）では、野村さん自身の、現代家族論（野村一夫著「社会学感覚」文化書房博文社 1992所収）も読める。

http://www.socius.jp/lec/15.html

arsvi.com（立石真也さんのサイト）家族 family

http://www.arsvi.com/0fm/f.htm

家族論関係の研究者らの情報、本の紹介、ニュース記事など、家族論に関する情報のガイド。立石さん自身の、関連する論文も読める。

引用文献

1章　文明論からみた家庭と家族

上野千鶴子（編）(1982).『主婦論争を読む・全記録』I, II, 勁草書房.〔主婦論争に関する主要な論文33点を再録した本書に, 梅棹論文は「女と文明」,「妻無用論」,「母という名の切り札」の3点が掲載されている。〕

梅棹忠夫（1957). 女と文明――女房関白の時代が来つつあるのだろうか. 婦人公論.

梅棹忠夫（1959a). 妻無用論. 婦人公論.

梅棹忠夫（1959b). 母という名の切り札. 婦人公論.

梅棹忠夫（1969).『知的生産の技術』岩波書店.

梅棹忠夫（1988a). あたらしい存在理由をもとめて.『女と文明』中央公論社.〔1967年の日本経済新聞に藤原房子記者のインタビュー記事として掲載された「女論争その後　妻無用論」を書き直したもの.〕

梅棹忠夫（1988b). 家事整理の技術について―家事整理学原論 I.『女と文明』中央公論社.〔1967年の「暮らしの設計」に掲載されたもの.〕

梅棹忠夫（1988c). すてるモノとすてられないモノ―家事整理学原論 II.『女と文明』中央公論社.〔1967年の「暮らしの設計」に掲載されたもの.〕

梅棹忠夫（1988d). 家庭の合理化.『女と文明』中央公論社.〔1959年のラジオ番組の原稿を書き起こしたもの.〕

梅棹忠夫（1991a). わるいのは男です　ヨメ・シュウトメのもめごと.「梅棹忠夫著作集」vol.9,『女性と文明』pp.163-168. 中央公論社.〔1954年10月30日と11月16日の朝日新聞に掲載されたもの.〕

梅棹忠夫（1991b). 家庭の文明史.「梅棹忠夫著作集」vol.9,『女性と文明』pp.295-311, 中央公論社.〔1990年の国立民族学博物館主催の国際シンポジウム「家庭の比較文明学」における基調講演を書き起こしたもの.〕

2章　夫婦関係、親子関係からみる日本の家族――社会変動の中で

図の出典

図1　菅原ますみ・小泉智恵・詫摩紀子ほか（1997). 夫婦間の愛情関係に関する研究(1)愛情尺度作成の試み. 日本発達心理学会第8回大会発表論文集, p.57.

図2・図3　柏木惠子・数井みゆき・大野祥子（1996）. 結婚・家族観の変動に関する研究(1)-(3). 日本発達心理学会第7回大会発表論文集, pp.240-242.

図4・図6　平山順子（1999）. 家族を「ケア」するということ—育児期の女性の感情・意識を中心に. 家族心理学研究, 13, 29-47.

図5　平山順子（1997）.「ケア」をするということ—母親・妻の感情と意識を中心に. 白百合女子大学大学院修士論文（未発表）.

図7, 図8, 図16　平山順子・柏木惠子（2001）. 中年期夫婦のコミュニケーション態度—夫と妻はどう異なるのか？ 発達心理学研究, 12 (3), 216-227.

図9, 図10, 図12, 図13　柏木惠子・若松素子（1994）.「親となること」による発達—生涯発達的視点から親を研究する試み. 発達心理学研究, 5, 72-83.

図11　横浜市教育委員会横浜市教育委員会・預かり保育推進委員会（2001）. 横浜市預かり保育に関する研究. 文部科学省預かり保育調査研究最終報告書.

図14　厚生省国立社会保障・人口問題研究所（1998）. 第11回出生動向基本調査（結婚と出産に関する全国調査）1. 日本人の結婚と出産 2. 独身青年層の結婚観と子供観.

図15　柏木惠子（1999）. 社会変動と家族の変容・発達. 東　洋・柏木惠子（編）『流動する社会と家族Ⅰ　社会と家族の心理学』ミネルヴァ書房, pp.9-15.

表1　柏木惠子・永久ひさ子（1999）. 女性における子どもの価値—今, なぜ子を産むか？ 教育心理学研究, 47 (2), pp.170-179.

文　献

東　洋・柏木惠子・ヘス, R. D.（1981）.『母親の態度・行動と子どもの知的発達——日米比較研究』東京大学出版会.

Kăgitçibaçi, C.（1996）. *Family and human development across cultures: A view from the other side*. Mahwah, N. J.: LEA.

柏木惠子（1999）. 社会変動と家族の変容・発達. 東　洋・柏木惠子（編）『流動する社会と家族Ⅰ　社会と家族の心理学』ミネルヴァ書房, pp.9-15.

柏木惠子（編）（1998）.『結婚・家族の心理学：家族の発達・個人の発達』ミネルヴァ書房.

柏木惠子（2001）.『子どもという価値——少子化時代の女性の心理』中央公論新社.

柏木惠子（2003）『家族心理学——社会変動・発達・ジェンダーの視点』東京大学出版会.

柏木惠子・平山順子（2003）. 夫婦関係. 日本児童研究所（編）『児童心理学の

進歩』42, 金子書房, pp.86-117.
柏木恵子・平山順子（2003）. 結婚の“現実”と夫婦関係満足度との関連性―妻はなぜ不満か？ 心理学研究, 74（2）, 122-130.
高木紀子（1999）. 現代における母と青年期娘との関係. 白百合女子大学修士論文（未公刊）.
田中重人（2001）. 生活時間の男女差の国際比較―日本・欧米六カ国データの再分析. 大阪大学大学院人間科学研究科, 年報人間科学, 22, pp.17-31.
平山順子（1999）. 家族を「ケア」するということ―育児期の女性の感情・意識を中心に. 家族心理学研究, 13, 29-47.
ピーズ, A.・ピーズ, B., 藤井留美（訳）,（2000）.『話を聞かない男・地図が読めない女』主婦の友社.
諸井克英（1996）. 親密な関係における衡平性. 大坊郁夫・奥田秀宇（編）『親密な対人関係の科学』誠信書房, pp.59-85.
矢野眞和（編）（1995）.『生活時間の社会学』東京大学出版会.
山本真理子（編著）（1997）.『現代の若い母親たち』新曜社.
リクルート（1995）.『人気赤ちゃんグッズの本』

3章　家庭はいったいどんな場か

ホックシールド, A. R., 石川准・室伏亜希（訳）（2000）.『管理される心』世界思想社.
マクルーハン, M., 栗原裕・河本仲聖（訳）.『メディア論』みすず書房.
若林幹夫（1995）.『地図の想像力』講談社選書メチエ.
若林幹夫（2003）. 住居―社会的媒体としての.『都市への１からの視線』青弓社.
若林幹夫（2003）. 現代都市の境界線.『都市への１からの視線』青弓社.
柳田國男（1971 他）.『明治大正史　世相篇』講談社学術文庫.
吉見俊哉・若林幹夫・水越伸（1992）.『メディアとしての電話』弘文堂.
吉本隆明（1983）. 都市はなぜ都市であるか.『像としての都市』弓立社

4章　家の中の物から見えてくるもの――「2002年ソウルスタイル」展から

赤瀬川原平・藤森照信・南伸坊（1987）.『路上観察学入門』筑摩書房.
朝倉敏夫・佐藤浩司『2002年ソウルスタイル 李さん一家の素顔のくらし』千里文化財団.
INAXギャラリー企画委員会（2002）.『普通の生活―― 2002年ソウルスタイ

ルその後　李さん一家の3200点』INAX出版.
加藤秀俊（2002).『暮らしの世相史　かわるもの、かわらないもの』中公新書.
今和次郎（1987).『考現学入門』筑摩書房.
佐藤浩司（1998).「さまよえる森の住まい」佐藤浩司編『シリーズ建築人類学——世界の住まいを読む1　住まいをつむぐ』学芸出版社, pp.9-28.
佐藤浩司（1988).「チモール島の住まい」『季刊民族学』43号, pp.24-35.
佐藤浩司・小池誠（1995).「巨大なとんがり屋根の謎　スンバ島の家屋【続・穀倉に住む】」『季刊民族学』74号, pp.6-17.
佐藤浩司・都築響一（2002).「『ソウルスタイル』の挑戦」『月刊みんぱく』26-4, pp.2-7.
商品科学研究所（1980).『生活財生態学 現代家庭のモノとひと』リブロポート.
商品科学研究所（1983).『生活財生態学2』商品科学研究所.
商品科学研究所（1993).『生活財生態学3』商品科学研究所.
都築響一（1993).『TOKYO STYLE』京都書院.
都築響一（2001).『賃貸宇宙 UNIVERSE for RENT』筑摩書房.

[参照web]
株式会社シィー・ディー・アイ（2003).　http://www.cdij.org/
国立民族学博物館（2002).　http://www.minpaku.ac.jp/exhibitions/special/200203/

5章　家事をどう学ぶか——家事技能の学習をめぐって

疋田正博（2002). 生活財生態学（生活工学研究会講演録2). 人間生活工学, 3(4), 38-45.
小松原明哲（2001). 熟練技能者の言う“ことば”の認知的側面からの検討. 日本人間工学会平成13年度関西支部大会論文集, 121-122.
小松原明哲・鳥居塚崇（2002). 技能作業者育成のための技能理解の検討—技能作業者調査に基づく技能を表現する認知行動モデルの作成. 日本プラント・ヒューマンファクター学会誌, 7(1), 43-49.
小松原明哲（2003). 示範教材と自身の作業方法との比較による技能育成方法の有効性について. 日本プラント・ヒューマンファクター学会誌, 7(2), 97-104.
松村祥子（2003). 生活の豊かさへの道筋の多元化（生活工学研究会講演録4). 人間生活工学, 4(2), 36-44.
海野邦昭（1999).『次世代への高度熟練技能の継承』アグネ承風社.

(4)　引用文献

6章　家の中の慣習をどう学ぶか

Gauvain, M. (2001). *The social context of cognitive development*. NY: The Guilford Press.

Goodnow, J. (1988). Children's Household Work: Its Nature and Functions. *Psychological Bulletin*, 103, 5-26.

Radziszewska, B. & Rogoff, B. (1991). Children's guided participation in planning imaginary errands with skilled adult or peer partners. *Developmental Psychology*, 27, 381-389.

Rogoff, B. (1998). Cognition as a collaborative process. In W. Damon (Series Ed.), and D,Kuhn, & R.S. Siegler (Vol. Eds.), *Handbook of child psychology* (5th Ed.) Vol.2. *Cognition, perception, and language* (pp.679-744). New York: Willey & Sons.

Rogoff, B. (1982). Integrating context and cognitive development. In M.E. Lamb & A.L. Brown (Eds.), *Advances in developmental psychology* (Vol.2, pp.125-170), Hillsdale, NJ: Erlbaum.

外山紀子 (1990). 食事概念の獲得：小学生から大学生に対する質問紙調査による検討. 日本家政学会誌, 41, 707-714.

外山紀子・無藤隆 (1990). 食事場面における幼児と母親の相互交渉. 教育心理学研究, 38, 395-404.

外山紀子 (2003). 生活の中の慣習についての学び. 日本教育心理学会大会論文集.

Toyama, N. (under review). Mother-child collaborative participation at mealtime.

Valsiner,J. (1987). *Culture and the development of children's action*. New York: Plenum Press.

Vygotsky, L.S. (1978). *Mind in society: The development of higher psychological processes*. Cambridge, MA: Harvard University Press.

Wood, D. Bruner, J.S., & Ross, G. (1976). The role of tutoring in problem-solving. *Journal of Child Psychology and Psychiatry*, 17, 89-100.

Wertsch, J.V., McNamee, G.D., McLane, J.B., & Budwig, N.A. (1980). The adult-child dyads as a problem-solving system. *Child Development*, 51, 1215-1221.

7章　家の中の学習

赤津裕子・原田悦子 (2001), モノの創発的使用を考える—単機能人工物との

相互作用における高齢者・若年成人間比較. 認知科学会第 18 回大会発表論文集.
Brown, J.S. & Duguid, P.（2000）, *The Social life of Information*. Boston, Massachusetts: Harvard Business School Press.（宮本喜一訳（2002）,『なぜＩＴは社会を変えないのか』日本経済新聞社.）
Engeström Y.（1987）*Learning by expanding: An activity-theoretical approach to developmental research*. Orienta -Konsylti Oy, Helsinki.（山住勝広・松下佳代・百合草禎二・保坂裕子・庄井良信・手取善宏・高橋登訳（1999）,『拡張による学習—活動理論からのアプローチ』新曜社.）
Fisher, C.S.（1994）, *America calling: A social history of the telephone to 1940*. University Presses of California.（吉見俊哉・松田美佐・片岡みい子訳（2000）,『電話するアメリカ—テレフォンネットワークの社会史』ＮＴＴ出版.）
原田悦子・赤津裕子（2003）,「使いやすさ」とは何か—高齢化社会でのユニバーサルデザインから考える. 原田悦子（編著）『「使いやすさ」の認知科学——人とモノの相互作用を考える』共立出版.
Norman, D.（1998）, *The invisible computer: Why good products can fail, the personal computer is so complex, and information appliances are the solution*. MIT Press.（岡本・安村・伊賀（訳）（2000）,『パソコンを隠せ、アナログ発想でいこう——複雑さに別れを告げ「情報アプライアンス」へ』新曜社.）
吉見俊哉・若林幹夫・水越伸（1992）,『メディアとしての電話』弘文堂.

8章　介護の仕方をどう学ぶか

波多野梗子（1997）.『系統看護学講座専門１：基礎看護学 1』（第 12 版）. 医学書院.〔特に, 第２章　歴史のなかの看護. 33-62.〕
平山宗宏・阿部昭治・近藤潤子・矢野正子（1975）.『新家庭看護学』（改訂版）. 同文書院.〔特に, 第２章　家庭看護. 22-24.〕
福祉士養成講座編集委員会（編）（1997）.『三訂　介護福祉士養成講座⑫　介護概論』. 中央法規出版.〔特に, 岡本千秋. 序章　介護福祉の広がり. 1-6.〕
松野かほる（編著）（1997）.『系統看護学講座専門４：在宅看護論』. 医学書院.〔特に, 松野かほる. 第１章　地域保健医療福祉. 1-36.〕
内閣府（編）（2002）.『平成 14 年版高齢社会白書』. 財務省印刷局.
野島久雄・新垣紀子（2001）. Donald A. Norman に見る認知科学のこれまで：日本における Norman の受容と影響を手がかりにして. 認知科学, 8 (3), 275-

286.
Norman, D.A.(1981). Twelve Issues for Cognitive Science. In D.A. Norman (Ed.), *Perspectives on Cognitive Science*. Hillsdale, N.J.: L. Erlbaum Associates.（戸田正直・宮田義郎（訳）(1984). 認知科学のための 12 の主題.『認知科学の展望』佐伯胖（監訳）, 産業図書.）
Pfeier, R. & Scheier, C. (1999). *Understanding Intelligence*. The MIT Press, Cambridge, Massachusetts, London, England.（石黒章夫・小林宏・細田耕監訳『知の創成——身体性認知科学への招待』共立出版, 2001）
齋藤洋典（印刷中）. 漢字の認識と発達. 前田富祺・野村雅昭（編）『漢字講座 第 4 巻』朝倉書店.
齋藤洋典（2003）. 意味処理における情報統合過程の解明. 平成 12 年度～平成 14 年度科学研究費研究補助金（基盤研究（B）(2)）研究成果報告書.
齋藤洋典・白石知子（2002）. 行為の説明を理解につなぐ知識処理. 齋藤洋典・喜多壮太郎（編）『ジェスチャー・行為・意味』共立出版, pp.210-247.
齋藤洋典・山本裕二・白石知子・井藤寛志（2003）. 認知と行為に関する研究（2）—身体運動に対する言語処理と視覚処理の同型性. 日本心理学会第 67 回大会, p.746.
島内節・森田久美子・亀井智子・木村恵子（2002）. 訪問看護ケア業務の内容別にみた難易度とケア所要時間. 日本看護科学学会誌, 22 (4), 64-66.
白石知子・齋藤洋典（2002）. 行為の理解を遂行につなぐ知識処理. 齋藤洋典・喜多壮太郎（編）『ジェスチャー・行為・意味』共立出版, pp.248-278.
白石知子・齋藤洋典・井藤寛志・山本裕二（2002）. 行為と理解に関する研究—行為の観察と体験とが再演成績に及ぼす効果. 日本認知科学会第 19 回大会論文集, 50-51.
杉本正子・眞舩拓子（編著）(1997).『在宅看護論——実践をことばに』(第 2 版）廣川書店.〔特に, 杉本正子・眞舩拓子. 序論, 1-6.〕
山鳥重（2002).『「わかる」とはどういうことか——認識の脳科学』筑摩書房.

9章　学校で家庭科はどのように教えられているのか

文部省（2000）『高等学校学習指導要領解説　家庭編』(平成 12 年 3 月）
文部省（1999）『中学校学習指導要領（平成 10 年 12 月）解説——技術・家庭編』(平成 11 年 9 月）

参考文献

高部和子・伊藤央子編著（1997）『家庭科教育の理論と実践——家庭科教育法』

現代教育社.

11章　人にやさしい製品を作る

鴻巣由紀・渡辺治雄・小松原明哲（2001）. 高齢者に配慮した日用品パッケージのユーザビリティ評価－認知行動分析による検討, 人間生活工学, 2 (1), 30-37.
小嶋緑・市橋透・渋谷耕司・森田十誉子他（2001）. 一般生活者と歯科専門家の歯磨き行動の比較, 口腔衛生学会雑誌, 51 (4), 638-639.
Matises, M., (2001). A cure for mature market mindset. *HAPPI*, 38 (4), 60-61.
人間生活工学研究センター（1997),『日本人の人体計測データ』人間生活工学研究センター.
P&G checks out real life. *The Wall Street Journal*, 2001/5/17.
当麻洋二（2000). ボトル型洗剤容器の使い勝手に関する研究. 人間生活工学, 1 (1), 28-33.

12章　思い出工学

文藝春秋編（2001).『21世紀への手紙――ポストカプセル328万通のはるかな旅』文藝春秋.
加藤秀俊（1983).『整理学――忙しさからの解放』中央公論新社, 中公新書.
黒川由紀子（2003).『百歳回想法』木楽舎.
串間努（1996).『まぼろし小学校――昭和B級文化の記録』小学館.
串間努（1998).『まぼろし万国博覧会』小学館.
串間努（2001).『図説 昭和レトロ商品博物館』河出書房新社.
マテリアルワールドプロジェクト, 近藤真理・杉山良男（訳）（1994).『地球家族――世界30か国のふつうの暮らし』ＴＯＴＯ出版.
野口悠紀雄（1993).『「超」整理法――情報検索と発想の新システム』中央公論新社.
Rothenberg, Jeff, 菊池豊彦（訳）（1995). デジタル文書をどのように残すか. 日経サイエンス, Volume 25, Number 3, Pages 110-118.
辰巳渚（2000).『「捨てる！」技術』宝島社, 宝島社新書.
梅棹忠夫（1966). 家事整理の技術について. 暮しの設計, Volume 4, Number 4（7月号), Also in 梅棹忠夫（1988). 家事整理の技術について―家事整理学言論 I.『女と文明』, 中央公論社.
梅棹忠夫（1969).『知的生産の技術』岩波書店.
山根一眞（1986).『スーパー書斎の仕事術』アスペクト.

山下清美・野島久雄（2001）. 思い出コミュニケーションのための電子ミニアルバムの提案. ヒューマンインタフェースシンポジウム 2001 発表論文集, ヒューマンインタフェース学会, 大阪大学.
山下清美・野島久雄（2002）. 写真の大切さに基づいたデジタル写真の整理法—思い出コミュニケーションのための電子写真管理ツールの提案. 日本認知科学会第 19 回大会論文集, 日本認知科学会, 北陸先端大学院大学, 194-195.
山下清美・野島久雄（2002）. 思い出コミュニケーションのための電子ミニアルバムの提案(2). ヒューマンインタフェースシンポジウム 2002 発表論文集, ヒューマンインタフェース学会, 北海道大学, 503-506.

13章　技術が目指す「未来の家」

博報堂生活総合研究所（編）（1998）, 調査年報 1998　連立家族—日本の家族 10 年変化. 博報堂生活総合研究所.
厚生労働省（1999）, 平成 11 年全国家庭児童調査.
URL:〈http://www.mhlw.go.jp/houdou/0105/h0531-3.html〉
Mynatt, E.D., Rowan, J., Tran, Q., Abowd, G., Rogers, W., & Siio, I. (2003), Designing Home Appliances for Older Adults. 認知科学, 10, 3, 343-352.
内閣府国民生活局（2003）, 平成 15 年国民生活白書.
URL:〈http://www5.cao.go.jp/seikatsu/whitepaper/hl5/honbun/index.html〉
内閣府政策統括官（2000）, 青少年と携帯電話等に関する調査研究報告書要旨.
URL:〈http://www8.cao.go.jp/youth/index.html〉
内閣府大臣官房政府広報室（2002）, 国民生活に関する世論調査.
URL:〈http://www8.cao.go.jp/survey/h14/h14-life/index.html〉
日本放送出版協会（2000）, 日本人の生活時間〈2000〉—ＮＨＫ国民生活時間調査. 日本放送出版協会.
Papert, S. (1996), *The Connected Family: Bridging the Digital Generation Gap*. Atlanta, Georgia: Longstreet Press.
佐久間路子・大谷裕子・新垣紀子・野島久雄・無藤隆（1999）, 女子大学生／主婦のメディア利用状況と人間関係. 電子情報通信学会信学技報, HIP-99-6, 39-46.
総務省（1999）, 平成 11 年全国消費実態調査
URL:〈http://www.stat.go.jp/data/zensho〉
総務省（2000）, 平成 12 年国勢調査 URL:〈http://www.stat.go.jp/data/kokusei〉
上野千鶴子（編）, 家族を容れるハコ 家族を超えるハコ. 平凡社.
梅棹忠夫（1959）, 妻無用論. 婦人公論, 6 月号.

梅棹忠夫（1989），情報の家政学．ドメス出版．

渡邊琢美・伊東昌子（2003），温かいコミュニケーション―「つながり感通信」の誕生．共立出版．

横田順彌（1994），百年前の二十世紀―明治・大正の未来予測．筑摩書房．

吉見俊哉・若林幹夫・水越伸（1992），メディアとしての電話．弘文堂．

［参照 web］

SONY AIBO（2003） http://www.jp.aibo.com/
NEC パペロ（2003） http://www.incx.nec.co.jp/robot/robotcenter.html
ATR ロボビー（2003） http://www.mic.atr.co.jp/~michita/everyday/

14章　家の中の情報化を考える

Abowd, G. D., & Mynatt, E. D.（2000）. *Charting Past, Present, and Future: Research in Ubiquitous Computing*, ACM Transactions on Computer-Human Interaction, 7 (1), 29-58.（南部美砂子訳（2003）．ユビキタス・コンピューティングの過去・現在・未来．原田悦子（編）『使いやすさ』の認知科学．共立出版．）

朝日新聞（2003. 1. 4 付朝刊）．家庭面シリーズ「おかあさん」3（朝刊 2003 010400151）．

Brown, J. S. & Duguid, P.（2000）. *The Social Life of Information*. Boston, Massachusetts: Harvard Business School Press.（宮本喜一訳（2002）．なぜＩＴは社会を変えないのか．日本経済新聞社．）

原田悦子編著（2003）．「使いやすさ」の認知科学．共立出版，pp.100-118.

石坂智恵（未発表）．ＩＴ時代における家族のコミュニケーションと家族観．2003 年度法政大学社会学部卒業論文（予定）．

National Research Council（1989）. *Improving Risk Communication*. National Academy Press.

Norman, D. A.（1991）. Cognitive artifacts. In J. M. Carroll（Ed.）, *Designing Interaction: Psychology at the Human-Computer Interface*.（pp.17-38）. Cambridge: Cambridge University Press.（野島久雄（1992）．認知的な人工物．安西ほか編，認知科学ハンドブック，共立出版．）

小此木啓吾（1983）．家庭のない家族の時代．ABC 出版（文園社）．

緒方啓史・原田悦子・下夷美幸・南部美砂子・赤津裕子・谷上望（2003）．ユーザの視点から見た緊急通報システム――在宅ケア情報システムの使いやすさに関する認知科学的検討．認知科学，10 (3)，353-369.

岡田美智男・鈴木紀子（2003）. 他者との切り結びとしてのコミュニケーション.
渡辺琢美・伊東昌子（2003）. 温かいコミュニケーション――「つながり感通信」の誕生. 共立出版.

編者・執筆者紹介

編者

野島久雄（のじま　ひさお）〈第12章、第14章〉
東京大学文学部卒業、同大学大学院教育学研究科修士課程修了。現在ＮＴＴマイクロシステムインテグレーション研究所勤務。博士（情報科学）。専門は、認知心理学、認知科学。
主要著訳書　『誰のためのデザイン？』（Ｄ・ノーマン著、新曜社）、『方向オンチの科学』（共著、講談社）他。

原田悦子（はらだ　えつこ）〈第7章、第14章〉
筑波大学第二学群人間学類卒業、同大学大学院博士課程心理学研究科中退。日本ＩＢＭ基礎研究所を経て、現在法政大学社会学部教授。教育学博士。専門は、認知心理学、認知科学。
主要著書　『認知的インタフェース』（共著、新曜社）、『「使いやすさ」の認知科学』（編著、共立出版）他。

執筆者（執筆順）

梅棹忠夫（うめさお　ただお）〈第1章〉
京都大学理学部卒業。京都大学人文科学研究所教授、国立民族学博物館長を経て、現在国立民族学博物館顧問、京都大学名誉教授、財団法人千里文化財団会長。理学博士。専門は、民族学、比較文明学。
主要著書　「梅棹忠夫著作集」（全22巻　別巻1、中央公論社）、『日本とは何か——近代日本文明の形成と発展』（日本放送出版協会）、『情報の文明学』（中央公論社）、『情報の家政学』（ドメス出版、中央公論社）他。

柏木惠子（かしわぎ　けいこ）〈第2章〉
東京女子大学文理学部卒業、東京大学大学院教育心理学博士課程修了。東京女子大学、白百合女子大学教授を経て、現在文京学院大学教授。教育学博士。専門は、発達心理学。
主要著書　『子育て支援を考える——変わる家族の時代に』（岩波書店）、『家族心理学——社会変動、発達、ジェンダーの視点』（東京大学出版会）他。

若林幹夫（わかばやし　みきお）〈第3章〉
東京大学教養学部卒業、同大学大学院社会学研究科博士課程中退。東京工業大学助手を経て、現在筑波大学助教授。博士（社会学）。専門は、社会学・都市論・メディア論。
主要著書『メディアとしての電話』（共著、弘文堂）、『地図の想像力』（講談社）、『都市のアレゴリー』（INAX出版）他。

佐藤浩司（さとう　こうじ）〈第4章〉
東京大学工学部卒業、東京大学大学院工学系研究科博士課程単位修得。現在国立民族学博物館民族文化研究部助教授。工学修士。専門は、建築史学、民族建築学。
主要著書『シリーズ建築人類学《世界の住まいを読む》1～4』（編著、学芸出版社）。

小松原明哲（こまつばら　あきのり）〈第5章〉
早稲田大学理工学部工業経営学科卒業、同大大学院博士課程修了。同大助手を経て現在金沢工業大学教授。博士（工学）。専門は、人間生活工学。
主要著書『対話型システムの認知人間工学設計』（技報堂出版）、『人間工学ハンドブック』（共編、朝倉書店）他。

外山紀子（とやま　のりこ）〈第6章〉
お茶の水女子大学家政学部卒業、東京工業大学総合理工学研究科博士課程修了。現在津田塾大学学芸学部助教授。学術博士。専門は、認知発達心理学。
主要著訳書『認知科学パースペクティブ』（共著、信山社）、『子供は誤解されている』（M・シーガル著、共訳、新曜社）。

赤津裕子（あかつ　ひろこ）〈第7章〉
法政大学大学院社会科学研究科修士課程修了。現在沖電気工業㈱研究開発本部ヒューマンインタフェースラボラトリ勤務。ユーザビリティ・アクセシビリティ関連の研究開発に従事。専門は、認知工学、認知科学。

齋藤洋典（さいとう　ひろふみ）〈第8章〉
関西学院大学卒業、同大学大学院博士課程単位取得退学。現在名古屋大学大学院人間情報学研究科教授。文学博士。専門は、認知情報論。
主要著書『ジェスチャー・行為・意味』（共編著、共立出版）。

白石知子（しらいし　ともこ）〈第8章〉
東京医科歯科大学卒業。現在、名古屋大学大学院人間情報学研究科博士課程後期課程在学中。愛知県立看護大学助手。専門は、地域看護学・看護情報学。

峰木　一春（みねき　かずはる）〈第9章〉
日本大学文理学部社会学科卒業。現在、私立修徳学園中学校・修徳高等学校教諭。

中島秀之（なかしま　ひでゆき）〈第10章〉
東京大学工学部卒、同大学大学院修了。現在産業技術総合研究所サイバーアシスト研究センター長。工学博士。専門は、認知科学、人工知能（推論）。
主要著書『Prolog』（産業図書）、『思考』（共著、岩波書店）他。

渡辺治雄（わたなべ　はるお）〈第11章〉
上智大学理工学部化学科卒業。同大学大学院修士課程修了。現在ライオン株式会社研究技術本部生活者行動研究所勤務。

北端美紀（きたばた　みき）〈第13章〉
慶應義塾大学環境情報学部卒、同大学大学院政策メディア研究科修士課程修了。現在ＮＴＴマイクロシステムインテグレーション研究所勤務。専門は、ヒューマンインタフェース、認知科学。

山下清美（やました　きよみ）〈付章〉
東京女子大学文理学部卒業。東京都立大学大学院人文科学研究科博士課程修了。現在専修大学ネットワーク情報学部教授。専門は、認知心理学、社会心理学。
主要著書『こころへの認知マップ』（共編著、垣内出版）、『日記コミュニケーション』（現代のエスプリ、No.391、共著、至文堂）他。

新曜社 〈家の中〉を認知科学する
変わる家族・モノ・学び・技術

初版第1刷発行 2004年3月10日©

編著者 野島久雄
原田悦子
発行者 堀江 洪
発行所 株式会社 新曜社
〒101-0051 東京都千代田区神田神保町2-10
電話 03-3264-4973㈹・Fax 03-3239-2958
e-mail info@shin-yo-sha.co.jp
URL http://www.shin-yo-sha.co.jp/

印刷 銀 河
製本 難波製本
Printed in Japan
ISBN4-7885-0889-3 C1011

新曜社刊

誰のためのデザイン？
認知科学者のデザイン言論
D・A・ノーマン
野島久雄訳
四六判456頁
本体3300円

人を賢くする道具
ソフト・テクノロジーの心理学
D・A・ノーマン
佐伯胖監訳／岡本明他訳
四六判440頁
本体3600円

プロトコル分析入門
発話データから何を読むか
海保博之・原田悦子編
四六判272頁
本体2500円

場所感の喪失 上
電子メディアが社会的行動に及ぼす影響
J・メイロウィッツ
安川一・高山啓子・上谷香陽訳
四六判416頁
本体3800円

身体から発達を問う
衣食住のなかのからだとこころ
根ヶ山光一・川野健治編著
四六判264頁
本体2400円

リスク・マネジメントの心理学
事故・事件から学ぶ
岡本浩一・今野裕之編著
四六判368頁
本体3500円

くたばれ、マニュアル！
書き手の錯覚、読み手の癇癪
海保博之
四六判202頁
本体1800円

脳のメモ帳　ワーキングメモリ
苧阪満里子
A5判224頁
本体2500円

儀式は何の役に立つか
ゲーム理論のレッスン
M・S-Y・チウェ
安田　雪訳
四六判180頁
本体2200円

＊表示価格は消費税を含みません。